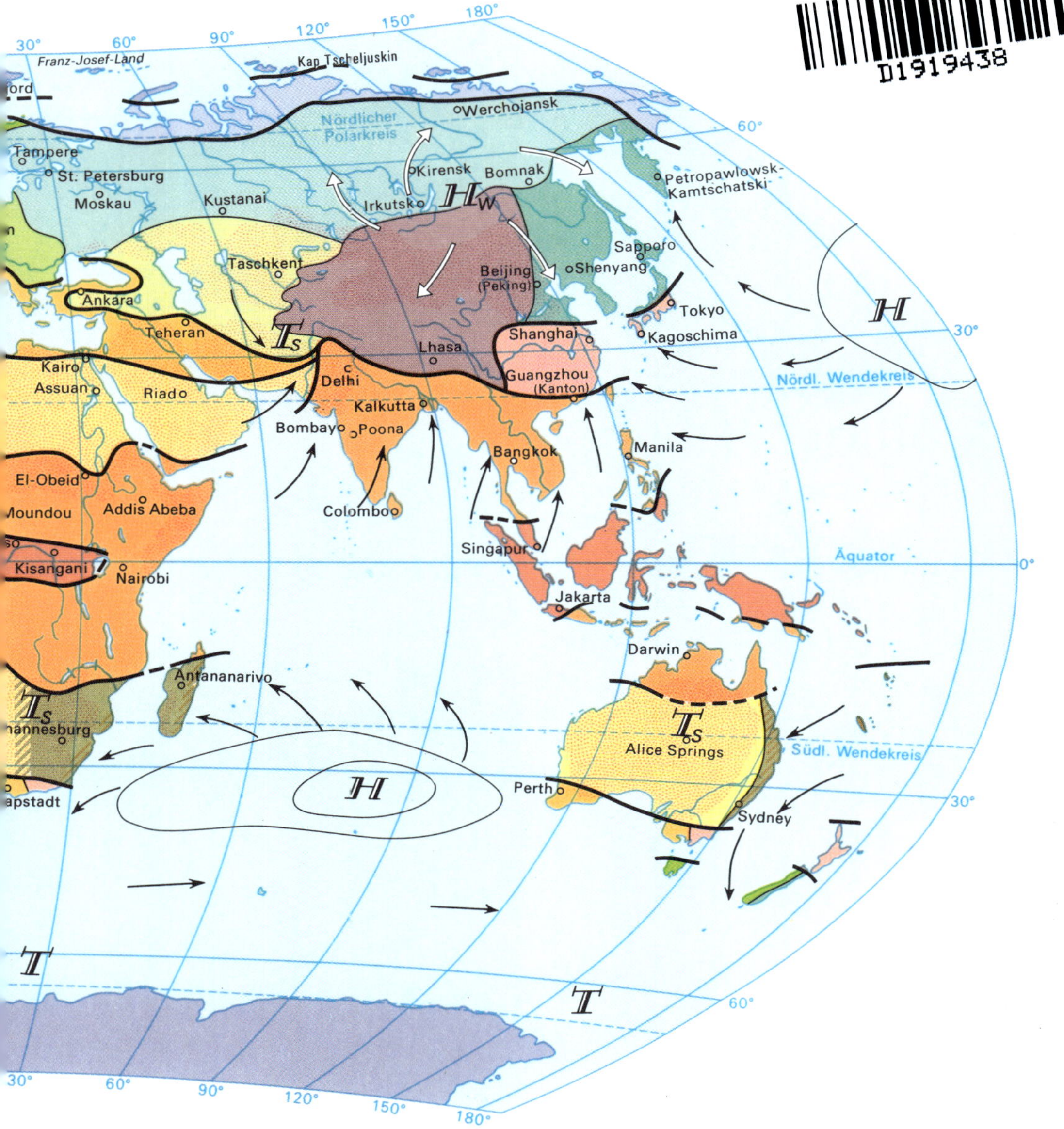

e des tropischen Wechselklimas

Tropisches Wechselklima

uatoriale Klimazone

Äquatorialklima

8. Klimate der Hochgebiete

Trockengebiete

Druck- und Windverhältnisse:

- H, T — beständige (ganzjährige) Druckgebiete
- H_W, T_W — Druckgebiete im Winter der jeweiligen Halbkugel } jahreszeitlich auftretende Druckgebiete
- T_S — Druckgebiete im Sommer der jeweiligen Halbkugel } jahreszeitlich auftretende Druckgebiete
- → ganzjährige Winde und Winde im Sommer der jeweiligen Halbkugel
- ⇨ Winde im Winter der Nordhalbkugel

nach E. Neef

TERRA

Erdkunde
Ausgabe für
Brandenburg
Sekundarstufe I
Teil II

KLETT-PERTHES
Gotha und Stuttgart

TERRA Erdkunde, Ausgabe für Brandenburg, Sekundarstufe I, Teil II

Herausgegeben und bearbeitet von:
Dr. Egbert Brodengeier, Dresden
Gerhard Junghanns, Schöneiche
Prof. Dr. Eberhard Kroß, Bochum
Bode Lehnig, Dresden
Helmut Obermann, Ettlingen
Herbert Paul, Asperg
Prof. Dr. Lothar Rother, Schwäbisch Gmünd

Mit Beiträgen von:
Dierk Behrmann, Dr. Lorenz Deuringer,
Ulrike Dörflinger, Werner Eckert-Schweins,
Hartmut Hirt, Hans W. Hochheimer,
Rainer Kalla, Dr. Dieter Kohse, Hans Loibl,
Martin Plemper, Bernd Raczkowsky,
Irmtraut Ronneberger, Norbert von der Ruhren,
Hans Joachim Salmen

Gedruckt auf Papier aus
chlorfrei gebleichtem Zellstoff,
säurefrei.

1. Auflage 1 6 5 4 3 | 2003 2002 2001 2000

Alle Drucke dieser Auflage können im Unterricht nebeneinander benutzt werden, sie sind untereinander unverändert.
Die letzte Zahl bezeichnet das Jahr dieses Druckes.
© Justus Perthes Verlag Gotha GmbH, Gotha 1996. Alle Rechte vorbehalten.
Internetadresse: http://www.klett-verlag.de/klett-perthes
Redaktion und Produktion: Brigitte Dorp, Grit Panckow, Christoph Rausch, Andrea Somogyi

Einband-Design: Erwin Poell, Heidelberg
Layoutkonzept: Werner Fichtner, Stuttgart
Karten: Klett-Perthes/Bernd Creutzburg, Joachim Krüger, Ingolf Meier, Ernst Salzer, Walter Scivos,
Dr. Henry Waldenburger
Peter Blank, Bielefeld; Heike Carrle, Schondorf a. A.; Comcart, Leonberg; Dietlof Reiche, Hamburg
Zeichnungen: Rudolf Hungreder; Wolfgang Schaar
Satz: Lihs, Ludwigsburg
Reproduktion: Repro Maurer, Tübingen; SCS Schwarz, Leinfelden-Echterdingen
Druck: SCHNITZER DRUCK GmbH, 71404 Korb
ISBN 3-12-286840-7

Inhalt

Doppelkontinent Amerika 4
Großlandschaften Amerikas 6
Durch die Kordilleren 8
Das Klima Amerikas 10
Von der Tundra Alaskas zu den Buchenwäldern Feuerlands 14
Höhenstufen am Äquator 16
TERRA Orientieren und Üben 20

Lateinamerika 22
Entwicklung Lateinamerikas 24
Peru ist ein Entwicklungsland 28
Armut trotz Rohstoffreichtum 30
Perus Landwirtschaft 32
Großprojekte oder Kleinprojekte? 34
Brasiliens Hauptstädte 36
Brasilien – ein Schwellenland 38
Operation Amazonien 42
Der Regenwald – ein Ökosystem 46
Raubbau am Tropischen Regenwald 48
Metropole Mexiko-Stadt 50
Das andere Mexiko 54
An der Grenze zu Angloamerika 56
TERRA Orientieren und Üben 58

Angloamerika 60
Vom Atlantik zum Pazifik 62
Die Entwicklung Angloamerikas 64
Schmelztiegel USA 68
Metropole New York 70
Verstädterung in den USA 72
Industriemacht USA 74
Im Manufacturing Belt 76
Industrie im Sun Belt 78
Agrarräume in den USA 80
Eine Farm in Iowa 82
Agrobusiness 84
Nunavut heißt: unser Land! 86
TERRA Orientieren und Üben 88

Nord- und Mittelasien 90
Vom Großfürstentum über die Sowjetunion zur GUS... 92
Von der Planwirtschaft zur Marktwirtschaft 94
Viele Völker – viele Probleme? 96
Zwischen Kältepol und Wüste 98
Landwirtschaft: Zonen und Probleme 100
Was wird aus dem Aralsee? 102
Erdgas aus Westsibirien 104
Sibirien erschließen – Entfernungen überwinden 106
TERRA Orientieren und Üben 108

Japan 110
Japans Naturraum 112
Bei den Nakamuras 114
Verdichtungsraum Tokio 116
Nahrung für 120 Millionen Menschen 118
Japans Industrie wächst weiter 120
Japans Industrie braucht Platz 122
TERRA Orientieren und Üben 124

Australien und Ozeanien 126
Australien – Kontinent der Einwanderer 128
Der einzigartige Kontinent 130
Der trockene Kontinent 132
Eisenerz aus Australien 134
Vulkaninseln und Koralleninseln 136
Paradies Südsee? 138
TERRA Orientieren und Üben 140

Arktis und Antarktis 142
Wettlauf zu den Polen 144
Arktis und Antarktis – ein Vergleich 146
Antarktis in Gefahr? 148
TERRA Orientieren und Üben 150

Weltmeere 152
Ozeane beeinflussen das Klima der Erde 154
Schiffe unterwegs 156
„Boden"schätze aus dem Meer 158
Den Meeren geht es dreckig! 160
TERRA Orientieren und Üben 162

Anhang 164
Klimatabellen 164
Strukturdaten ausgewählter Länder 168
Wichtige Grundbegriffe 170
Sachwortverzeichnis 174
Bild- und Quellennachweis 176

Auf diesen Seiten lernst du wichtige erdkundliche Arbeitstechniken kennen

Doppe

2

3

1
Salvador (Brasilien)

kontinent Amerika

Dallas

4

„Heute muß daran erinnert werden, daß die geschichtlichen Ereignisse gemessen werden an dem Grad, in dem sie den Völkern nutzen oder schaden. Was mit der Kolonialisierung seinen Anfang nahm, hat immer noch negative Konsequenzen für die Nachkommen jener ‚Entdeckten'. Sie kamen nicht, sie waren schon immer hier."
Victor de la Cruz (Dichter aus Mexiko)

Amerika setzt sich aus den Kontinenten **Nordamerika** und **Südamerika** zusammen. Die schmale Landbrücke von Mittelamerika verbindet beide Kontinente miteinander. Zum Doppelkontinent gehört auch der Inselbogen der Kleinen und Großen Antillen. Vom Nordpolargebiet bis in die Nähe der Antarktis – kein anderer Kontinent hat eine so große Nord-Süd-Ausdehnung. Einzigartig ist die Vielfalt faszinierender Landschaften von Alaska bis Feuerland.

Amerika, das war bis zum Eindringen der Europäer ein Kontinent mit teilweise hochentwickelten Kulturen. Mit der Eroberung und Besiedlung dieser, für die Europäer „Neuen Welt", begann die Unterwerfung, zum Teil sogar die Ausrottung der Ureinwohner und die Zerstörung ihrer Kultur.

5

Mit der Kolonisierung Südamerikas durch Spanien und Portugal wurden die aus dem Lateinischen stammenden Sprachen Spanisch und Portugiesisch zur Landessprache. Nordamerika wurde dagegen vor allem von englischsprechenden Europäern kolonisiert. Dadurch entstanden die Bezeichnungen **Lateinamerika** und **Angloamerika.**

Großlandschaften Amerikas

Die Oberfläche Amerikas ist klar und einfach gegliedert. Ein gewaltiges Hochgebirgssystem, die Kordilleren, in Südamerika Anden genannt, erstreckt sich im Westen des Doppelkontinents von Alaska bis zur Insel Feuerland. Im Osten befinden sich Mittelgebirge und ausgedehnte Bergländer. Dazwischen dehnen sich große Tiefländer aus. Im Gegensatz zu Europa verlaufen die Gebirgszüge meridional. Von der Landenge von Tehuantepec bis zur Landenge von Darien in Panama reicht die etwa 2000 km lange Landbrücke Mittelamerika, die Nord- und Südamerika verbindet. Im Amerikanischen Mittelmeer breiten sich die Antillen aus.

2

1 Im Bergland von Guayana (Venezuela)

Das Gebirgssystem der Kordilleren im Westen Nordamerikas besteht aus drei parallel verlaufenden Gebirgsketten. Dazwischen liegen Becken und Plateaus. Die Kordilleren entstanden als Faltengebirge im Tertiär. Die Gebirgsbildung war mit zahlreichen Vulkanausbrüchen verbunden. Das Columbiaplateau ist der größte Deckenerguß der Erde. Lavaströme ergossen sich hier über eine Fläche von über 600 000 km².

4 In den Appalachen

6 Perito-Moreno-Gletscher (Argentinische Anden)

Flächenvergleich ausgewählter Kontinente (Mio. km²)

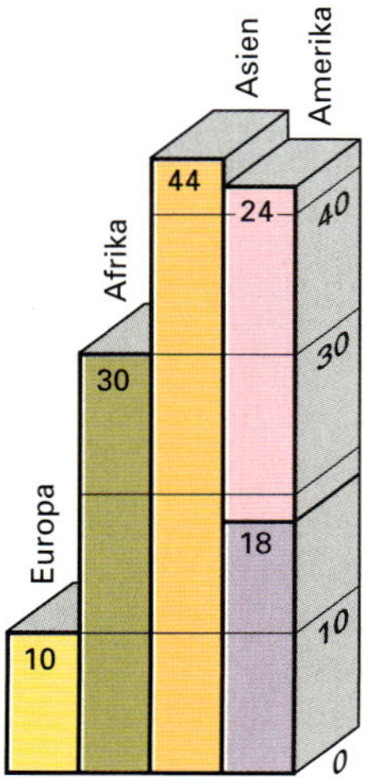

3

4

1 a) Beschreibe die Lage Amerikas im Gradnetz.
b) Bestimme die maximale Nord-Süd- und West-Ost-Ausdehnung.
c) Vergleiche die Flächen der Kontinente in Diagramm (3) miteinander.

2 Übertrage die Tabelle ins Heft, und fülle sie einmal für Nord- und dann für Südamerika aus.

	Hochgebirge	Tiefland	Mittelgebirge
Merkmale der Oberfläche			
Beispiel			

Die Appalachen sind der Entstehung nach ein Bruchschollengebirge, das ebenfalls im Tertiär herausgehoben wurde.
Der geologisch älteste Teil Nordamerikas, der Kanadische Schild, war im Pleistozän vorwiegend Abtragungsgebiet. Im Zentralen Tiefland und in Teilen der Great Plains entstanden durch das Inlandeis Moränenrücken und viele Seen. Dieser Raum ist ein Aufschüttungsgebiet mächtiger Sedimente und wird heute durch das Mississippi-Missouri-System geprägt.

In Südamerika stehen dem jungen Hochgebirge der Anden im Osten die zu den ältesten Krustenteilen der Erde gehörenden Bergländer gegenüber. Die dazwischen liegenden Tiefländer bestehen, ähnlich denen Nordamerikas, aus mächtigen Sedimentschichten, die durch Aufschüttungen entstanden sind. Die Bergländer steigen an der Ostküste steil an und fallen zum Landesinneren allmählich ab. Man bezeichnet sie deshalb auch als Randschwellen. Ausgedehnte Hochflächen, oft vulkanischen Ursprungs, sowie Tafelländer prägen die Oberfläche im Innern dieser Bergländer.

Kaum zu glauben

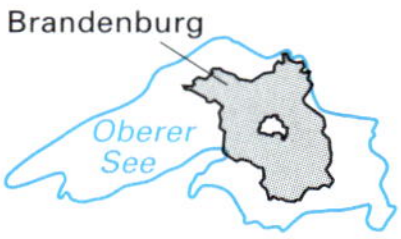

Der größte See Amerikas ist mit 83 300 km² der **Obere See.**

Der Amazonas ist mit 6518 km Länge der wasserreichste Fluß der Erde. Sein Einzugsgebiet nimmt mit 7,2 Mio. km² zwei Drittel der Fläche Südamerikas ein und ist damit das größte der Welt. Der Amazonas hat 200 große Nebenflüsse. Davon sind 17 länger als der Rhein. In einer Sekunde durchfließt eine Wassermenge den Fluß, die ausreichen würde, die Stadt München ein Jahr lang mit Wasser zu versorgen. Im Unterlauf ist der Amazonas 25 km breit. Hochseeschiffe können bis 1600 km stromaufwärts nach Manaus fahren. Im Mündungsbereich ist der Fluß bis zu 250 km breit. Das entspricht etwa der Entfernung von Berlin nach Hamburg.

5

6

1

5

2

Die über 5000 m aufragende, weitgehend unberührte Bergwelt der Wrangell- und St. Elias Mountains mit ihren riesigen Eisfeldern liegt im Nordwesten der Kordilleren. Wo jetzt der Alaska-Highway verläuft, war einst „bear-country“, das Land der Grizzly-Bären. Hier lebten Athabaska-Indianer als Nomaden von der Jagd und vom Fischfang an den Flüssen. Heute haben die meisten die Lebensweise der Weißen angenommen. Daneben pflegen sie auch die Sitten der Vergangenheit. Eindrucksvolle Zeugnisse seßhafter Indianerstämme finden wir im Mesa-Verde-Nationalpark im Südwesten der USA. Hier lebten die Anazasi schon 1000 Jahre vor Ankunft der Weißen auf einer hohen Entwicklungsstufe. Die etwa 1300 n. Chr. aufgegebenen Höhlenwohnungen des Cliff Palace beweisen ihre Kunstfertigkeit.

4

1 Wrangell-/St. Eliasberge (Alaska)
3 Mesa Verde (SO-Colorado)
4 Atitlan-See (Guatemala)
5 Osterprozession (Guatemala)

Durch die Kordilleren

Die Kordilleren zwischen Alaska und Feuerland haben in der Entwicklung Amerikas eine wichtige Rolle gespielt. Davon zeugen viele Spuren der Vergangenheit, aber auch vielfältige Lebensräume und Kulturen der Gegenwart.

6

In den Kordilleren Mittelamerikas sind noch zahlreiche Reste indianischer Hochkulturen zu finden. In dem von hohen Vulkanen überragten Hochland von Guatemala lebt das Indianervolk der Maya. Ihre Vorfahren hatten hier und im angrenzenden Yucatán eine der bedeutendsten Hochkulturen Amerikas geschaffen: mit großen Städten, mächtigen Pyramiden und Tempeln, einer hochentwickelten

3

7

9

8

In den Nordanden am oberen Magdalena wird in Höhen um 1500 m der berühmte kolumbianische Hochlandkaffee angebaut. Inmitten der Pflanzungen trifft man auf indianische Totenstädte mit kunstvollen, übergroßen Steinfiguren, deren Herkunft bis heute nicht eindeutig geklärt ist. In den Anden Perus liegen grandiose Ruinenstädte aus der Zeit des mächtigen, hochentwickelten Inkareiches, das seine Blütezeit kurz vor der spanischen Eroberung erreichte. Hier und im benachbarten Bolivien und Ecuador wird aber auch sichtbar, in welcher Armut die meisten Indios heute leben. In den Südanden wurden die Indianer weitgehend ausgerottet. Heute begegnet man hier vielen europäischen Einwanderern, darunter auch zahlreichen Deutschen, die oft schon im 19. Jahrhundert hierher kamen.

11

1 a) Beschreibe die einzelnen Fotos. Benutze dazu auch die Texte.
b) Finde jeweils passende Bildlegenden.

2 a) Bestimme die Lage der genannten Orte oder Landschaften im Atlas.
b) Suche im Atlas weitere Informationen über das jeweilige Gebiet.

3 Indianer in den Kordilleren? Was erfährst du in den Texten? Was weißt du noch?

7 Indiomarkt (Ecuador)
8 Kupferabbau (Peru)
9 Kaffee-Ernte (Kolumbien)
10 Osorno bei Puerto Montt (Chile)

Landwirtschaft und weitreichenden Handelsbeziehungen. Sie besaßen einen genauen Kalender und eine Bilderschrift. Die spanischen Eroberer zerstörten im 16. Jahrhundert diese Kultur und bekehrten die Indianer zum Christentum. Doch ihre alten Sitten und Gebräuche haben die Maya trotz dauernder Verfolgung und Benachteiligung bis heute weitgehend bewahrt.

10

Hurrikan Andrew verwüstet Florida
Mit Spitzengeschwindigkeiten von bis zu 255 km/h fegte der tropische Wirbelsturm Andrew am 24. 8. 1992 über den Südosten der USA hinweg. In Südflorida kamen 47 Menschen ums Leben und 35 000 wurden obdachlos.

1

Schneesturm forderte 220 Tote
März 1993: Millionen sind im Nordosten der USA ohne Strom, der gesamte Verkehr kam völlig zum Erliegen – ein schwerer Schneesturm fordert 220 Todesopfer.

3

5

Das Klima Amerikas

Nahezu jedes Jahr erreichen uns aus Amerika Nachrichten über extreme Wettererscheinungen, die große Schäden anrichten. Ursachen für diese Naturkatastrophen sind die Klimabesonderheiten des Doppelkontinents.

Amerika hat Anteil an allen Klimazonen der Erde, von der polaren Zone im Norden bis zur gemäßigten Klimazone der Südhalbkugel. Die Größen- und Reliefverhältnisse sowie der Einfluß angrenzender Meeresströmungen führen jedoch zu zahlreichen Abweichungen in der zonalen Anordnung der Klimazonen.

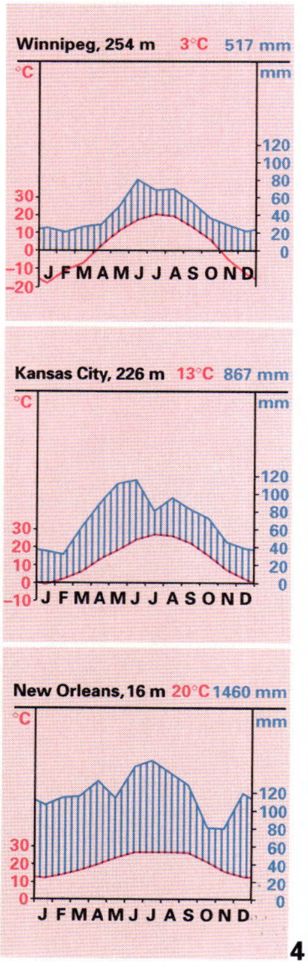

2

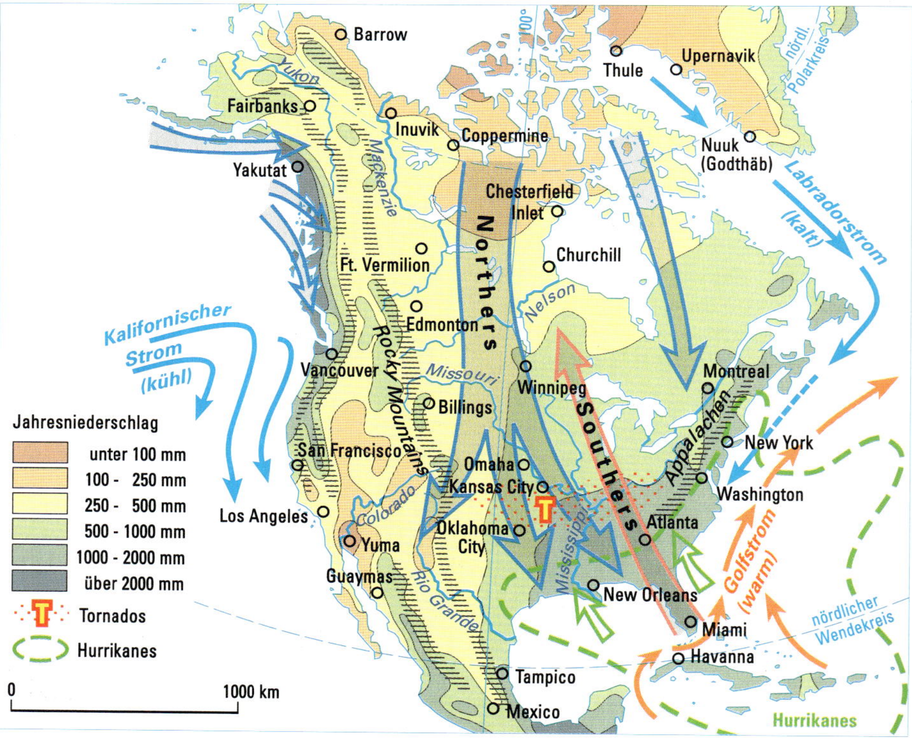

4

5
Folgen eines Kaltlufteinbruchs

In Nordamerika können wegen der Nord-Süd-Ausrichtung der Gebirge polare Luftmassen weit nach Süden und tropische Luftmassen weit nach Norden vordringen. Dieser ungehinderte Luftmassenaustausch sorgt für kurzfristige Wetterumschwünge mit teilweise verheerenden Auswirkungen. Im Winter stoßen **Northers,** das sind kalte Nordwinde, oft bis in den Golf von Mexiko vor. In Kanada und im Norden der USA verursachen diese Kaltlufteinbrüche die gefürchteten **Blizzards** (Schneestürme). In wenigen Stunden bricht häufig der gesamte Verkehr zusammen. Umgekehrt dringen im Sommer die **Southers,** das sind warme Luftmassen aus dem Golf von Mexiko, weit nach Norden vor. Die Bevölkerung an der Ostküste und bis weit nach Kanada hinein stöhnt dann oft wochenlang unter tropischer Hitze.
Mit dem Vordringen tropischer Luftmassen gelangen auch die **Hurrikane,** das sind orkanartige Wirbelstürme, die in Äquatornähe im Atlantik entstehen, nach Nordamerika. Da sie beim Verlassen der Wasserflächen ihre Energie verlieren, bleibt ihr Einfluß auf Florida und die küstennahen Gebiete beschränkt. Beim Zusammentreffen von polaren und tropischen Luftmassen oder durch starke Erhitzung der riesigen Landmassen kommt es zu extremen Temperaturunterschieden und starken Niederschlägen. Dann entstehen festländische Wirbelstürme, die **Tornados.**
Die Gebirge im Westen verhindern das Eindringen der für die gemäßigte Klimazone typischen milden und feuchten Westwinde. Deshalb bildet sich im Gebiet zwischen den Kordilleren und etwa 100 Grad westlicher Länge Kontinentalklima mit geringen Niederschlägen aus. Warme oder kalte Meeresströmungen beeinflussen vor allem das Klima der Küstengebiete. Der Labradorstrom wirkt auf die Temperaturen im Hinterland der Atlantikküste stark abkühlend und sorgt für wolkiges Wetter mit häufigem Nebel. Im Winter sind die Küsten sogar durch Eisberge aus Grönland oder Treibeis gefährdet.

6

1 Beschreibe die Anordnung der Klimazonen in Nordamerika und vergleiche diese mit der in Europa (Klimakarte im Einband).
2 Erkläre mit Hilfe von Karte (4), wie sich Relief und Meeresströmungen auf das Klima Nordamerikas auswirken.
3 a) Werte die Klimadiagramme von Winnipeg, Kansas-City und New Orleans aus.
b) Welche Erscheinungen und Faktoren beeinflussen die Temperatur- und Niederschlagsverhältnisse in diesen Stationen?
4 a) Zeichne mit Hilfe der Klimadaten im Anhang jeweils ein Klimadiagramm von New York, Salt Lake City und Los Angeles.
b) Beschreibe und erkläre die Veränderungen von der Ost- zur Westküste der USA.

Südamerika und die schmale Landbrücke zu Nordamerika mit den Inseln der Karibik liegen hauptsächlich im Bereich der tropischen Passatzirkulation. Im Gebiet der Wendekreise, wo in Afrika trockenes Passatklima vorherrscht, wird Amerika von tropischem Wechselklima beeinflußt. Wegen der geringen West-Ost-Ausdehnung der Landmasse sind die Passate überwiegend feucht. Dort, wo sich den Passatluftmassen Gebirge in den Weg stellen, treten an der Luv-Seite hohe Niederschläge auf.

Nur im Amazonastiefland führen die starken Zenitalregen und ganzjährig hohen Temperaturen zur Ausbildung von äquatorialem Klima.

In der gemäßigten Klimazone muß man die niederschlagsreiche Westküste und das trockene Gebiet östlich der Anden unterscheiden. Die niederschlagsreichen Westwinde regnen sich am Gebirge ab. Wegen der geringen Landmasse kommt es aber nicht zur Ausbildung eines kontinentalen Klimas. Nach dem Hochland von Patagonien wird das niederschlagsarme Klima im Süden Argentiniens als patagonisches Klima bezeichnet.

8
Bei Puerto Natales (Südchile)

9
Bei Calafate, Argentino-See (Argentinien)

Große Trockenheit führt an der Westküste zur Ausbildung der Küstenwüste Atacama. Ursachen dafür sind die ablandigen Passatwinde und die durch den kalten Humboldtstrom hervorgerufenen, großen Temperaturgegensätze.

Die zahlreichen Abweichungen von der zonalen Anordnung der Klimazonen bezeichnet man als **Azonalität** des Klimas.

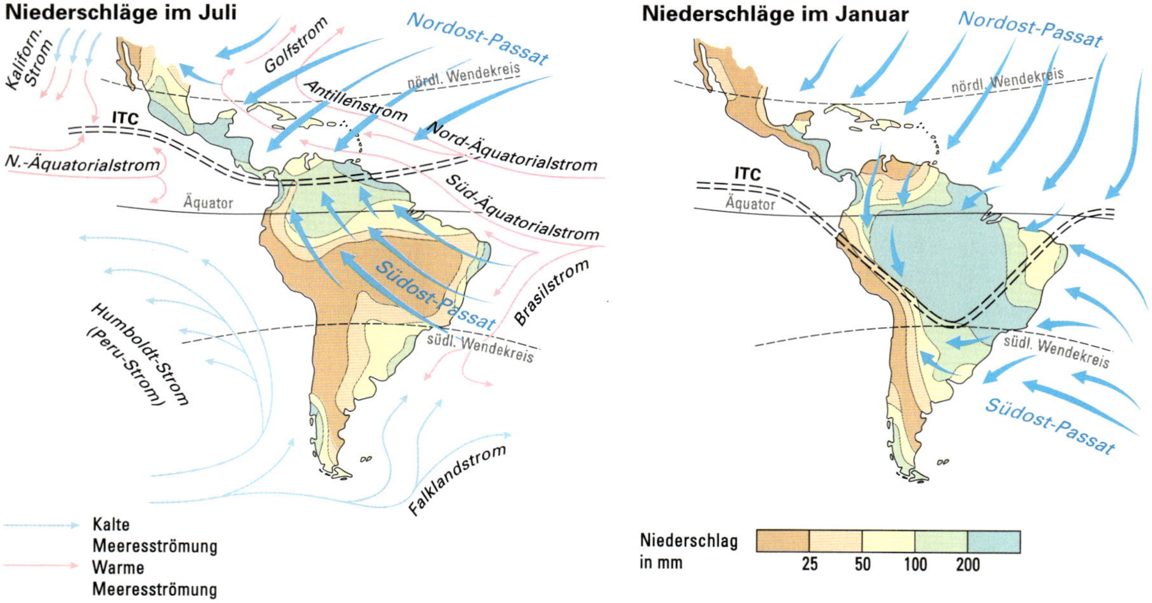

7

9

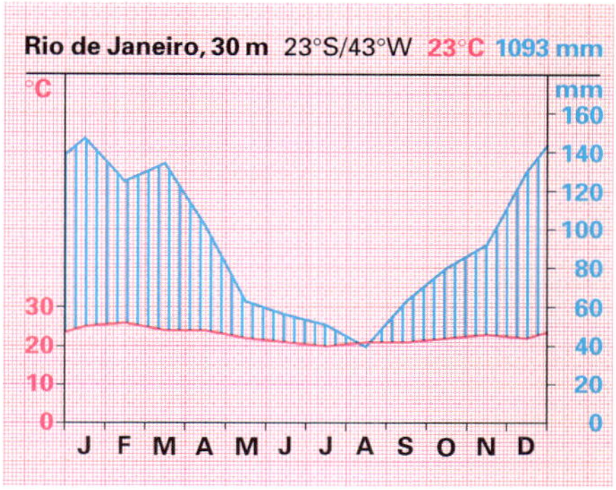

12

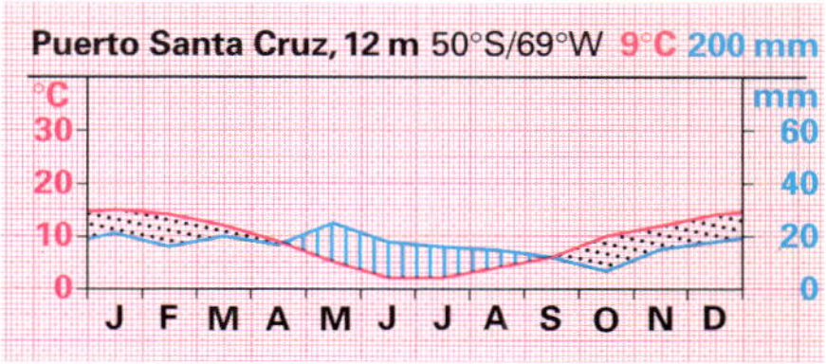

13

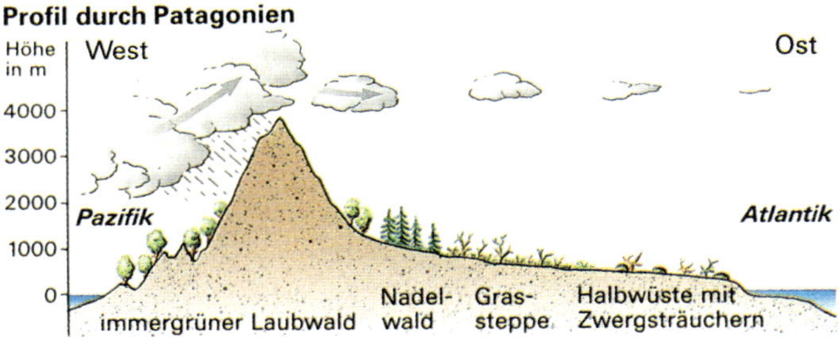

0

Patagonien

Als der Seefahrer Magellan 1520 Südamerika umsegelte, traf er auf indianische Jägergruppen, deren Fußbekleidung aus Pumafellen bestand. Wegen ihrer unförmig großen Fußspuren, nannte er sie „patagones", d. h. „Großfüßige" (von spanisch pata = Fuß, Tatze, Pranke). Heute sind die Indianer Patagoniens durch Vernichtungskriege, Krankheiten und Alkohol fast völlig ausgerottet. „Patagonien gehört niemandem", sagen die Argentinier, „Patagonien gehört dem Wind. Hier reist man nicht, die Landschaft fliegt an einem vorbei."

El-Niño – „das Klima spielt verrückt"
Alle 3 bis 7 Jahre, zur Weihnachtszeit, (span. el-niño, das „Christ"-Kind), kommt es an der Küste Perus zu katastrophalen Niederschlägen und einem Massensterben von Fischen und Seevögeln. Besonders betroffen sind die Galapagos-Inseln. Die Erklärung dafür ist sehr kompliziert. Bei schwachem Südostpassat kommt es an der Pazifikküste zur Entstehung von Westwinden. Dann dringt warmes Wasser gegen den kalten Humboldtstrom vor. Mit der Verdrängung dieses nährstoffreichen kalten Tiefenwassers verlieren die Fische ihre Nahrungsgrundlage und die sonst trockenen Küstengebiete erhalten hohe Niederschläge.

1

5 Beschreibe die Anordnung der Klimazonen in Süd- und Mittelamerika (Klimakarte im Einband) und vergleiche mit der in Afrika.

6 Begründe an Beispielen die unterschiedliche Niederschlagsverteilung in den Karten (7).

7 a) Werte die Klimadiagramme von Rio de Janeiro (12) und Santa Cruz (13) aus.
b) Begründe die Anzahl der ariden Monate für die beiden Stationen.

8 a) Zeichne das Profil (10) ab, und beschreibe den Luv-Lee-Effekt der Patagonischen Anden.
b) Vergleiche den Jahresgang der Temperatur in den Great Plains mit dem Patagoniens.

1

Reihenfolge, bis zu den Buchenwäldern Feuerlands fort.

Diese scheinbar zonale Anordnung wird, ähnlich wie bei den Klimazonen, durch die von Nord nach Süd gerichteten Hochgebirge der Kordilleren unterbrochen. In diesen Gebieten hat sich eine Hochgebirgsvegetation gebildet. Die Ausprägung der Vegetation hängt also neben dem Klima entscheidend vom Relief ab. So erklären sich zum Beispiel manche Ausläufer des Regenwaldes bis nach Mittelamerika, wo sie im Schutz der Hochgebirge ideale Wachstumsbedingungen vorfinden.

Von der Tundra Alaskas zu den Buchenwäldern Feuerlands

Die Vegetationszonen Amerikas reichen von der kargen, nur mit Flechten und Moosen besetzten Tundra Alaskas (barren grounds) im Norden bis zum artenreichen, immergrünen Tropischen Regenwald des Amazonas. Nach Süden setzen sie sich dann, in umgekehrter

3

2

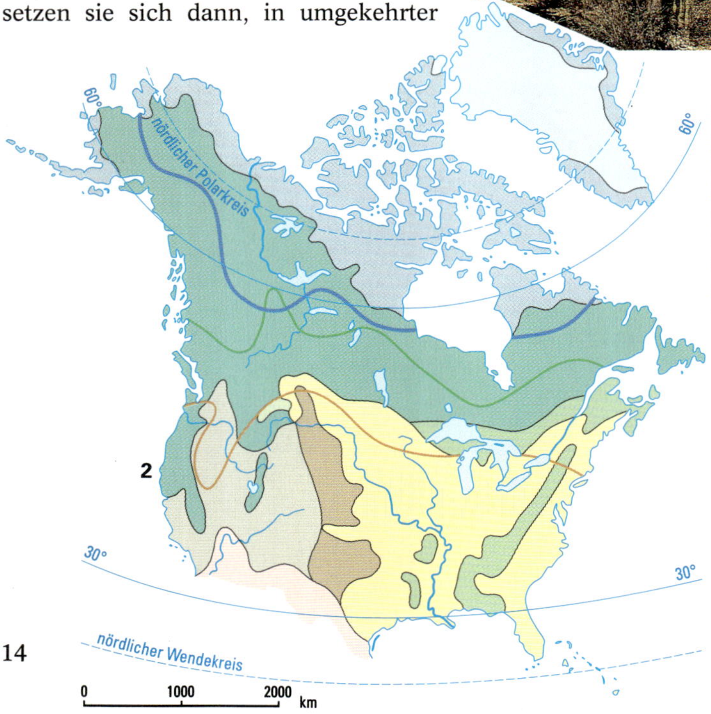

1
Im Denali-Nationalpark (Alaska)
3
Im Ajo-Nationalpark (an der Grenze USA – Mexiko)
4
Auf Feuerland

4

Nur reichlich 1000 km davon entfernt, im Hochland von Mexiko, wachsen große Kakteenwälder. Der dort vorherrschenden Trockenheit haben sich die Kakteen durch großes Wasserspeichervermögen angepaßt. Sie haben flache, an der Oberfläche weitverzweigte Wurzeln. Dadurch können sie in kurzer Zeit große Mengen Wasser aufnehmen. Die Pflanze kann über ein Jahr ohne Wasserzufuhr auskommen.

Das Vorkommen der **Pampa,** einer baumlosen Grassteppe in Lateinamerika, läßt sich unter anderem durch die geringen Niederschläge im Leebereich der Anden erklären.

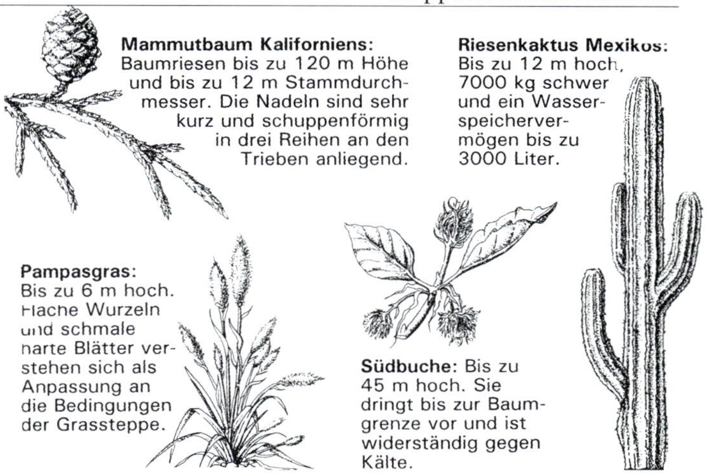

5

1 a) Ordne die drei Fotos der jeweiligen Vegetationszone zu.
b) Beschreibe die Vegetation.

2 a) Ordne die vier Pflanzen der Abbildung (5) in die Karte (6) ein.
b) Beschreibe die Anpassung der Pflanzen an die vorherrschenden Bedingungen.

3 Welche Gründe führen zur Abweichung von der breitenkreisparallelen Anordnung der Vegetationszonen?

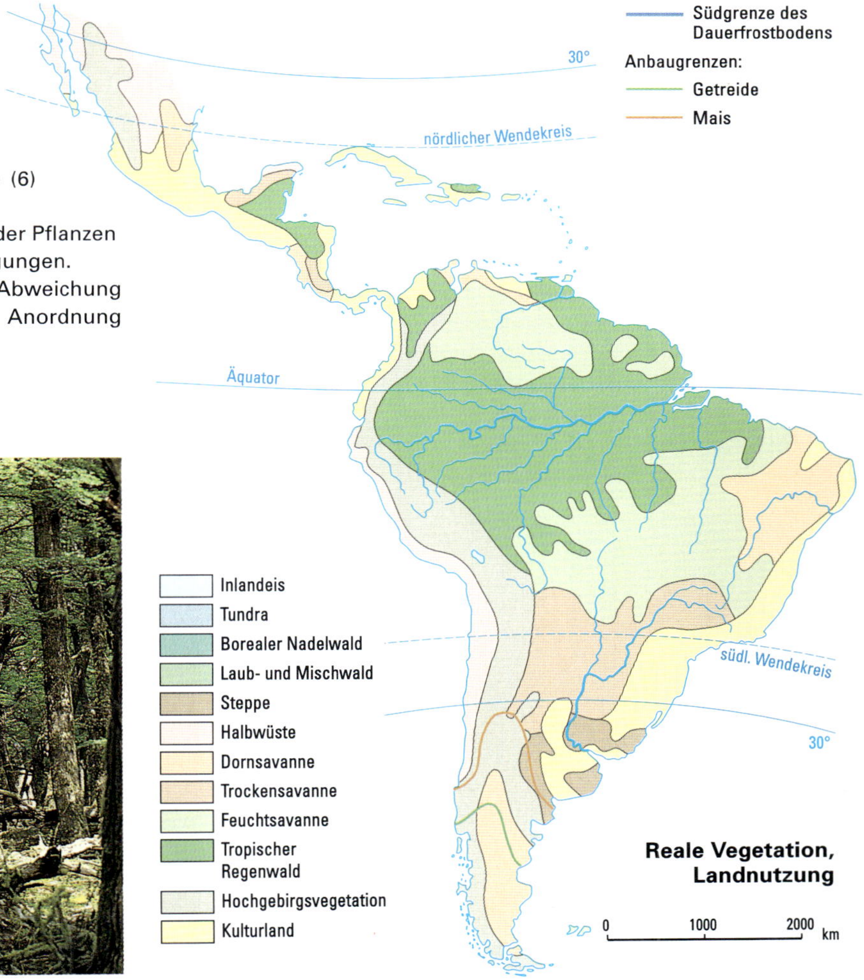

6

Höhenstufen am Äquator

Unsere Fahrt mit dem Trasandino-Express in Ecuador beginnt in der Hafenstadt Guayaquil. Auf ebener Strecke geht es durch die feucht-heiße Küstenebene, vorbei an ausgedehnten Reis- und Zuckerrohrfeldern. Wir sehen Ölpalmenplantagen, Kakaopflanzungen und riesige Viehfarmen. Vom ursprünglichen Tropischen Regenwald zeugen nur noch einzelne Bäume. Sobald der Zug anhält, beginnt ein lebhaftes Treiben: Mitfahrende Händler bieten Meeresfische und allerlei Gebrauchsgüter zum Kauf an. Bananen werden eingeladen. Männer, Frauen und sogar Kinder steigen mit Obst- und Gemüsesäcken für die Märkte im Hochland ein. Wer in den überfüllten Wagen keinen Platz findet, steigt aufs Zugdach.

In Bucay beginnt der Anstieg. Durch steil eingeschnittene, mit Tropischem Regenwald bedeckte Täler geht es bergan. Zahlreiche Rodungsinseln zeigen, daß der Wald überall zurückgedrängt wird. Auch die natürliche Vegetation verändert sich. Auf den regenreichen Außenseiten des Gebirges wächst nun dichter tropischer Bergwald, während in den geschützten Tälern Trockenwuchs

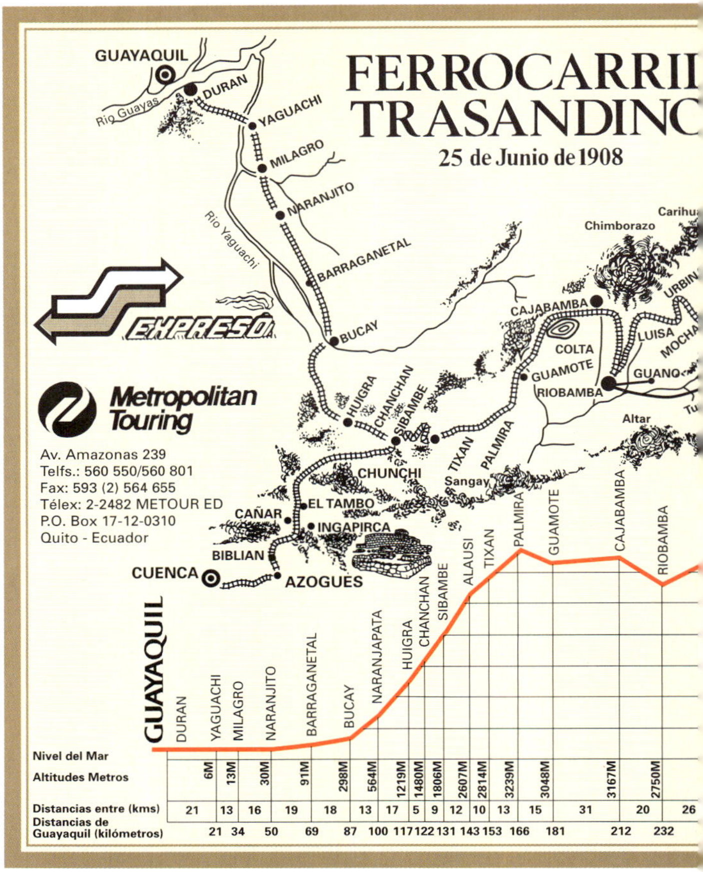

2

3
Urbina

Bei Bucay

1

3

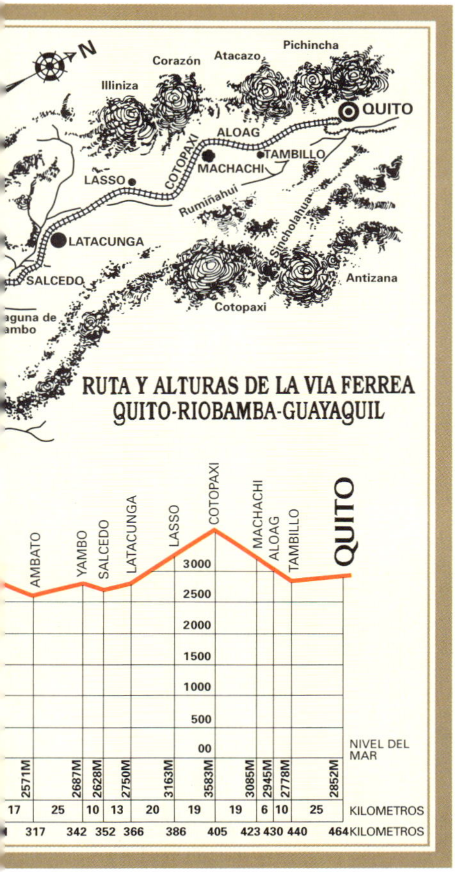

mit Kakteen vorherrscht. Je höher wir kommen, desto kühler wird es. Der Bergwald geht allmählich in immergrünen Nebelwald über. An den Hängen ziehen sich nun die kleinen Getreide- und Kartoffelfelder der Indios wie Fleckenteppiche empor.

Bei Urbina zu Füßen des eisbedeckten Chimborasso erreichen wir am höchsten Punkt der Strecke das unwirtliche Grasland der Paramos. Die niedrigen Temperaturen erlauben hier keinen Baumwuchs mehr.

Auf der Weiterfahrt nach Quito durchqueren wir mehrere Hochbecken, in denen ganzjährig Pfirsiche, Pflaumen, Birnen und Äpfel wachsen. Auf den Haziendas der Großgrundbesitzer wird ertragreicher Ackerbau betrieben. Grüne Weiden mit schwarzweißen Kühen erinnern an die Schweiz. Im weniger fruchtbaren Land ziehen sich die oft winzigen Felder der Indios hin.

4

5

Bei Riobamba

4
Bei Huigra

1 Beschreibe die vier Fotos.

2 In welcher Höhe wurden sie aufgenommen (Abbildung 2)?

3 a) Durch welche Landschaften führt die 1908 eingeweihte Bahnstrecke zwischen Guayaquil und Quito (Text und Abbildung 2)?

b) Ordne den Landschaften die Fotos zu.

4 Wie verändern sich Pflanzenwelt und Landnutzung mit zunehmender Höhe?

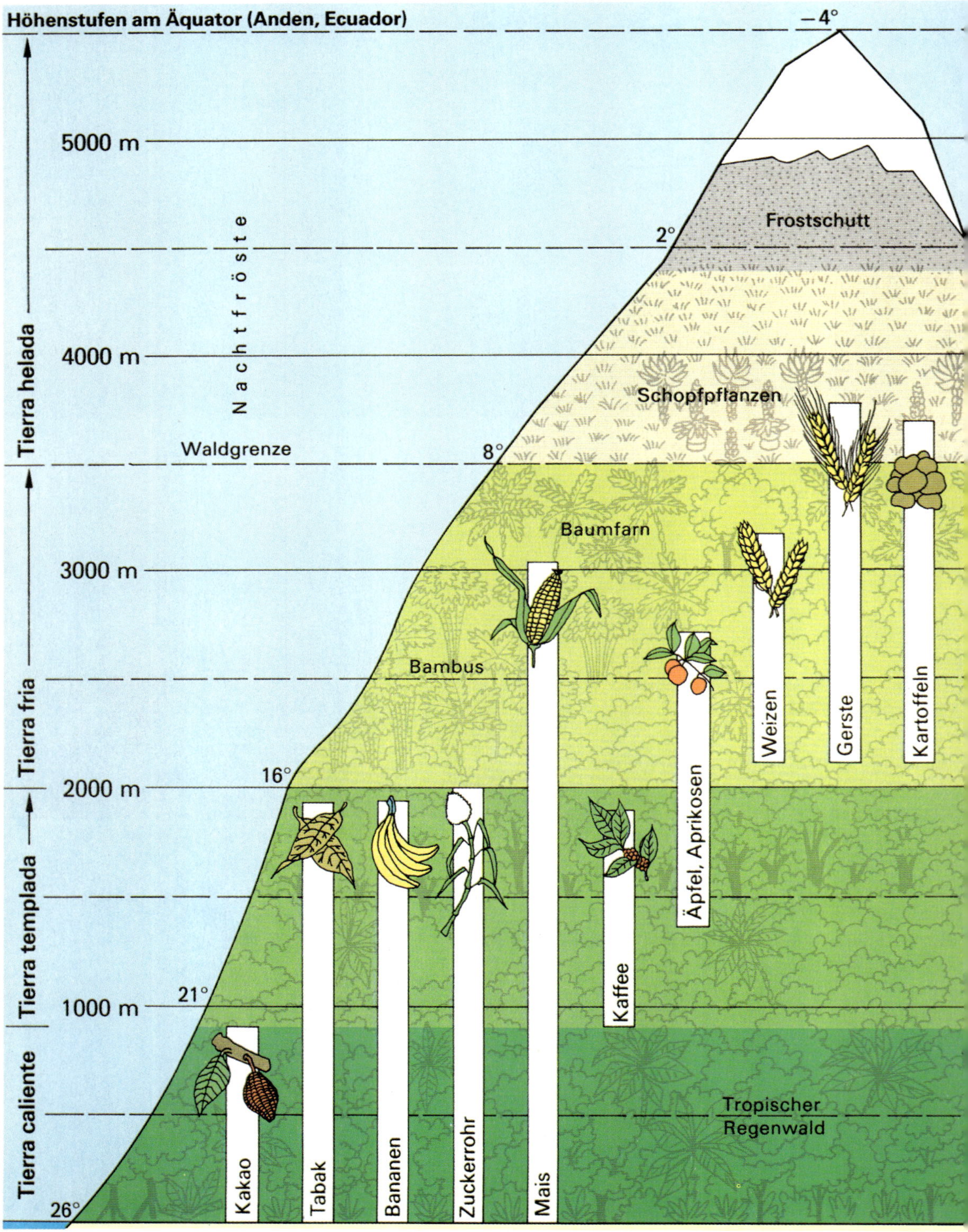

Höhenstufen am Äquator (Anden, Ecuador)
–4°
5000 m
4000 m
3000 m
2000 m
1000 m
Tierra helada
Tierra fria
Tierra templada
Tierra caliente
Nachtfröste
Waldgrenze
2°
8°
16°
21°
26°
Frostschutt
Schopfpflanzen
Baumfarn
Bambus
Tropischer Regenwald
Kakao
Tabak
Bananen
Zuckerrohr
Mais
Kaffee
Äpfel, Aprikosen
Weizen
Gerste
Kartoffeln

6

Was du früher über die Höhenstufen in den Alpen gelernt hast, läßt sich auch auf andere Hochgebirge übertragen. Schon vor etwa 200 Jahren erkannte der Naturforscher Alexander von Humboldt, daß sich die Vegetation in Ecuador zwischen dem tropischen Tiefland und den Eisgipfeln der Anden in mehreren **Höhenstufen** anordnet. Hier gibt es auf engem Raum ähnliche Verhältnisse, wie sie uns auf dem Weg durch die Vegetationszonen zwischen Äquator und Pol begegnen. Zur Benennung dieser Höhenstufen übernahm Humboldt die bereits von den Spaniern im 16. Jahrhundert eingeführten Bezeichnungen Tierra caliente, Tierra templada und Tierra fria, das heißt heißes, gemäßigt warmes und kaltes Land. Später wurden von Geographen die Bezeichnungen Tierra helada („Frostland“) und Tierra nevada („Schneeland“) hinzugefügt.
Wie läßt sich diese Höhenstufung der Vegetation erklären? Die wichtigste Ursache ist die Temperaturabnahme mit zunehmender Höhe. Sie beträgt durchschnittlich 0,5 °C pro 100 m. Je nach der Lage zum Äquator erhalten die Höhenstufen unterschiedlich viel Niederschläge. Von besonderer Bedeutung ist die Lage zu den regenbringenden Winden. So gibt es Unterschiede in der Vegetation zwischen den luvseitigen, feuchteren Außenflanken und den leeseitigen, trockeneren Tälern und Hochbecken der Anden. Eine wichtige Rolle spielt auch die starke Einstrahlung durch die fast senkrecht einfallenden Sonnenstrahlen. Sie bewirken, daß in den tropischen Anden Ackerbau noch in Höhen möglich ist, die in den Alpen als unbewohnbar gelten.

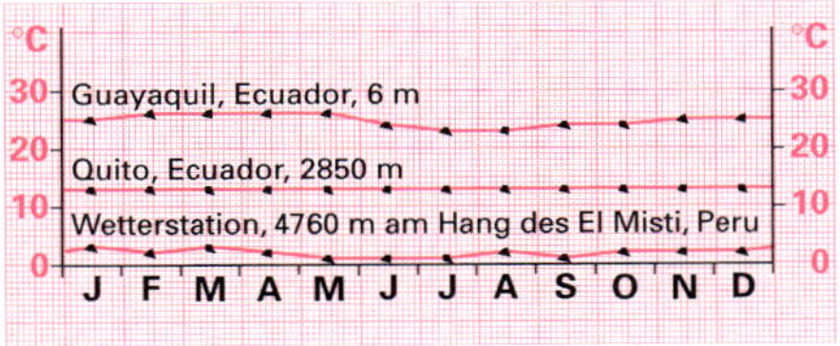

8 

Höhenstufen in den Alpen

Name	Obergrenze	Vegetation/Nutzung
Obst- und Weinstufe	800 m	Obst, Wein, Gemüse, Getreide
Misch- und Laubwaldstufe-	1500 m	Mischwald, Getreide, Kartoffeln, Viehwirtschaft
Nadelwaldstufe	2200 m	Nadelwald
Mattenstufe	2900 m	Latschen, Hochweiden, Fels
Schneestufe	über 2900 m	Gletscher, ewiger Schnee, Tourismus

9

5 a) Ordne die Fotos der vorangehenden Seite im Schema (6) der Höhenstufen ein.
b) Begründe die jeweilige Zuordnung.

6 Notiere die Merkmale der Höhenstufen. Übertrage dazu folgende Tabelle ins Heft und fülle sie aus:

Name	Klimatische Merkmale	Unter- und Obergrenze	Vegetation/ Nutzung
...	...	...	...

7 Erkläre, wieso es zur Ausbildung von Höhenstufen kommt.

8 Auf den Märkten im Hochland Ecuadors werden ganzjährig Äpfel und Birnen angeboten. Zugleich gibt es stets eine kaum vorstellbare Vielfalt tropischer Obst- und Gemüsesorten zu kaufen (Foto 8). Wie ist dies zu erklären?

9 Vergleiche die Höhenstufen in den Alpen und den Anden.

8
Markt in Latacunga

Grundbegriffe
Angloamerika
Blizzard
Höhenstufen
Hurrikan
Lateinamerika
Northers
Pampa
Southers
Tierra caliente
Tierra fria
Tierra helada
Tierra templada
Tornado

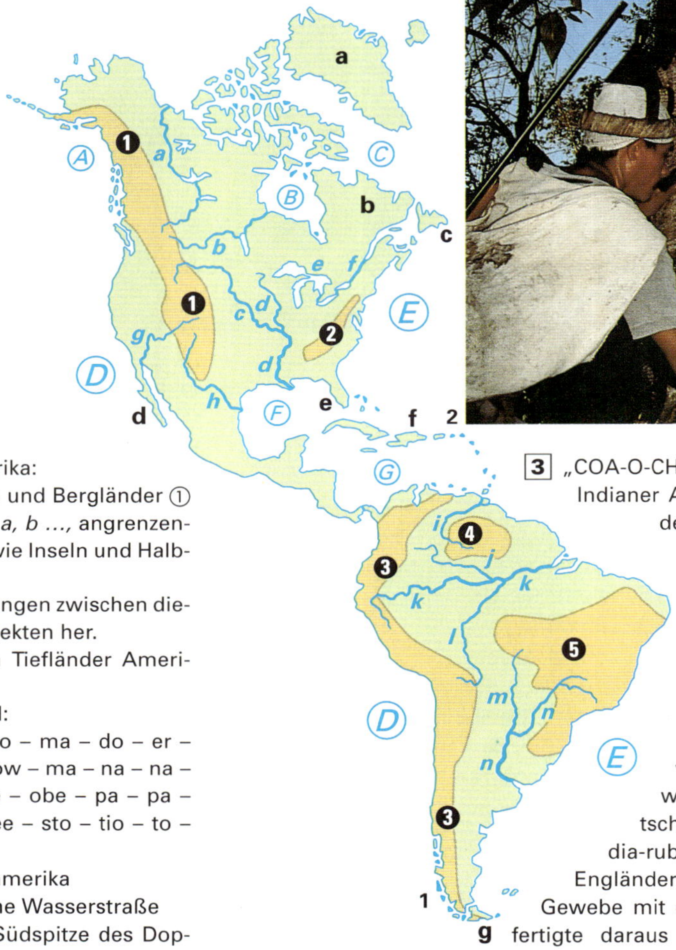

1 Orientierung in Amerika:

a) Benenne die Gebirge und Bergländer ① bis ⑤, Flüsse und Seen *a, b ...*, angrenzenden Meere Ⓐ bis Ⓖ sowie Inseln und Halbinseln a, b...

b) Stelle Lagebezeichnungen zwischen diesen geographischen Objekten her.

c) Benenne die großen Tiefländer Amerikas.

2 Löse das Silbenrätsel:

acon – ata – ca – ca – co – ma – do – er – feu – gua – ka – land – low – ma – na – na – na – na – nal – nal – ne – obe – pa – pa – pa – park – ra – rer – see – sto – tio – to – tor – xi – yel

a) Küstenwüste in Südamerika
b) bedeutende künstliche Wasserstraße
c) Inselgruppe an der Südspitze des Doppelkontinentes
d) festländischer Wirbelsturm
e) der größte der Großen Seen
f) höchster Berg Amerikas
g) Fluß der in den Rio de la Plata mündet
h) höchster tätiger Vulkan der Erde
i) der bereits 1872 gegründete, heute älteste Nationalpark der Welt

Aus den Lösungswörtern ergeben die folgenden Buchstaben richtig geordnet den Namen einer Inselgruppe, die das nördlichste Korallenriff der Erde bildet: a – 1, b – 5, c – 2, d – 3, d – 6, e – 2, f – 8.

3 „COA-O-CHU" so nannten die Indianer Amerikas eine Pflanze, deren Milchsaft sie zum Abdichten ihrer Boote und zur Herstellung von Schuhen und Bällen verwendeten. In Deutsch „fließendes Holz" oder „weinender Baum" wurde daraus weltweit der Name Kautschuk, auf englisch „india-rubber". 1832 tränkte der Engländer MacIntosh erstmals Gewebe mit dieser Flüssigkeit und fertigte daraus Regenmäntel. Durch Zugabe von Schwefel gelang kurze Zeit später die Herstellung von Weich- und Hartgummi. Heute wird Kautschuk, ähnlich wie in unseren Wäldern Harz, aus dem Parakautschukbaum gewonnen. Vom Autoreifen bis zum Radiergummi werden heute über 50 000 Artikel aus Kautschuk hergestellt.

a) Suche in einer Atlaskarte die Anbaugebiete von Kautschuk in Amerika.

b) Leite aus der Lage der Anbaugebiete wichtige Wachstumsansprüche dieser Pflanze ab.

Vergleichen als Arbeitsmethode

Bei einem Vergleich werden geographische Sachverhalte gegenübergestellt. Dadurch können geographische Erscheinungen veranschaulicht oder Ähnlichkeiten, Gemeinsamkeiten und Unterschiede erfaßt werden. Der Vergleich ist aber auch ein wichtiges Mittel, um Erkenntnisse zu gewinnen.

Beim Vergleichen mußt du folgende Schritte beachten:

1. Auswahl der Vergleichsobjekte und Festlegen von Vergleichspunkten.
2. Formulierung von Gemeinsamkeiten und Unterschieden.
3. Begründung der gefundenen Gemeinsamkeiten und Unterschiede und Aufdecken von Beziehungen zwischen den Vergleichsobjekten.
4. Bewertung des Vergleichs und Formulierung von Schlußfolgerungen.

3

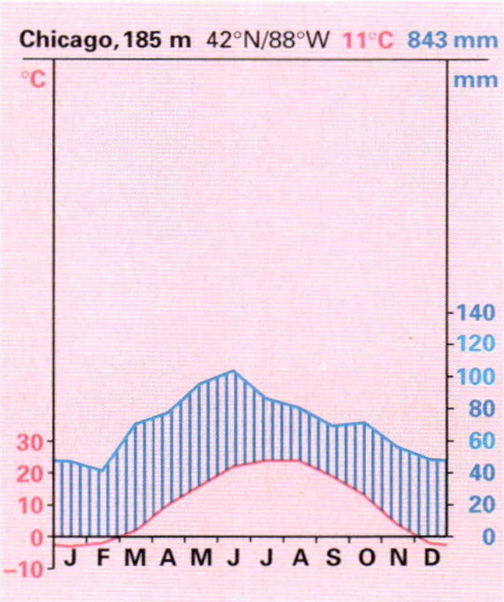

4

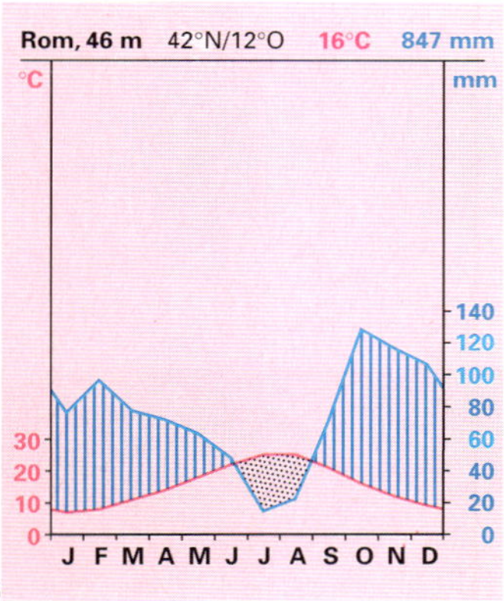

6

4 Vergleiche das Klima von Chicago (4) und Rom (6).

5 Vergleiche die pleistozäne Inlandvereisung von Nordamerika (5) und Europa (7).

6 Vergleiche die Oberflächengliederung von Nord- und Südamerika.

7 Vergleiche die natürliche Vegetation innerhalb der gemäßigten Klimazone Nord- und Südamerikas.

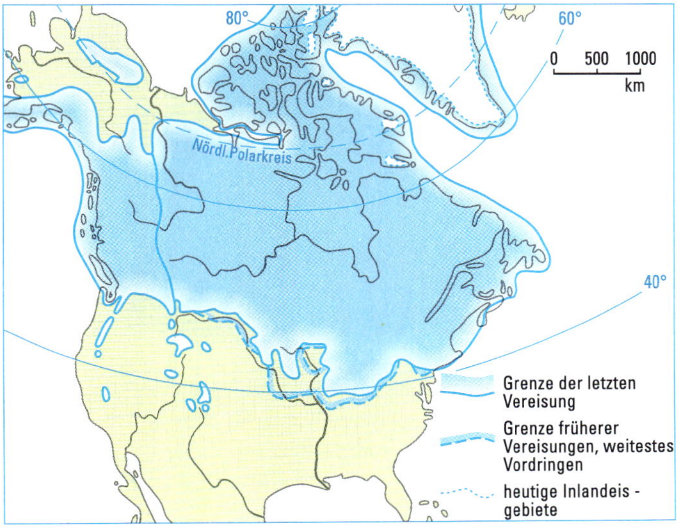

5

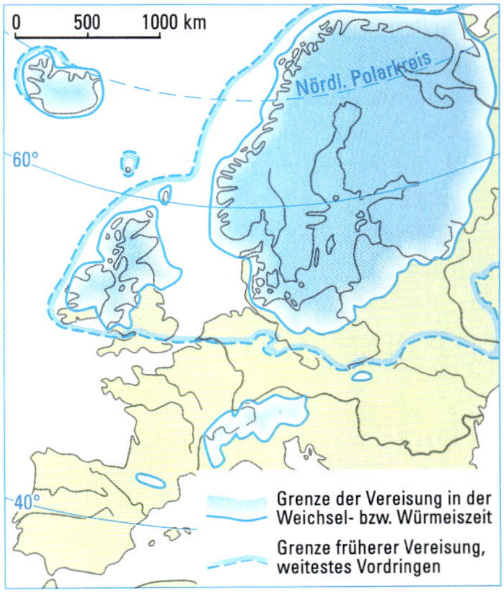

7

Lateinamerika

Die Zukunft hat begonnen
Lateinamerika wächst zusammen. Der Warenverkehr zwischen den Staaten und die grenzüberschreitenden Investitionen haben deutlich zugenommen.

3

Der Kulturerdteil Lateinamerika schließt die Staaten der Landbrücke Mittelamerikas, die karibische Inselwelt sowie Südamerika ein. Er liegt größtenteils in den Tropen und Subtropen und reicht nur im Süden bis in die gemäßigten Breiten.
Der Name Lateinamerika bezieht sich auf die aus dem Lateinischen abgeleiteten Sprache der Spanier und Portugiesen, die den Kulturerdteil seit dem 16. Jahrhundert kolonisiert und kulturell geprägt haben. Bis heute wird in Brasilien Portugiesisch, im übrigen Lateinamerika Spanisch gesprochen. Die Bezeichnung Lateinamerika verweist aber auch auf spätere französische und italienische Einflüsse und unterstreicht, daß das europäische Erbe auch nach der Unabhängigkeit geachtet wurde. Noch heute orientiert sich Lateinamerika an Europa. Der für die heutige Kultur Lateinamerikas ebenfalls sehr wichtige Beitrag der indianischen Ureinwohner und der als Sklaven eingeschleppten Afro-Amerikaner wird in dieser Bezeichnung allerdings nicht gewürdigt. Dabei ist gerade die ethnische und kulturelle Vielfalt des Miteinanders von Indianern, Schwarzen, Weißen und Mischlingen eines der wichtigsten Kennzeichen des Kulturerdteils.
Weitere Merkmale Lateinamerikas sind das hohe Bevölkerungswachstum, die starke Abwanderung aus den ländlichen Gebieten sowie die Verstädterung. Etwa 72 Prozent der Lateinamerikaner leben in Städten. Vor allem die größten Metropolen wachsen unaufhaltsam weiter. Hinzu kommen ausgeprägte Gegensätze zwischen Arm und Reich innerhalb der Länder sowie wirtschaftliche Abhängigkeiten und hohe Verschuldung gegenüber dem Ausland. Werden die Länder Lateinamerikas auf diese Probleme eine angemessene Antwort finden?

Lateinamerika – Verlierer der Weltwirtschaft?
Trotz Rohstoffreichtum, Industrialisierung und beachtlichem Wirtschaftswachstum betrug 1994 die Auslandsverschuldung Lateinamerikas über 500 Mrd. US-Dollar; das sind mehr als die Hälfte der Auslandsschulden aller Entwicklungsländer.

1

2 **Indigenas (Indianerinnen) in Guatemala**

Iguaçu-Fälle (Brasilien/ Argentinien)

5

Kulturerdteil der „zwei Welten"

Nirgendwo in den Entwicklungsländern stehen Armut und nationaler Wohlstand in einem so scharfen Gegensatz wie in Lateinamerika. Der Grund dafür ist die außergewöhnliche Ungleichheit der Einkommensverteilung in der Region.

6

Im Stadtzentrum von Caracas (Venezuela)

7

1

3

Entwicklung Lateinamerikas

Spanische Stadtgründungen

Mexiko-Stadt	1521
Quito	1534
Lima	1535
Bogotá	1538
Santiago de Chile	1541
Caracas	1576

„Diese Stadt ist so groß und schön, daß ich über sie kaum die Hälfte von dem sagen werde, was ich sagen könnte, und selbst dieses wenige ist fast unglaublich, ist sie doch schöner als Granada." Diese Worte schrieb der spanische Eroberer Cortez an den König, nachdem er Tenochtitlán, die Hauptstadt der Azteken im Hochland von Mexiko erreicht hatte. Doch alle Bewunderung hielt ihn nicht zurück, diese Stadt sowie das ganze Reich und die Hochkultur der Azteken zu zerstören. Er zerschlug auch die Reste des schon vorher geschwächten Maya-Reiches in Mexiko und Guatemala. Wenig später unterwarf sein Landsmann Pizarro das mächtige Inkareich in Südamerika. Und bereits um die Mitte des 16. Jahrhunderts, wenige Jahrzehnte nach der Landung des Kolumbus, waren der ganze Westen Lateinamerikas und große Teile des Binnenlandes fest in spanischer Hand.

Portugal hat seit 1500 die Ostküste Südamerikas in Besitz genommen. Die Portugiesen kamen zunächst als Seefahrer und Kaufleute und beschränkten sich auf die Anlage von Hafenstädten. Später entstanden große Plantagen an der brasilianischen Küste. Aber es dauerte noch lange, bis die Portugiesen ins Landesinnere vorstießen. Auch der Umgang mit den **Indianern** war zunächst recht friedlich, denn für die Arbeit auf den Plantagen wurden Sklaven aus Afrika eingesetzt.

Ganz anders die Spanier. Sie bemächtigten sich auf der Suche nach El Dorado, dem sagenhaften Goldland, rücksichts-

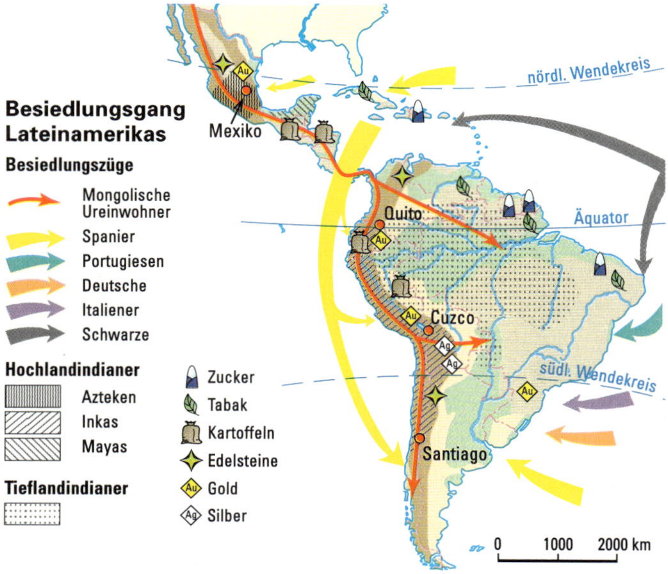

2

los der eroberten Länder. Sie unterwarfen die Indianer, zerstörten ihre Kultur und bekehrten sie, wenn nötig mit Gewalt, zum katholischen Glauben. Sie zwangen sie zur Fronarbeit in Bergwerken und auf Plantagen. Und als Millionen von Indianern wegen Hunger, Zwangsarbeit und eingeschleppten Krankheiten starben und Arbeitskräfte fehlten, ließen auch sie schwarze Sklaven aus Afrika ins Land bringen.

6

1 Was soll die Karikatur (1) aussagen?
2 Beschreibe den Besiedlungsgang Lateinamerikas anhand der Karte (2), des Textes und der Angaben in den Randspalten.
3 Die Bilder (3) und (4) geben Einblick in das Leben vor und nach der Ankunft der Spanier in Mexiko. Beschreibe sie. Berücksichtige auch Text (6).
4 Informiere dich in Reiseprospekten über Palenque (Foto 5) und über andere Ruinenstätten der Maya und Azteken.

5

Überreste der Maya-Stadt Palenque (Mexiko):
links Pyramide mit Grabkammer (Tempel der Inschriften), rechts Palastruine mit Turm für astronomische Beobachtungen

Ureinwohner und Spanier
Auf riesigen Wandgemälden im Nationalpalast von Mexiko-Stadt hat der einheimische Maler Diego Rivera die Ursprünge der mexikanischen Kultur dargestellt. Die Abbildung (3) zeigt Tenochtitlán, die aztekische Hauptstadt: das Marktgeschehen, das Stadtgebiet mit dem Haupttempel sowie die Umgebung im Hochtal von Mexiko. In Abbildung (4) wird das Leben und Leiden der indianischen Bevölkerung unter den Spaniern gezeigt.

Am Anfang der spanischen Besitznahme stand die Gründung von Städten. Die wichtigsten von ihnen, darunter fast alle heutigen Hauptstädte, entstanden in rascher Folge an den Herrschaftssitzen der Indianer im Hochland. Die neuen Städte wurden zu politischen und wirtschaftlichen Mittelpunkten sowie zu Zentren europäischer Kultur in Lateinamerika. Hier ließen sich auch die Spanier nieder. Hier wohnten die **Großgrundbesitzer**, die auf ihren Haziendas Getreide und Fleisch für die Städte produzierten und dabei zu Reichtum und politischer Macht gelangten. Bis heute ist das Gegenüber von einflußreichen Großgrundbesitzern mit riesigen Landgütern auf fruchtbaren Böden und einem Heer von armen, meist indianischen Kleinbauern, Pächtern und Landarbeitern auf armen Böden erhalten geblieben. Eine Agrarkolonisation mit leistungsfähigen, kleinbäuerlichen Familienbetrieben wie in Angloamerika gab es erst im 19. und 20. Jahrhundert, als die inzwischen unabhängigen Staaten europäische Siedler ins Land riefen. So bildeten sich bereits in der Kolonialzeit starke soziale, wirtschaftliche und räumliche Gegensätze heraus. Sie verstärkten sich nach der frühen Unabhängigkeit der Staaten und behindern heute die Entwicklung Lateinamerikas.

Ähnliches gilt für die Ausrichtung der Wirtschaft. Von Anfang an standen der Abbau und die Ausfuhr von Gold und Silber sowie von pflanzlichen Rohstoffen im Vordergrund. Sowohl der spanische als auch der portugiesische König verboten lange Zeit den Aufbau von Gewerbebetrieben und eine Aufbereitung der Rohstoffe im Lande. Als die spanischen und portugiesischen Kolonien zu Anfang des 19. Jahrhundert politisch unabhängig wurden, gerieten die neuen Staaten sogleich wieder in wirtschaftliche Abhängigkeit von europäischen Industriestaaten. Besonders Großbri-

Ethnische Vielfalt in Lateinamerika

7

Ethnische Gruppen in Lateinamerika

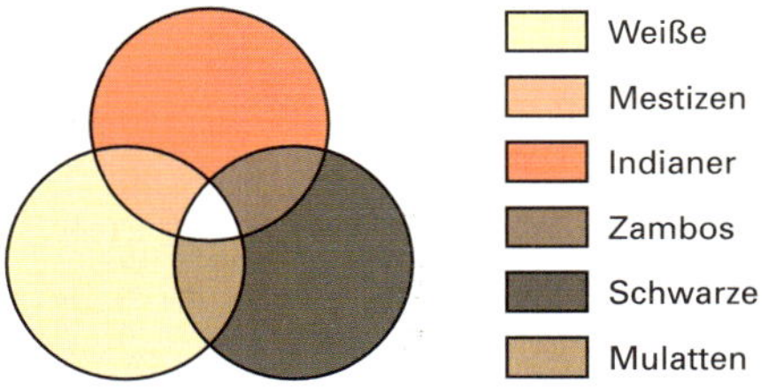

9

Gesellschaftliche Hierarchie im spanischen Kolonialreich

Berufe	ethnische Zugehörigkeit	
hohe Kolonialbeamte, hoher Klerus, reiche Großgrundbesitzer	Spanier aus Europa, oft adlig	
mittlere und untere Kolonialbeamte, Kaufleute, Händler, angesehene Handwerker	teils Spanier, teils Kreolen; indianische Führungsschicht	
ländliche Bevölkerung, Bergarbeiter, wenig angesehene städtische Berufe (Bauarbeiter etc.)	freie Indios mit minderer Rechtsstellung	Mischlinge aller Rassen
	schwarze Sklaven	

8

tannien, später auch die USA, überschwemmten Lateinamerika mit billigen Industrieprodukten und ließen einer eigenen Industrialisierung zunächst keine Chance.

Und eine weitere Hypothek hat sich seit der Kolonialzeit erhalten: Wie damals kann noch immer ein großer Teil der Bevölkerung keine Schule besuchen. Gegenwärtig schätzt man, daß dies auf mindestens 18 Millionen Kinder im schulpflichtigen Alter zutrifft. Außerdem gibt es zur Zeit noch rund 70 Millionen erwachsene Analphabeten in Lateinamerika. Damit sind viele Menschen von Schulbildung und beruflichem Aufstieg ausgeschlossen.

11

So stellt ein mexikanisches Schulbuch dar, welche Dinge von den beiden Kulturen jeweils der anderen zugeführt wurden.

0

Am Rand von Mexiko-Stadt

5 „Wer Lateinamerika verstehen will, muß sich mit seinen Städten befassen." Wie ist dieser Satz zu verstehen?

6 Beschreibe die gesellschaftliche Situation in den Kolonialstädten (Diagramm 8). Wie wirkt sie noch heute nach?

7 Werte die Karte (7) aus:

a) Wie ist die Bevölkerung der einzelnen Staaten zusammengesetzt?

b) Zuweilen wird vom indianischen, schwarzen und weißen Lateinamerika gesprochen. Was ist damit gemeint? Welche Länder sind jeweils zuzuordnen?

8 Der Kontakt zwischen Alter und Neuer Welt führte zu vielen Übernahmen: Erläutere Abbildung (11). Suche weitere Beispiele.

9 Die Fotos (10) und (12) zeigen eines der größten Probleme Lateinamerikas. Erkläre.

10 Vergleiche Landnahme und Erschließung in Anglo- und Lateinamerika.

11 1992 wurde anläßlich des fünfhundertsten Jahrestages der Ankunft von Kolumbus in Amerika diskutiert, wie dieses „Jubiläum" zu bewerten sei: als Entdeckung Amerikas? Als Begegnung zweier Kontinente? Als Beginn der Ausbeutung und Unterdrückung der Ureinwohner? Oder...? Wie denkst du darüber?

Buenos Aires (Capitol)

12

1

Peru – ein Steckbrief

Peru ist mit 1 300 000 km² fast viermal so groß wie Deutschland, hat aber nur ein Viertel der Bevölkerung – etwa 21 Millionen Einwohner.
Peru hat drei große Naturräume. Sie heißen seit der Kolonialzeit Costa, Sierra, Selva. Die Costa, eine schmale Küstenzone, ist Wüste. Sie ist heute der wichtigste Lebens- und Wirtschaftsraum des Landes. Hier liegt auch die Hauptstadt Lima. Die Sierra, das stark zerklüftete Andengebirge, ist der Kernraum der indianischen Urbevölkerung. Hier ist Armut weit verbreitet. Die Selva umfaßt das Regenwaldgebiet vom Ostabhang der Anden bis zur Amazonasniederung.
Nicht nur die naturräumlichen Gegensätze sind sehr groß, sondern auch die gesellschaftlichen: Während in der Hauptstadt Lima etwa jeder Zehnte sehr arm ist, ist es in den ländlichen Gebieten der Sierra jeder Zweite.

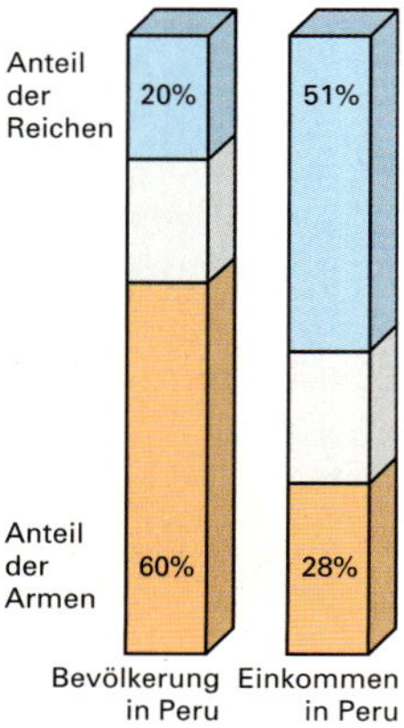

2

Peru ist ein Entwicklungsland

Peru ist ein Entwicklungsland. Für die Bundesrepublik Deutschland gelten alle Länder als Entwicklungsländer, in denen die Wirtschaftsleistung pro Kopf der Bevölkerung unter einem bestimmten Grenzwert liegt. 1992 lag dieser Wert bei 8355 Dollar.
Die Einstufung nach der Wirtschaftsleistung, also nach dem Wert der im Laufe eines Jahres erzeugten Güter und Dienstleistungen, wird zunehmend kritisiert. Die offiziellen Angaben berücksichtigen nämlich weder die Arbeit im eigenen Haushalt noch die Schwarzarbeit in den Betrieben; sie erfassen aber beispielsweise den Verpackungsmüll doppelt – bei der Erzeugung und bei der Beseitigung. Vor allem sagt die Wirtschaftsleistung wenig über die Lebensqualität der meisten Menschen aus. Deshalb bemüht man sich, in den Entwicklungsländern auch das Ausmaß sozialer Gerechtigkeit zu erfassen. Aufschlußreich dafür sind die Bildungsmöglichkeiten oder der Gesundheitszustand der Bevölkerung.
Zwischen den Entwicklungsländern gibt es große Unterschiede. Es gibt sehr arme Länder, und es gibt relativ reiche Länder, die an der Schwelle zur Industrialisierung stehen. Diese Länder bezeichnet mal als Schwellenländer.
Die Entwicklungsländer werden seit der Zeit des West-Ost-Gegensatzes auch als Dritte Welt bezeichnet. Zur Ersten Welt zählen die Länder Nordamerikas und Westeuropas sowie Japan, Australien und Neuseeland. Es sind Industrieländer. Und die Zweite Welt? Es gibt sie nicht mehr. Zu ihr wurden die kommunistischen Länder im Osten und Südosten Europas gezählt. Die reichen und

armen Länder liegen sich auf dem Globus gegenüber, so daß oft auch vom Norden und Süden gesprochen wird.
Bei der Unterscheidung zwischen Industrie- und Entwicklungsländern, zwischen Norden und Süden, zwischen Erster und Dritter Welt sollten wir immer daran denken, daß es nicht verschiedene Welten gibt, sondern nur unsere eine Welt.

1 Zu welcher Gruppe von Entwicklungsländern gehört Peru, zu den Schwellenländern, den ärmsten oder den übrigen Entwicklungsländern?

2 Die Wirtschaftsleistung sagt wenig über die Lebensqualität der meisten Menschen in Peru aus. Erläutere das Diagramm (2).

3 Vergleiche fünf Länder (Deutschland, USA, Peru, Brasilien, Mexiko) nach ihrem Entwicklungsstand:
- Wirtschaftsleistung je Einwohner,
- Lebensqualität,
- Analphabeten.

Lege dazu eine Tabelle an. Die Werte findest du bei den Strukturdaten im Anhang.

4

Lima – Blick von einem Hüttenviertel auf die Stadtmitte

4 Suche Peru im Atlas und beschreibe die Landschaftsgliederung von Westen nach Osten.

5 Beschreibe die Landnutzung in Peru nach der Karte (1).

Wirtschaftsleistung je Einwohner 1992

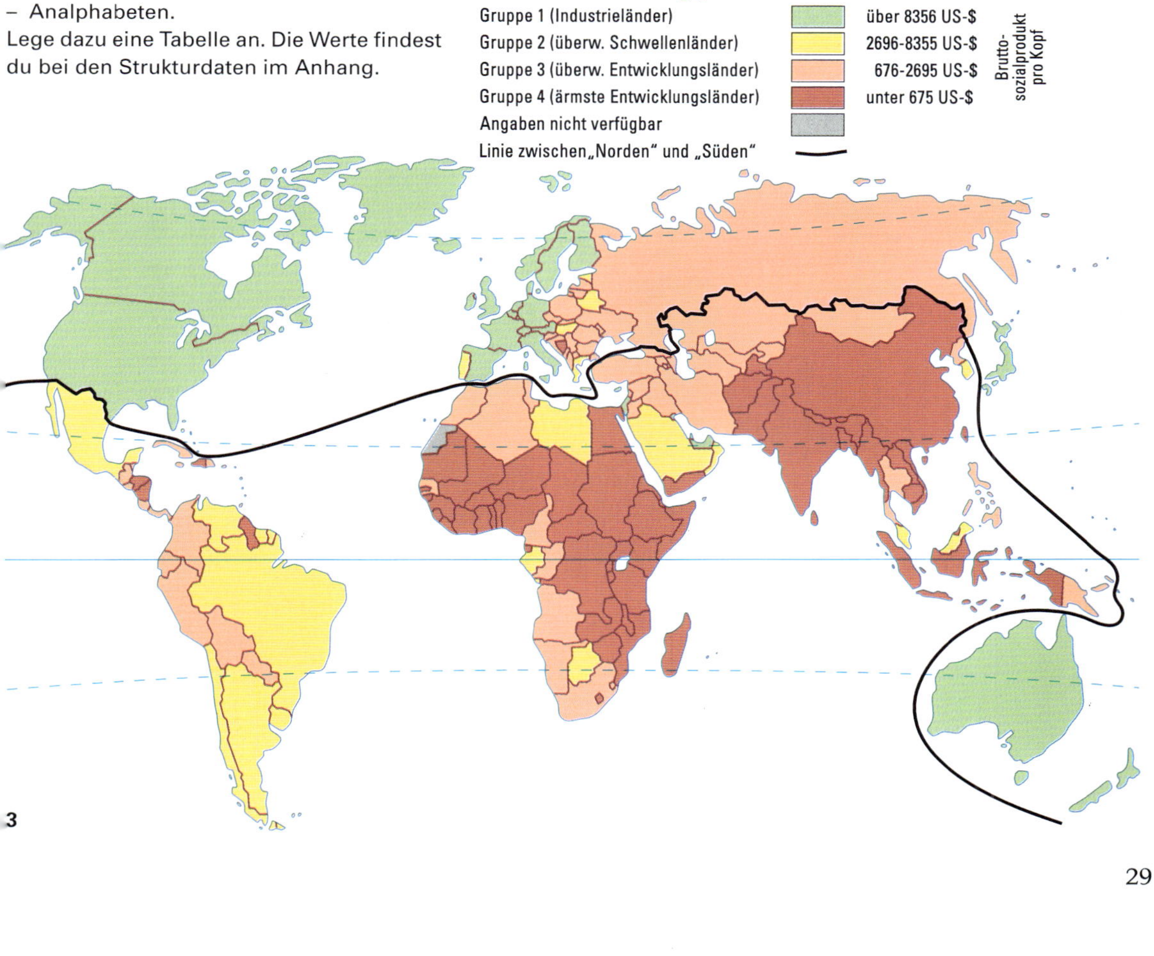

3

1 **Ausbeutung und Unterdrückung durch spanische Eroberer**

„Wie ich Eurer Majestät bereits mitteilte, habe ich im Südmeer meinen Capitan Pizarro mit einer weiteren Flotte, sehr guten Leuten und guter Ausrüstung auf Entdeckungsfahrt gegen Peru ausgeschickt. Von dort erwarte ich stündlich gute Nachrichten, die Gott und Eurer Majestät zu Diensten und Ehren gereichen mögen; denn wir haben Kunde von großen Reichtümern", so schrieb 1525 der spanische Generalgouverneur von Panama an seinen Herrscher, Kaiser Karl V.

2

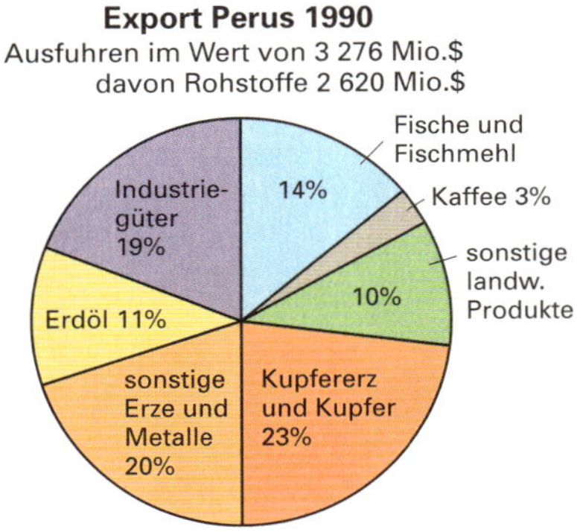

3

Armut trotz Rohstoffreichtum

Peru ist eigentlich ein reiches Land, denn es hat viele Rohstoffe. Vor rund 500 Jahren haben dort die spanischen Konquistadoren, so werden die Eroberer genannt, Gold und Silber gesucht und die Schätze aus dem Land geschafft. Heute setzen Konzerne aus den Industrieländern die Ausbeutung fort, um sich Rohstoffe für ihre Fabriken zu sichern. Statt Edelmetallen suchen sie Buntmetalle wie Zinn, Blei oder Kupfer, neuerdings auch Eisen und Erdöl.

Die meisten Rohstoffe werden zunächst im Lande aufbereitet, also von Verunreinigungen befreit, ehe sie ausgeführt werden. Die Fabriken zur Weiterverarbeitung befinden sich überwiegend in Industrieländern. Von ihnen kauft Peru dann Fertigwaren, die aus peruanischen Rohstoffen hergestellt wurden. Das ist sehr ungünstig für Peru, denn Rohstoffe sind starken Preisschwankungen unterworfen und erzielen schlechtere Preise als Fertigwaren.

Eine Industrialisierung des Landes läßt jedoch auf sich warten. Die ersten Fabriken dienten nur der Aufbereitung der Rohstoffe für den Export. Erst in jüngster Zeit werden die Bemühungen verstärkt, die Rohstoffe bereits im Lande weiterzuverarbeiten. Dafür aber braucht man Kapital, technisches Wissen (Knowhow) und Maschinen. Das meiste davon kommt aus den Industrieländern, wodurch die Abhängigkeit des Landes eher verstärkt wird. Ohne eigene Fabriken aber wird Peru nie den Anschluß an eine Entwicklung wie in den Industrieländern finden, ohne sie wird die Mehrzahl der jungen Frauen und Männer unterbeschäftigt oder arbeitslos bleiben.

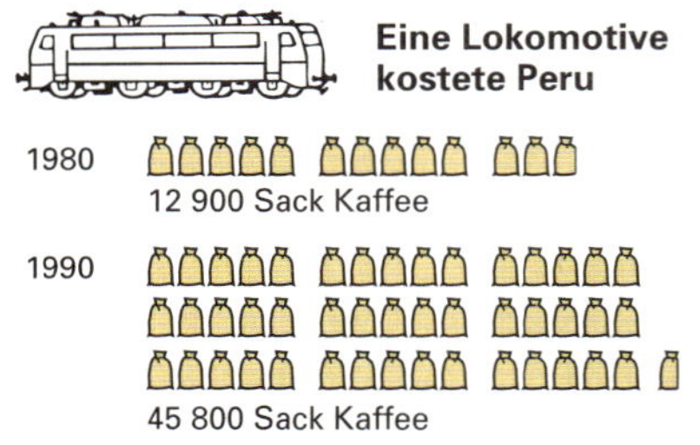

4

In dieser schwierigen Lage wird ein Rohstoff genutzt, der für die Indios in Peru seit vorspanischer Zeit fast religiöse Bedeutung hat: Koka. Der Kokastrauch wächst an den Ostabhängen der Anden. In Peru kaut man seine Blätter bei festlichen Anlässen oder bei der Arbeit, um Hunger und Müdigkeit zu überwinden. Dabei wird zugleich der Bedarf des Körpers an wichtigen Vitaminen und Spurenelementen gedeckt.

Aus Koka läßt sich auch eine Droge herstellen: Kokain. Durch chemische Prozesse werden aus 100000 g Kokablättern 330 g Kokain gewonnen. Kokain ist ein Aufputschmittel, das einen Menschen für kurze Zeit in Hochstimmung versetzen kann. Doch nach dem Rausch fühlt man sich niedergeschlagen und abgespannt und sehnt sich nach mehr. Die Abstände von Einnahme zu Einnahme werden immer kürzer. Unmerklich wird man abhängig. Jede Überdosis ist eine tödliche Gefahr, weil sie die Atmung lähmt. Erzeugung und Verbrauch von Kokain sind deshalb verboten.

Die Nachfrage nach Kokain ist stark gestiegen, besonders in Nordamerika und Europa. Um sie zu befriedigen, sind die Anbauflächen für Kokasträucher ausgedehnt und geheime Urwaldlabors zur Weiterverarbeitung eingerichtet worden. Der Handel mit Kokain ermöglicht gewaltige Gewinne. Er wird von Verbrechern der Drogenmafia kontrolliert.

Inzwischen ist Kokain zum wichtigsten Exportgut Perus geworden, obwohl es in keiner offiziellen Statistik auftaucht. Es verschafft rund einer Million Menschen Arbeit und Geld. Die Bauern haben allerdings am wenigsten davon, auch wenn ihnen der Kokaanbau mehr einbringt als der Kaffee- und Bananenanbau.

Um die Erzeugung von Kokain erfolgreich zu bekämpfen, sollten die Menschen in Peru gerechte Preise für ihre Rohstoffe erzielen können und die Chance erhalten, eine eigene Exportindustrie aufzubauen.

5

6

Vom Kokablatt zum Rauschgift Kokain

Die Drogenmafia produziert 300 kg Kokain mit durchschnittlichen Kosten von 3000 Dollar/kg.	900 000 $
Transporteure bringen für 3000 Dollar/kg das Kokain per Flugzeug auf die Bahamas und von dort weiter per Schiff in die USA (vorzugsweise Miami).	900 000 $
Ein Großhändler teilt dort die Ware in kleine Partien auf und liefert sie für 23 500 Dollar/kg weiter an Kleinhändler. Er erhält dafür 2000 Dollar/kg.	600 000 $
Kosten insgesamt	2 400 000 $
Einnahmen	7 050 000 $
Gewinn der Drogenmafia pro 300 kg Kokain	4 650 000 $

1 Das Diagramm (3) nennt wichtige Exportprodukte Perus.
a) Unterscheide mineralische und pflanzliche Rohstoffe.
b) Schau im Atlas nach, wo die Rohstoffe in Peru vorkommen.

2 Erläutere die Entwicklung der Preisverhältnisse zwischen Rohstoffen und Industriewaren („Terms of Trade", Abbildung 4).

3 Welche Industriestandorte in Peru zeigt der Atlas?

4 Erläutere die Preisentwicklung bei Herstellung und Verkauf von Kokain (Text 6).

5 Wenn wir mehr für Kaffee und andere Rohstoffe bezahlen würden,
- könnte in Peru auf den Kokaanbau verzichtet werden,
- würden Entwicklungsländer wie Peru Geld für eine Industrialisierung haben,
- könnten wir bei der Entwicklungshilfe sparen.

Erläutere diese Aussagen.

5
Ernte von Kokablättern

1 Latifundium in der Costa

Perus Landwirtschaft

Seit Jahrzehnten exportiert Peru landwirtschaftliche Produkte, vor allem Baumwolle, Wolle, Zucker, Kaffee und Südfrüchte. Dabei ist die Versorgungslage der Bevölkerung keineswegs zufriedenstellend. So merkwürdig es klingt – gerade in den ländlichen Gebieten sind Unterernährung und Hunger weit verbreitet.

Eine Ursache dafür sind die Besitzverhältnisse. Jahrhundertelang gehörte das meiste und beste Land einer kleinen Zahl von Großgrundbesitzern. Daneben gab es Tausende von Kleinbauern und Landarbeitern, die wenig oder gar kein Land besaßen. Auf den großen Betrieben, den **Latifundien,** herrschte Monokultur. Sie hatten sich auf einzelne Produkte für die Versorgung der Städte oder für den Export spezialisiert. Dagegen konnten sich die Kleinbauern auf ihren **Minifundien** nicht einmal ausreichend ernähren.

Der Gegensatz zwischen Latifundien und Minifundien war typisch für Lateinamerika. Darin lag eine Ursache für soziale Unruhen und sogar für Bürgerkriege. Ohne eine Reform der Besitzverhältnisse waren sozialer Friede und wirtschaftliche Entwicklung nicht zu erreichen.

1968 kam es in Peru zu einer Revolution. Militärs übernahmen die Macht, um dringend notwendige soziale Reformen durchzuführen. Die wichtigste Maßnahme war eine **Agrarreform.** „Das Land dem, der es bearbeitet!" war das Ziel der neuen Regierung. Um aber die Versorgung der Städte und den Export nicht zu gefährden, sollten die Großbetriebe erhalten bleiben, weil sie zumeist sehr erfolgreich wirtschafteten.

Wie ließ sich beides miteinander verbinden? Durch die Gründung von Genossenschaften! Die ehemaligen Pächter und festangestellten Landarbeiter einer **Hazienda** mußten sich zu einer Genossenschaft zusammenschließen. Sie wurden gemeinsam Besitzer der Genossenschaft. Der einzelne bekam also kein Land, sondern zusätzlich zu seinem Lohn eine Beteiligung an den Gewinnen des Betriebes.

Anfangs waren die meisten Peruaner über die Enteignung der Großgrundbesitzer froh. Doch bald machte sich Enttäuschung breit. Die Hoffnung auf eine schnelle Zunahme der Nahrungsmittelproduktion erfüllte sich nicht. Dafür gab es zwei Gründe: Der Wunsch der Kleinbauern war – wie überall auf der Welt – mehr Land, über das sie selbst verfügen konnten. Die Genossenschaft

Minifundium in der Sierra

2

war ihnen viel zu unpersönlich. Die wichtigen Entscheidungen wurden von einem Geschäftsführer gefällt. Außerdem hatten die Genossenschaften einen schweren Start, denn sie mußten Entschädigungen für die ehemaligen Großgrundbesitzer zahlen. Wie konnte man da überhaupt Gewinne machen, wenn zusätzlich noch der Betrieb modernisiert werden mußte?
Seitdem die Militärs 1980 die Macht an eine zivile Regierung abgegeben haben, kann Genossenschaftsland wieder in Privatland umgewandelt werden. Dadurch entstehen vor allem Minifundien. Allmählich verbessert sich die Versorgungslage der Bevölkerung.
Ein großes Problem ist in Peru wegen der Gebirgigkeit des Landes die begrenzte Anbaufläche. Hinzu kommt der Wassermangel, denn in der Küstenzone und in den südlichen Anden sind Regenfälle unzuverlässig. Zur weiteren Steigerung der Erträge ist deshalb künstliche Bewässerung notwendig.

1 Beschreibe das Foto (1).
2 Welche Schwierigkeiten hat ein Kleinbauer in den Anden (Foto 2)?
3 a) Fast 1,4 Millionen landarme und landlose Familien gingen bei der Agrarreform leer aus. Einen Grund zeigt die Tabelle (4).
b) Warum ist die Anbaufläche Perus im Vergleich zur Gesamtfläche so gering? Die Karte (1) auf Seite 28 hilft dir.
4 a) Die Bevölkerung Perus wächst gegenwärtig Jahr für Jahr um 500 000 Einwohner. Welche Folgen hat das?
b) Viele Familien können auf ihren kleinen Grundstücken die Ernährung nicht sicherstellen. Welche Möglichkeiten haben Töchter und Söhne zum Überleben?
5 Auch in anderen Ländern Lateinamerikas sind Agrarreformen durchgeführt worden, zum Beispiel in Mexiko, Bolivien und Kuba. Was unterscheidet diese Agrarreformen von der peruanischen? Erläutere die Zeichnung (3).

Gesamtfläche Perus	1 300 000 km²
Ackerland und Dauerkulturen	37 000 km²
Weiden	27 000 km²

4

Agrarreformen in Lateinamerika

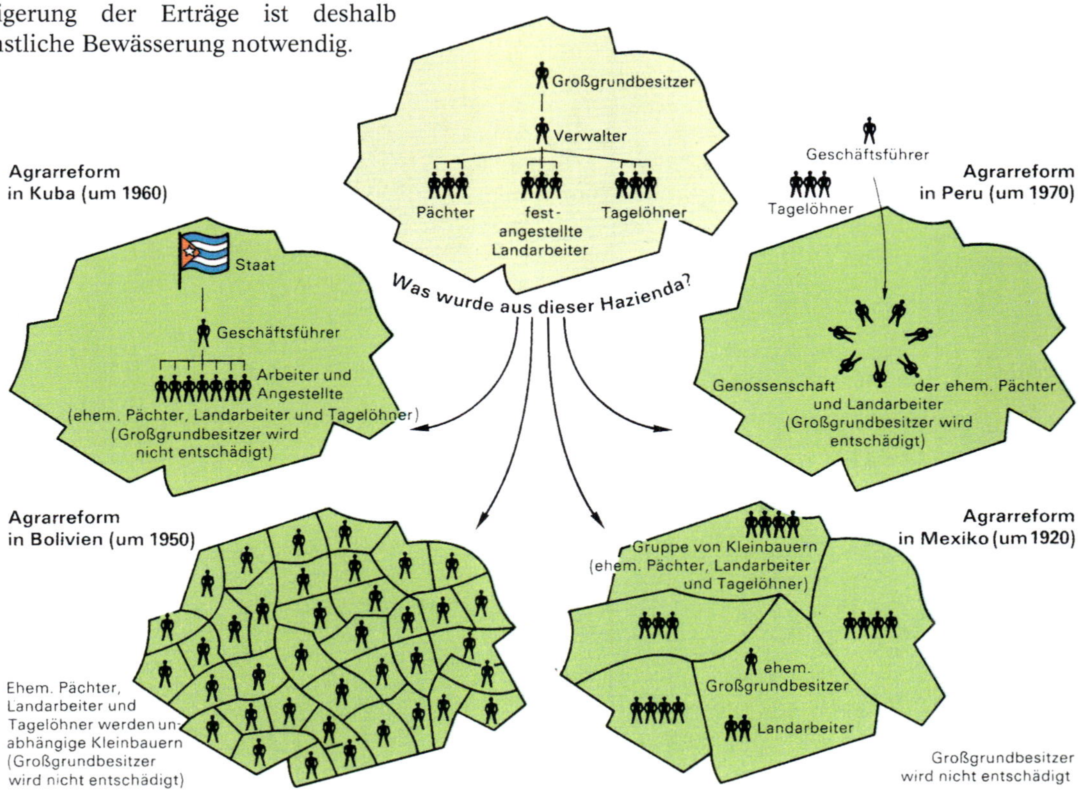

3

1 **Staudamm Gallito-Ciego**

Großprojekte oder Kleinprojekte?

In Peru, an der trockenen Westküste Südamerikas, ist seit Jahrhunderten künstliche Bewässerung üblich. Aber die Wasserführung der Flüsse schwankt erheblich, und die Bevölkerung wächst. Ohne sichere Bewässerung lassen sich die Ernten nicht steigern.

Ein großes Bewässerungsprojekt liegt in der Flußoase des Jequetepeque im Norden des Landes. Hier wirtschaften mehrere Großbetriebe. Ein Direktor von ihnen, Señor Lopez, erklärt: „Der Staudamm und der Ausbau unserer Bewässerungs- und Entwässerungskanäle waren dringend notwendig. Sehen Sie, wir bauen Zuckerrohr und Reis an. Den Zucker exportieren wir. Für den Erlös können wir neue Maschinen kaufen. Und mit dem Reis versorgen wir die Menschen in Lima und anderswo. Der Staudamm dient der wirtschaftlichen Entwicklung unseres Landes."

Weiter oben am Fluß, dort wo das Tal enger wird, leben vor allem Kleinbauern. Sie sehen das anders. „Wir haben wenig von dem Projekt", stellt Señor Molino fest. „Viele von uns Campesinos müssen sogar Felder und Häuser aufgeben, weil sie überflutet werden. Die Entschädigungen waren gering. Wir haben hier Mais, Bohnen und Viehfutter angebaut. Davon konnten wir gut leben. Was haben wir vom Zuckerexport? Nicht einmal die Baumaßnahmen haben uns viel gebracht. Da waren doch nur fremde Firmen tätig. Die Kosten für das Projekt aber zahlen wir alle. Allein die Rückzahlung des geliehenen Geldes wird bis zum Jahr 2015 dauern."

Das Bewässerungsprojekt am Jequetepeque wurde von der deutschen Entwicklungshilfe mit 500 Millionen Mark unterstützt. Es ist ein **Großprojekt**.

Das Jequetepeque-Projekt in Peru

Abgeschlossener Ausbau
- Stauwerk
- Hauptkanal mit Be- und Entwässerungskanälen
- ganzjährig bewässerte Anbauflächen, davon Neuland
- aufgelassene Dörfer

Geplanter Ausbau
- ganzjährig bewässerte Anbauflächen, davon Neuland
- Kraftwerk

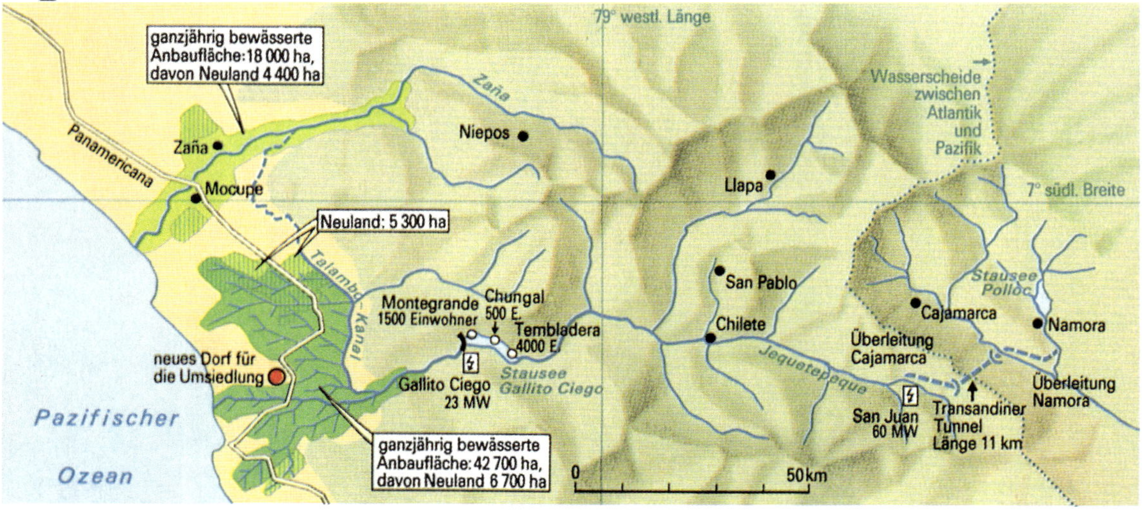

2

Ganz anders sieht es im Tal des Vilcanota bei Cuzco im Süden des Landes aus. Dort leben vor allem Kleinbauern. Sie bauen Mais, Kartoffeln, Weizen und Gemüse für den eigenen Bedarf an. Wenn die Nahrungsmittelerzeugung nicht mit dem Bevölkerungswachstum Schritt hält, sehen sich immer mehr Menschen gezwungen, in die Städte abzuwandern.

„Seit der Inkazeit haben wir hier uralte Bewässerungsanlagen“, erklärt Señor Blanco, ein Kleinbauer. „Viele sind verfallen. Wir müssen sie besser nutzen und ausbauen. Deshalb haben wir am Vilcanota und seinen Nebenflüssen viele kleine Staubecken angelegt und Felder eingeebnet, um sie zusätzlich bewässern zu können. Die Alemanos, die Deutschen, haben uns dabei geholfen.“

Einer der deutschen Entwicklungshelfer ergänzt: „Wir wollten natürlich, daß die Menschen in diesem Gebiet neuen Mut schöpfen. Deshalb haben wir mit dem Projekt ergänzende Maßnahmen verbunden: die Schulung in Bewässerungs- und Anbautechniken, den Ausbau der Trinkwasserversorgung, die Beratung in Ernährungs- und Gesundheitsfragen. Trotzdem ist es für die Menschen hier überschaubar geblieben. Es ist ein typisches **Kleinprojekt,** das sicherlich auch ohne uns weiterlaufen wird.“

1 a) Beschreibe in Karte (2) die bereits durchgeführten Baumaßnahmen.
b) Welche Maßnahmen sind an der Küste, welche in den Anden noch geplant?

2 a) Beschreibe in Karte (4) die durchgeführten Baumaßnahmen.
b) Vergleiche die Größe der Bewässerungsflächen mit der am Jequetepeque.

3 Vergleiche die Fotos (1) und (3), und sprich über die Vor- und Nachteile von Groß- und Kleinprojekten.

4 a) Suche im Atlas die Karte von Peru, und ordne die beiden Kartenausschnitte ein.
b) Trotz der Größe Perus ist die Anbaufläche dort nur so groß wie Nordrhein-Westfalen, etwa 34 000 km². Suche nach einer Erklärung.

3 **Einweihung eines Staubeckens im Tal des Vilcanota**

4 **Bewässerungsprojekt im Tal des Vilcanota**

5

2
Rio de Janeiro

Brasiliens Hauptstädte

Brasilia – so heißt seit 1960 die Hauptstadt Brasiliens. Jede der drei Hauptstädte Brasiliens kennzeichnet einen besonderen Abschnitt in der wirtschaftlichen Entwicklung des Landes.
Im Jahre 1500 war Kapitän Cabral an der Nordostküste Brasiliens gelandet und hatte sie für den König von Portugal in Besitz genommen. 1549 wurde Salvador gegründet und zur Hauptstadt der neuen **Kolonie** bestimmt. Von hier aus verschifften die Portugiesen die Reichtümer des Landes nach Europa – vor allem tropische Hölzer und Zucker. Sie ließen auf ihren ausgedehnten Plantagen an der Küste schwarze Sklaven aus Westafrika arbeiten. Noch heute erkennt man den Reichtum der Kolonialherren an den alten Palästen und Kirchen.
In auffälligem Gegensatz dazu stehen die Armenviertel, in denen viele Zuwanderer aus dem Hinterland leben. Sie sind vor der Trockenheit geflohen oder wurden von Großgrundbesitzern vertrieben und suchen nun Arbeit auf den Erdölfeldern an der Küste oder in der Industrie – zumeist vergeblich. Der

2

Großteil der mehr als zwei Millionen Einwohner Salvadors lebt in **Favelas.** So nennt man in Brasilien die Hüttenviertel der Armen.
Als im 18. Jahrhundert Gold- und Diamantenfunde im Brasilianischen Bergland um Minas Gerais einen Goldrausch auslösten, verlagerte sich der wirtschaftliche Schwerpunkt. Für den Export der Bodenschätze nach Europa war jetzt Rio de Janeiro günstiger. 1763 wurde die Regierung hierher verlegt. Im Laufe der letzten 200 Jahre haben der Abbau der reichen Erzlagerstätten, der Aufschwung des Kaffeeanbaus und die Entwicklung einer Industrie zwischen den Millionenstädten Rio, São Paulo und Belo Horizonte die wirtschaftliche Bedeutung des Südostens und Südens gesteigert.
Die Reiseprospekte rühmen Rio als die „schönste Stadt der Welt“. Sie zeigen die Traumstrände an der Atlantikküste, den farbenprächtigen Karneval und die großartige Landschaft mit dem Zuckerhut. Sie zeigen nicht, daß auch Rio von Favelas durchsetzt und umgeben ist.

Altstadt von Salvador

1

3

Brasilia – Blick auf die Regierungsgebäude und das Zentrum der Stadt

Fast die Hälfte der Bevölkerung lebt in ihnen.

Die dritte Hauptstadt, Brasilia, liegt nicht an der Küste. Sie ist nicht auf den Handel mit Übersee, sondern auf die Erschließung des Landesinnern ausgerichtet. Die bedeutendsten Architekten Brasiliens haben die Stadt an einem künstlichen See geplant. Ihr Grundriß hat die Form eines Flugzeuges als Symbol für aufstrebende Entwicklung.

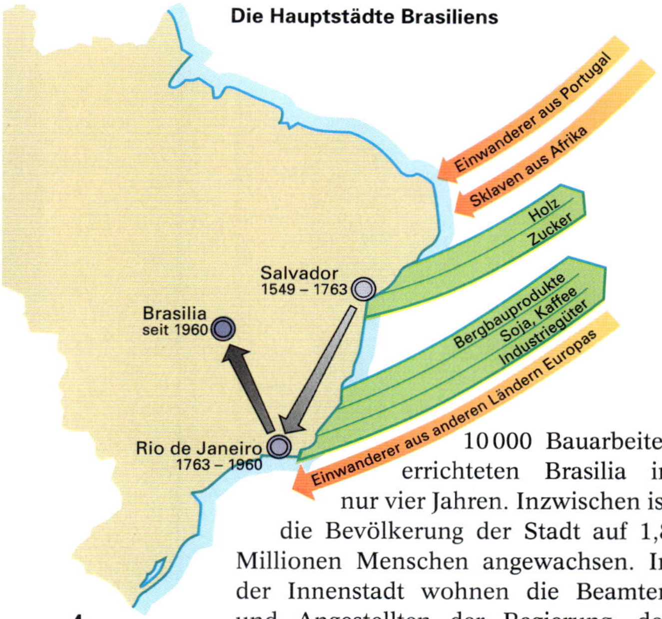

4

10 000 Bauarbeiter errichteten Brasilia in nur vier Jahren. Inzwischen ist die Bevölkerung der Stadt auf 1,8 Millionen Menschen angewachsen. In der Innenstadt wohnen die Beamten und Angestellten der Regierung, der Botschaften und der Banken, während das Dienstpersonal, die Händler und die Arbeiter weit draußen in Vorstadtsiedlungen wohnen. Und auch hier gibt es schon Favelas.

Einwohner

	1900	1991
Salvador	200 000	2 100 000
Rio	600 000	10 200 000
São Paulo	100 000	15 200 000
Brasilia	–	1 800 000

5

1 Die Karte (4) enthält in knapper Form die Geschichte der drei Hauptstädte. Erläutere die Verlegungen.

2 a) Miß im Atlas die Entfernungen von Brasilia nach Porto Alegre, Salvador und Manaus.

b) Übertrage die Entfernungen auf Europa. (Miß jeweils von Berlin aus.)

3 Suche im Atlas den Stadtplan der Hauptstadt Brasilia.

a) Welche Einrichtungen haben die Architekten in die „Pilotenkanzel" gelegt, welche in die „Tragflächen"?

b) Wo liegen die Wohngebiete der ärmeren Bevölkerung?

4 Vergleiche die Bevölkerungsentwicklung der vier Städte in Tabelle (5).

Natürlich gibt es in Brasilien viel Kaffee
... aber es gibt auch Flugzeuge, Computer, Schiffe, Maschinen, Werkzeuge, Moden aller Art, einen äußerst breiten Fächer von Produkten für jeden Verbraucher.

MADE IN BRAZIL

(Aus einer brasilianischen Wirtschaftsanzeige in Deutschland)

1

Brasilien – ein Schwellenland

Brasilien ist halb so groß wie der Kontinent Südamerika. Es ist nach der Fläche und der Einwohnerzahl das fünftgrößte Land der Erde und immerhin die zehntgrößte Industrienation der Welt. Es exportiert Computer, Autos und Flugzeuge. Es zählt zu den führenden Ländern bei der gentechnischen Forschung und der Herzchirurgie. Satellitentelefone und Fluglinien verbinden selbst die abgelegenen Orte am Amazonas mit den Metropolen.

Wer nur die Wirtschaft des Landes betrachtet, wird von deren Leistungen beeindruckt sein. Brasilien hat auf dem Weg zur Industrialisierung in Teilbereichen bereits die „Schwelle“ zu den Standards der Industrieländer überschritten. Es wird deshalb zu den **Schwellenländern** gezählt. Doch wie diese hat auch Brasilien auf anderen Gebieten, vor allem im sozialen Bereich, noch große Entwicklungsrückstände. Es ist bis heute ein Land der Widersprüche und Gegensätze, ein Land mit zwei Gesichtern geblieben. Wie ist dies zu erklären?

Von Natur her ist Brasilien ein reiches Land. Es hat große, auch für den Export bedeutsame Lagerstätten an mineralischen Rohstoffen wie Eisenerz, Manganerz, Aluminium- und Zinnerz. Es verfügt im Südosten und Süden über fruchtbare Böden und ein günstiges Klima, um pflanzliche Rohstoffe wie

Soziale Gerechtigkeit für Brasilien
Der neue brasilianische Präsident Cardoso hat bei seiner Amtseinführung den Kampf für soziale Gerechtigkeit als vorrangiges Ziel seiner Regierung genannt. „Uns fehlt die soziale Gerechtigkeit“, sagte Cardoso. Diese zu erlangen, sei „die große Herausforderung Brasiliens zum Ende des Jahrhunderts“.

2

Ungleichheit in Brasilien
In keinem anderen südamerikanischen Land ist das Volkseinkommen so ungleich verteilt wie in Brasilien. Über die Hälfte der Brasilianer lebt in Armut, mehr als ein Viertel im Elend, ein Fünftel sind Analphabeten.

3

4 **Am Stadtrand von Belo Horizonte**

Die Regionen Brasiliens (Anteile in % 1990)

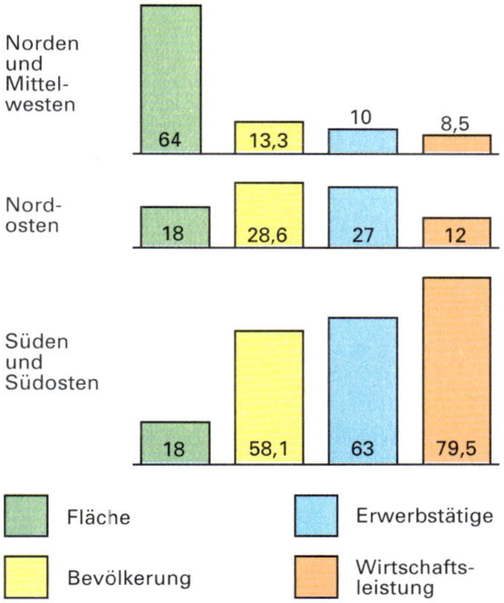

5

6

Schwellenländer (engl. Take-Off-Countries oder NIC = Newly Industrializing Countries) stehen an der Schwelle zum Industriestaat und besitzen genügend Eigendynamik, um wichtige, insbesondere ökonomische Merkmale eines Entwicklungslandes in absehbarer Zeit zu überwinden.

Kaffee, Kakao, Soja und Zucker zu produzieren. Im Süden, dem „Brotkorb" des Landes, erstrecken sich weite Getreidefelder und, wie im Mittelwesten, riesige Viehzuchtgebiete. Zwar fehlen große Vorräte an Erdöl, Erdgas und Kohle. Dafür sind die Wasserkraftreserven größer als die aller anderen Nationen. In Brasilien steht das größte Wasserkraftwerk der Welt.

Auffällig innerhalb Brasiliens sind jedoch die großen räumlichen Ungleichheiten zwischen dichtbesiedelten, wirtschaftsstarken und dünnbesiedelten, wirtschaftsschwachen Regionen. Sie spiegeln den Gang der Erschließung seit der Kolonialzeit wider und haben sich durch die moderne Entwicklung sogar noch vertieft. Sie haben daneben große Wanderungen ausgelöst. Vor allem aus den besonders armen Gebieten des Nordostens strömen immer wieder Menschen in das wirtschaftliche Zentrum im Städtedreieck São Paulo–Belo Horizonte–Rio de Janeiro.

Ein weiteres Merkmal Brasiliens ist die ebenfalls aus der Kolonialzeit stammende ungleiche und ungerechte Verteilung von Macht, Besitz und Einkommen. Dies führt dazu, daß die Reichtümer und Entwicklungschancen des Landes nur einem kleinen Teil der Brasilianer und vor allem der Oberschicht, nicht aber der gesamten Bevölkerung, zugute kommen.

1 Brasilien, ein Land der Widersprüche! Erläutere diese Aussage anhand der Materialien (1) bis (5).

2 Vergleiche die einzelnen Regionen Brasiliens mit Hilfe der Karte (6) und des Diagramms (5).

3 Beschreibe die Bevölkerungsverteilung in Brasilien (Atlas).

4 a) Wieso kann man Brasilien als Schwellenland bezeichnen?
b) Welche anderen Länder Lateinamerikas gehören ebenfalls zu dieser Gruppe (Strukturdaten im Anhang des Buches)?

Ein Beispiel für Direktinvestitionen deutscher Firmen: VW do Brasil bei São Paulo. Über 1000 weitere deutsche Firmen haben ein Zweigwerk in Brasilien.

7

„Entwicklung durch Industrialisierung!" Mit diesem Programm wollte die Regierung Brasilien zu Wirtschaftswachstum und Wohlstand führen. Doch wie sollte dies gelingen? Es gab zwar genügend Arbeitskräfte im Land. Aber es fehlten das Geld, die Infrastruktur und das Know-how.

Die Regierung beschloß, die benötigten Mittel im Ausland zu beschaffen. Sie nahm selbst Kredite bei ausländischen Staaten, Großbanken und multinationalen Unternehmen auf und ließ neue Autobahnen, Flughäfen und Eisenbahnlinien sowie neue Telefonnetze und Fernmeldesysteme bauen. Sie errichtete Stahlwerke, petrochemische Unternehmen und Fabriken für Gebrauchsgüter sowie riesige Wasserkraftwerke und Atomreaktoren. Und sie förderte Großprojekte, um den Export anzukurbeln oder die Abhängigkeit von Ölimporten zu verringern.

Gleichzeitig wurden ausländische Firmen ins Land gerufen, um Zweigwerke mit fortschrittlicher Technologie zu gründen. Ausländische Unternehmen beteiligten sich auch mit viel Kapital an der Erschließung mineralischer Rohstoffe, nicht ohne sich durch langfristige Verträge den Zugriff zu Preisen unter dem Weltmarktniveau zu sichern.

8

Deutsche Investitionen 1982

In einem Zeitungsbericht hieß es: „Rund 18 % der deutschen Investitionen entfallen jeweils auf den Fahrzeug- und Maschinenbau, etwa 14 % auf Elektronik und Chemie. Die meisten deutschen Firmen entscheiden sich für São Paulo als Standort. In der Wirtschaftsmetropole des Landes gibt es heute etwa 700 Unternehmen mit einer wesentlichen deutschen Beteiligung. Sie beschäftigen über 300 000 Arbeiter."

Zwischen 1964 und 1974 brachte die Industrialisierung beachtliche Erfolge: ein „brasilianisches Wirtschaftswunder". Es wurden viele neue Arbeitsplätze geschaffen. Die Wirtschaftszentren blühten auf. Und es gelang, durch den Export von Industriegütern die einseitige Abhängigkeit von Kaffee und Zucker zu überwinden. Doch bald zeigten sich auch die Probleme:

Außenhandel von Brasilien (in Mrd. US - $)

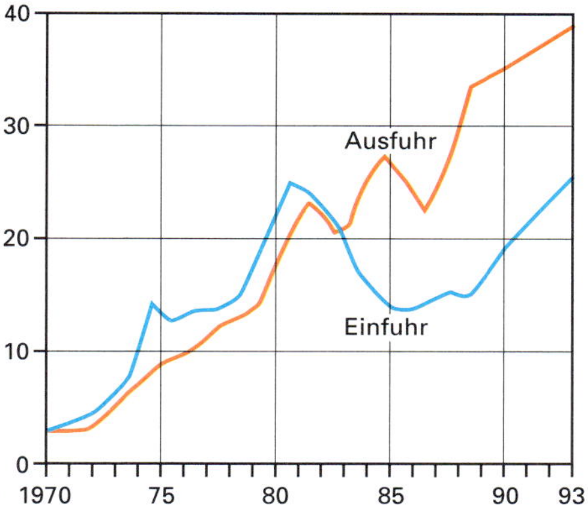

9

• Eine räumlich ausgewogene Entwicklung hat nicht stattgefunden, denn die Eigendynamik der Zentren war zu groß. Besonders die schon entwickelten Metropolen mit guter Infrastruktur ziehen nach dem Prinzip der „Selbstverstärkung" die meisten Firmen an.

• Die neuen Arbeitsplätze reichen bei weitem nicht aus. Heute hat Brasilien eine „gespaltene" Wirtschaft: ein Nebeneinander von multinationalen, staatlichen und privaten Betrieben. Vor allem viele personell überbesetzte, unwirtschaftliche Staatsbetriebe behindern den Aufschwung. Ein Problem ist auch die „Schattenwirtschaft", in der ein Großteil der Bevölkerung tätig ist.

• Der Abbau der sozialen Ungleichheiten ist nicht gelungen. Zwar gibt es heute eine breitere Mittelschicht als früher. Die Situation der Armen aber hat sich eher noch verschlechtert.

• Besonders schlimm ist die hohe Auslandsverschuldung. Als nach den Energiekrisen 1973 und 1979 die Rohölpreise in die Höhe schnellten, verteuerten sich auch die Ölimporte. Man brauchte immer mehr Devisen, um diese zu bezahlen. Zugleich ging jedoch der Erlös aus den Exporten zurück, da sich die **Terms of Trade** für andere Rohstoffe auf dem Weltmarkt verschlechterten. Aber auch für die begonnenen Großprojekte im Lande, die oft teurer wurden als geplant, benötigte Brasilien weitere Kredite. Doch wegen der weltweiten Wirtschaftskrise schossen auch die Zinsen für ausländische Kredite in die Höhe. Das Land geriet somit immer tiefer in die Schuldenkrise. Schließlich mußte man sogar Kredite im Ausland aufnehmen, um wenigstens die Zinsen für ältere Kredite zurückzuzahlen.

5 Welche Kennzeichen deutscher Direktinvestitionen nennt der Text (8)?

6 Berichte über die Entwicklung des Außenhandels (Diagramme 9 und 12)

7 Wieso ist Brasilien so hoch verschuldet?

8 Wie hat sich die Einkommensverteilung verändert (Text und Abbildung 11)?

9 „Zu den Leidtragenden der forcierten Industrialisierung gehören auch die Natur und die Umwelt." Was ist mit dieser Aussage gemeint? Sammle Belege!

10 „Brasilien ist das Land der Zukunft – und wird es immer bleiben!" Wie ist diese brasilianische Redensart zu verstehen?

Zehnjährige Schuldenkrise beendet:
Im Juli 1992 einigten sich Brasilien und seine Gläubigerbanken auf eine Umschuldung von 44 Mrd. Dollar an Krediten. Die Vereinbarung sieht auch einen Erlaß der Auslandsschulden um 35 % vor. Die Rückzahlung der verbleibenden Schulden soll zu einem festen Zinssatz mit 30 Jahren Laufzeit erfolgen. Brasilien hofft jetzt auf mehr Auslandsinvestitionen.

10

Einkommensverteilung in Brasilien

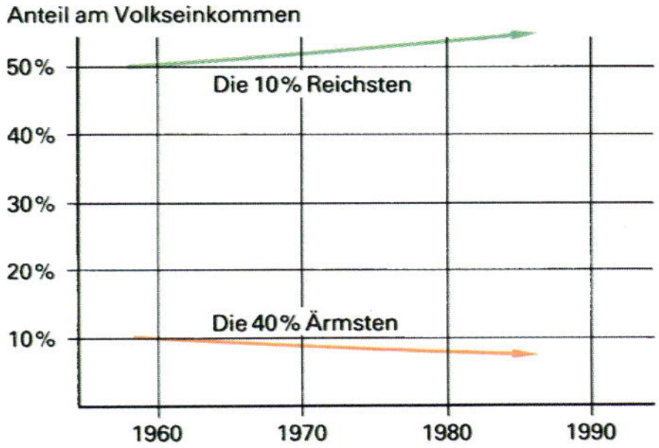

11

Brasiliens Export

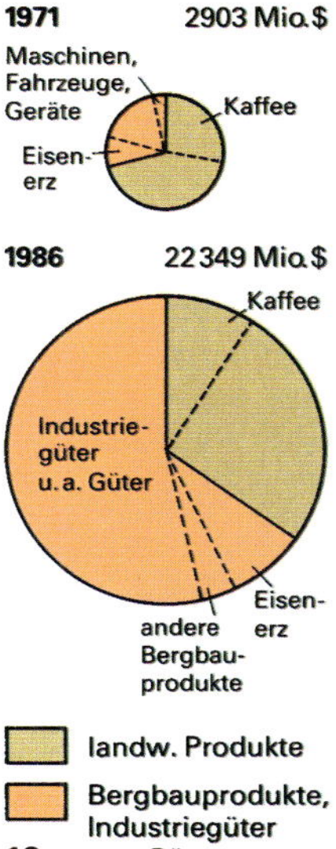

12

Terms of Trade
Damit wird das Verhältnis der Preise für Exportgüter und Importgüter bezeichnet. Steigt zum Beispiel der Preis für Rohöl, das Brasilien einführt, während der Preis für Eisenerz fällt, welches Brasilien exportiert, dann verschlechtern sich damit die Terms of Trade.

1 **Straßenbau im Tropischen Regenwald**

Operation Amazonien

„Brasilien ist das fünftgrößte Land der Erde. Unsere Bevölkerung wächst unaufhörlich. Wir müssen unser Land erobern, dem Meer den Rücken kehren. Es gilt, die großen und menschenleeren Urwaldgebiete Amazoniens zu erschließen." Mit diesen Worten hatte der Staatspräsident Kubitschek 1957 das Signal für den Aufbruch ins Landesinnere gegeben. Dort sollte die neue Hauptstadt Brasilia gebaut und danach

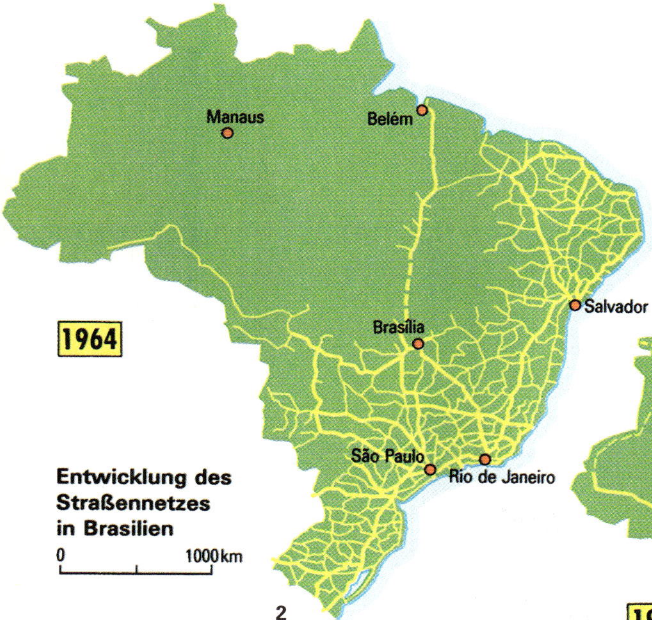

Entwicklung des Straßennetzes in Brasilien

0 1000 km

2

3

4

5
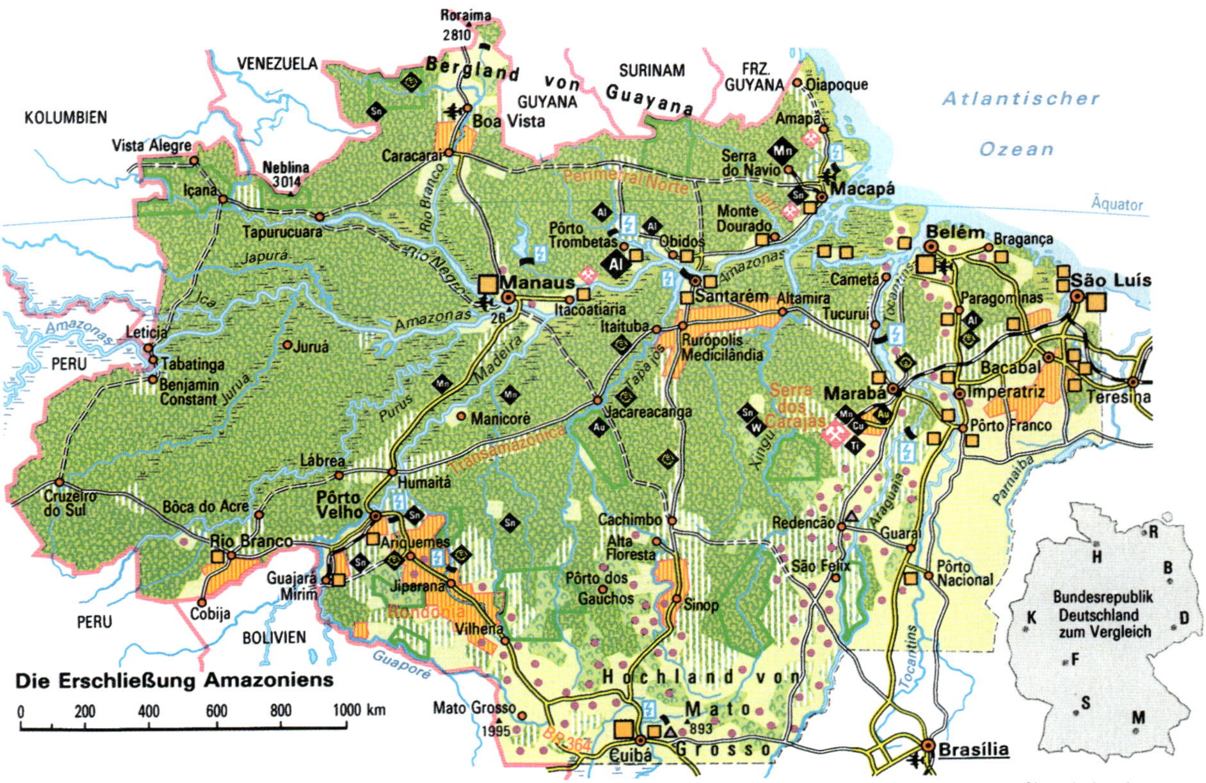

Amazonien erschlossen werden. Mit dem weltweit größten und teuersten Kolonisationsprojekt im Regenwald versprach die Regierung, „Land für Menschen ohne Land in einem Land ohne Menschen“ bereitzustellen.
Die Operation Amazonien begann mit der **Verkehrserschließung.** Endlose Schneisen wurden in den Regenwald geschlagen. Die bekannteste davon ist die „Transamazonica“.

6

Die Eroberung Amazoniens
1970 wurde mit dem Bau der ca. 5600 km langen Transamazonica begonnen. 500 Ingenieure und Zehntausende von Arbeitern und Soldaten haben die Straße fertiggestellt. Zunächst zogen Vermessungstrupps durch die feuchtheiße, malariaverseuchte Wildnis und steckten eine 70 m breite Schneise ab. Ein 40 m breiter Mittelstreifen wurde gerodet und eingeebnet. Dadurch gelang es, das Straßengelände trotz der hohen Urwaldbäume schattenfrei und damit trocken zu halten. So sollte auch verhindert werden, daß der Wald die Straße wieder überwuchert. Mitten in den 40-Meter-Streifen verlegte man die bis zu 10 m breite Fahrbahn. Sie wurde mit Schotter vorläufig befestigt.
Die Regenzeiten zwangen zu unfreiwilligen Pausen. Die neuen Trassen verwandelten sich immer wieder in unpassierbare Sümpfe. Arbeitsunfälle und Krankheiten waren an der Tagesordnung. Immer wieder gab es Auseinandersetzungen mit der indianischen Urbevölkerung.

Gründe für den Mißerfolg der staatlichen Agrarkolonisation:

- geringe Eignung der Böden, daher schneller Ertragsrückgang;
- keine Erfahrung bei der Bodenbearbeitung im Regenwald;
- Mißernten wegen ungeeigneten Saatguts und Pflanzenkrankheiten;
- keine genossenschaftliche Organisation;
- Tropenkrankheiten (Malaria) und schlechte medizinische Versorgung;
- zu wenig Unterstützung durch den Staat.

Entlang der neuen Straßen siedelten sich mit staatlicher Unterstützung vielfach landlose Kleinbauern und Landarbeiter aus anderen Regionen Brasiliens an. Ein Zentrum dieser kleinbäuerlichen **Agrarkolonisation** ist der neugegründete Bundesstaat Rondônia: Wo sich 1970 noch unberührter Urwald ausdehnte, leben heute schon mehr als eine Million Menschen, die aus allen Teilen Brasiliens hergekommen sind.

Die Familie Rodriguo da Cruz lebt seit 20 Jahren hier. Sie gehört zur ersten Siedlergeneration. Von ihren zwölf Kindern leben nur noch sechs. Zu hart sind hier die Überlebensbedingungen. Bei Krankheiten und Unfällen gibt es kaum Hilfe. Auf dem kargen Boden baut die Familie die Grundnahrungsmittel an: Maniok, Mais, Gemüse, Bananen. Es gibt auch ein paar Bäume mit Papayas und Mangofrüchten. Außer dem Maniokmehl, das in tagelanger Handarbeit aus den Maniokwurzeln hergestellt wird, und den im Wald gesammelten Paranüssen kann Pedro Rodriguo nichts verkaufen. Der Weg zum Markt ist weit, Gemüse und Obst würden unterwegs verderben. Reich geworden ist Herr Rodriguo nicht, aber voller Stolz zeigt er die Besitzurkunde für sein Land. Viele Siedler aber haben den Wald ohne Genehmigung gerodet und mußten dann erleben, daß sie von **Großgrundbesitzern** vertrieben wurden, die sich Besitzurkunden verschafft hatten, um ihre Rinderweiden zu vergrößern. Die armen **Kleinbauern** ziehen weiter und roden wieder ein Stück Urwald. Kann man ihnen Vorwürfe machen?

Fest steht nur: wenn die Waldvernichtung so weitergeht wie bisher, wird es in wenigen Jahren in Rondônia keinen Regenwald mehr geben. Dann ist auch die Heimat der Ureinwohner zerstört, denn „menschenleer" ist der Urwald nicht, wie der Staatspräsident 1957 meinte.

Nach dem Scheitern der staatlichen Agrarkolonisation förderte die Regierung die Erschließung Amazoniens durch in- und ausländische Großunternehmen. So wurden schon 1975 im Polamazonia-Plan 15 über ganz Amazonien verstreute wirtschaftliche Schwerpunktgebiete festgelegt, um dort vor allem die bergbauliche und industrielle Erschließung konzentriert voranzutreiben. Zu diesem Zweck baute man neben weiteren Straßen auch zahlreiche neue Flugplätze und Flußhäfen. Die Regierung erwartete, daß nach dem Aufbau der **„Entwicklungspole"** wirtschaftliche Impulse auch auf deren Umland ausstrahlen würden. Ein Beispiel für solche Entwicklungspole ist das Gebiet bei Carajás.

In der Serra dos Carajás zwischen dem Xingu und dem Tocantins, zwei Nebenflüssen des Amazonas, entsteht eines der größten Industriegebiete der Erde. Hier finden sich reiche Bodenschätze: Eisenerz, Mangan, Kupfer, Nickel, Zinn, Molybdän, Wolfram und auch Gold. Das Erz hat einen Eisengehalt von 65 %. Es wird mit riesigen Baggern im Tagebau gewonnen. An Stelle des Berges wird in 30 Jahren ein Loch von etwa vier Kilometer Länge und 285 m Tiefe klaffen. Durch den Abbau dieser Lagerstätte ist Brasilien zu einem der führenden Exportländer für Eisenerz geworden. Eine 890 km

Siedlung in Rondônia

7

lange Eisenbahnstrecke wurde eigens für den Abtransport zur Küste gebaut.
Ein Teil des Erzes wird in Brasilien selbst verhüttet. Weil es aber in der Serra dos Carajás keine Steinkohle gibt, nimmt man zum Verhütten Holzkohle. In der Umgebung des Bergwerkes und der Bahn werden jährlich 610 000 ha Wald gerodet, um Holzkohle zu gewinnen.
Die entstehende Industrie braucht Energie. Deshalb werden Flüsse zu Seen aufgestaut, an denen man Kraftwerke baut. In den Seen versinken weitere Wälder. Allein der Tucurui-Stausee ist fünfmal so groß wie der Bodensee.
Bergbau und Industrie ziehen Menschen an. Siedlungen werden gebaut. Um Nahrungsmittel zu erzeugen, roden Kleinbauern und Großgrundbesitzer an den Erschließungsstraßen den Wald.

9 **Erzabbau in Carajás. Eisenbahn (links), Waggon-Ladeanlage, Erzlagerplatz, Transportbänder, Erzaufbereitung.**

Entwicklungspol Manaus
Die Erschließung Amazoniens spiegelt sich auch in der Entwicklung seiner Städte. Dies gilt für die Millionenstadt Belém, das wichtigste Handelszentrum Amazoniens, und besonders auch für Manaus. Diese Stadt inmitten des Regenwaldes galt während des Kautschukbooms um die Jahrhundertwende als eine der reichsten Städte der Erde. Mit dem Zusammenbruch des brasilianischen Kautschukmonopols verfiel auch Manaus. Doch durch die Erschließung Amazoniens erwachte die Stadt zu neuer Aktivität. Heute hat Manaus über eine Million Einwohner. Hochhäuser und Einkaufszentren sowie der dichte Straßenverkehr prägen das Stadtbild. Die 1967 eingerichtete Freihandelszone erlaubt die zollfreie Einfuhr von Rohstoffen und Halbfertigwaren. Sie bewirkte zusammen mit Steuerermäßigungen und anderen Fördermaßnahmen die Ansiedlung hunderter moderner Industriebetriebe, darunter auch zahlreiche ausländische Firmen wie Sanyo, Honda, Telefunken, Philips oder Omega, die hier hochwertige Produkte vom Fernseher und Computer bis zum Motorrad produzieren. Um diese Güter günstig einzukaufen, kommen heute Touristen mit dem Flugzeug aus ganz Brasilien nach Manaus. Aber die Anziehungskraft der Stadt zeigt sich auch in den schnell wachsenden Armenvierteln am Stadtrand, die wie die Industriegebiete immer weiter in den Regenwald hineinwachsen.

1 Karten (2) und (4) auf Seite 42: 1964 war Brasilien „zweigeteilt". Beschreibe und begründe die Veränderungen bis 1991.
2 Beschreibe die Schwierigkeiten beim Straßenbau im Tropischen Regenwald (6).
3 Werte die Karte (5) auf Seite 43 aus:
a) Notiere wichtige Bodenschatzvorkommen.
b) Nenne die drei größten Kolonisationsgebiete.
c) Welche weiteren Nutzungen beziehungsweise Erschließungsmaßnahmen weist die Karte aus?
4 Das Bergbaugebiet der Serra dos Carajás ist noch jung. Welche Bodenschätze und Industrieanlagen sind bereits im Atlas eingetragen?
5 Begründe das Scheitern der Agrarkolonisation.
6 Fotos (1, 7, 9): Erläutere die Aussage: „Erschließung bedeutet immer auch Zerstörung."

1

Der Regenwald – ein Ökosystem

Wie eine abweisende, undurchdringliche Mauer aus Bäumen und Unterholz steigt der Tropische Regenwald am Fluß empor. Hier, wo er dem Licht voll ausgesetzt ist, wachsen die Pflanzen besonders üppig. Je weiter wir jedoch vom Ufer ins Innere des Waldes vorstoßen, desto düsterer wird es. Dämmerlicht umfängt uns – grüne Nacht am hellen Tag. Kein Wind regt sich. Die Luft ist stickig und schwül, und es riecht nach vermoderndem Holz und faulenden Blättern. Überall tropft es. Weil nur wenig Licht bis zum Waldboden dringt, ist der Unterwuchs spärlich: nur wenige Sträucher und Kräuter, dafür aber unzählige Pilze, Moose und Farne. Es geht zügig voran. Wir entdecken armdicke Lianen mit großen Dornen, die nach oben zum Licht streben, zuweilen auch Würgerfeigen, die mit ihren Ästen riesige Stämme ersticken.

Außer einem jungen Orang-Utan sind keine größeren Tiere zu sehen. Sie sind selten und scheu. Viele werden erst in der Nacht aktiv. Um so zahlreicher sind dagegen die Kleintiere. Es wimmelt von Fröschen, Ameisen und Tausendfüßlern. Immer wieder fallen Blutegel über uns her. Besonders lästig sind die Stechmücken.

Auffällig ist der **Artenreichtum** des Waldes: kein Baum, kein Stamm, kein Blatt gleicht dem anderen. In unseren Wäldern in Deutschland wachsen durchschnittlich fünf verschiedene Baumarten auf einem Hektar, im Regenwald über 100 Arten. Insgesamt soll es auf Borneo über 2500 verschiedene Baumarten geben. Aber Bäume gleicher Art stehen manchmal kilometerweit auseinander. Einige sind so selten, daß man bisher nur ein oder zwei Exemplare gefunden hat. Viele Insekten und Vögel haben sich auf eine einzige Baumart als Lebensraum spezialisiert. Der Baum liefert ihnen Schutz und Nahrung. Dafür sorgen sie für seine Bestäubung und Fortpflanzung.

Ein weiteres Kennzeichen des Tropischen Regenwaldes ist der **Stockwerkbau.** Über den beiden unteren Stockwerken erstreckt sich die Kronen-

Lebensbedingungen in den Pflanzenstockwerken

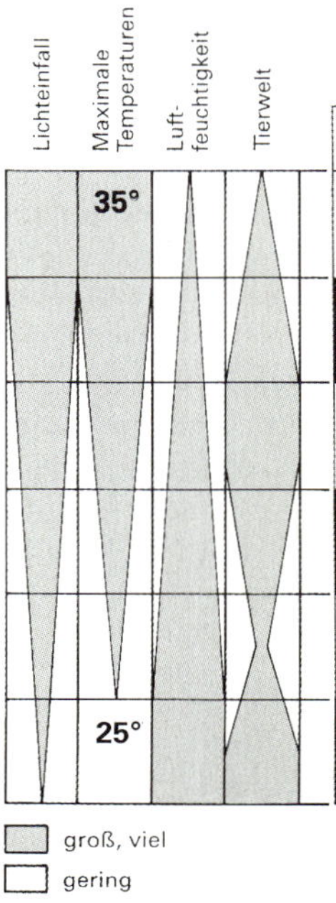

2

Stockwerkbau des Tropischen Regenwaldes

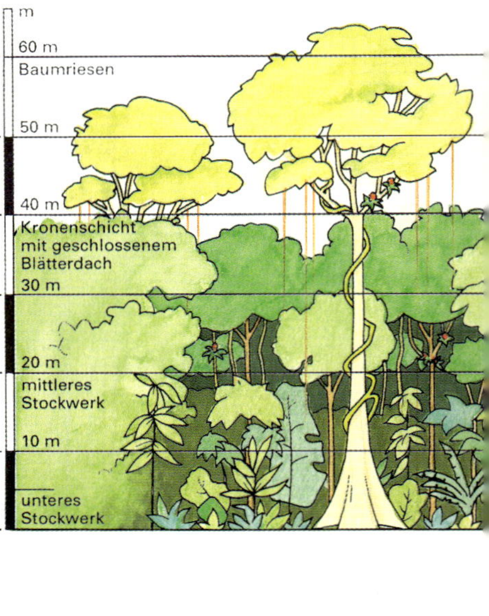

schicht, das geschlossene Blätterdach des Waldes. Darüber erheben sich einzelne Baumriesen, denen mächtige Brettwurzeln Standfestigkeit verleihen. In den Ästen der Baumkronen wachsen Aufsitzerpflanzen wie Adlerfarne und Orchideen. Sie entnehmen die Nährstoffe aus der Luft sowie aus dem Regen- und Tropfwasser, das sie in kelchartig ausgebildeten Blättern auffangen.

Jedes Stockwerk des Waldes hat seine eigene, artenreiche Tierwelt. Auch hier ist die Anpassung an den Lebensraum erstaunlich. So haben die Tiere der Kronenschicht vorzügliche Kletterhilfen: Krallen, Greifschwänze oder Saugnäpfe. Andere haben Tragflächen für den Gleitflug ausgebildet. Es gibt fliegende Echsen, Frösche und sogar Schlangen.

Über viele Millionen Jahre haben sich unzählige kleine Lebensgemeinschaften herausgebildet. Die größte Lebensgemeinschaft aber ist der Regenwald selbst. Er wiederum ist Teil eines noch größeren **Ökosystems,** das nicht nur die Lebewesen umfaßt, sondern auch das Klima, das Wasser und den Boden des Waldes. Wer einen Baum rodet, eine Tierart ausrottet oder die Humusdecke zerstört, der gefährdet das Ökosystem des Tropischen Regenwaldes.

Der Nährstoffkreislauf im Tropischen Regenwald

Im feuchtheißen Klima werden die absterbenden Pflanzenteile von unzähligen Kleinlebewesen rasch zersetzt. Die freiwerdenden Nährstoffe gelangen aber nur in die obersten, ca. 15 bis 30 cm dünnen Bodenschichten. Hier werden sie von den flachen Wurzeln der Pflanzen sofort wieder aufgenommen. So entsteht ein ständiger Nährstoffkreislauf, bei dem der Boden fast keine Rolle spielt. Man sagt, der Wald wächst nicht aus dem Boden, sondern lebt auf dem Boden – ein üppiger Wald auf den armen und ausgewaschenen Böden der Tropen, die selbst keine Nährstoffe liefern.

3

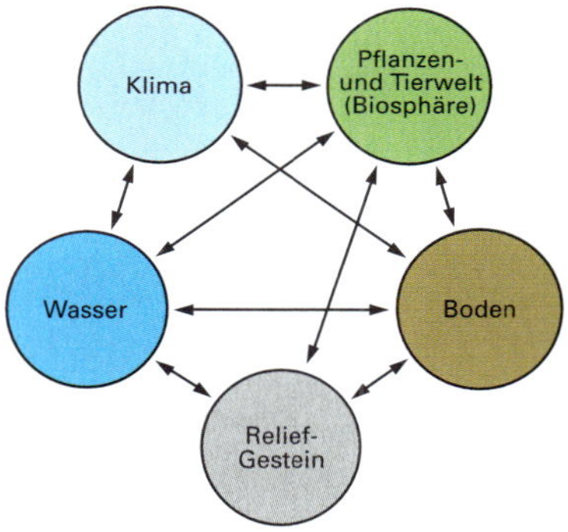

4

1 Der Tropische Regenwald ist anders als unser Laubwald. Welche Merkmale nennt
a) der Text,
b) die Information zum Nährstoffkreislauf?

2 Arbeite mit der Zeichnung (2).
a) Welche wichtigen Merkmale des Tropischen Regenwaldes stellt sie dar?
b) Wie unterscheiden sich die Lebensbedingungen am Waldboden von denen im „Blätterdach" und auf den „Baumriesen"?

3 Warum haben die Bäume im Regenwald flache Wurzeln?

4 Erkundige dich im Blumengeschäft nach Pflanzen aus dem Tropischen Regenwald. Welche Anforderungen stellen sie an die Pflege?

5 Die Abbildungen (3) und (4) zeigen zwei verschiedene Modelle zum Ökosystem.
a) Vergleiche sie: Wo sind sie ähnlich, wo verschieden, was fehlt?
b) Kannst du ein besseres Modell entwerfen? Mache einen Vorschlag.

2 **Aus einer Zeitungsanzeige der Umweltorganisation „Robin Wood"**

Raubbau am Tropischen Regenwald

Es brennt überall auf der Erde. Die Tropischen Regenwälder stehen in Flammen. In jeder Minute werden etwa 30 Hektar Regenwald vernichtet. Täglich sterben etwa 50 Tier- und Pflanzenarten aus. Schon sind große Teile des Regenwaldes unwiederbringlich verloren. Was sind die Ursachen dieser gefährlichen Entwicklung?

- Millionen von armen Kleinbauern dringen entlang neuer Straßen in den Wald vor. Sie brennen ihn nieder, um das eigene Überleben zu sichern. Wenn die Erträge auf den Brandrodungsfeldern nach einigen Jahren nachlassen, ziehen sie weiter, um anderswo neu zu roden. Das rasche Bevölkerungswachstum und die Armut beschleunigen diese Entwicklung.
- Großgrundbesitzer lassen riesige Regenwaldgebiete abholzen, um Weideland für die Rinder oder neue Anbauflächen für Plantagen zu gewinnen.
- Holzfirmen fällen Edelhölzer für den Export in die Industrieländer. Insbesondere in Südostasien werden so ganze Regenwaldgebiete abgeholzt. In Afrika werden meist nur die wertvollen Edelholzbäume geschlagen. Aber auch dabei gehen bis zu zwei Drittel des übrigen Waldbestandes verloren.
- Auch die Regierungen helfen bei der Zerstörung: Sie lassen für den Bau von Straßen, Siedlungen und Staudämmen oder für die Erschließung von Rohstofflagern riesige Flächen abholzen.

Angesichts dieses weltweiten **Raubbaus** ist zu fragen, ob die Tropischen Regenwälder überhaupt noch zu retten sind. Die Antwort auf diese Frage ist nicht einfach, denn die Ursachen der Zerstörung und die Interessen der Beteiligten sind vielfältig. Sicher ist nur: ein wirksamerer Schutz der Regenwälder ist dringend nötig – nicht nur für die Menschen in den Tropen, sondern für uns alle. Die Regenwälder schützen die Böden der Tropen vor Abtragung und Überschwemmung. Sie sind die „größte Apotheke der Menschheit". Die Medizin kann unzählige Arzneimittel aus ihren Pflanzen herstellen. Die Regenwälder regulieren den Wasserhaushalt und das Klima, und zwar weltweit. Sie schützen uns vor einer schnellen Erwärmung der Atmosphäre. Wie wichtig eine

Kaum zu glauben: Vom jährlichen Holzaufkommen der Tropenländer werden 86 Prozent verbrannt, nur 14 Prozent sind Nutzholz. Von diesem dienen drei Viertel dem Eigenbedarf, ein Viertel wird exportiert.

1

3

rasche, entschlossene Hilfe für die Regenwälder ist, wird immer häufiger eingesehen. So unterstützt die UNO heute in einem Tropenwald-Aktionsprogramm Länder mit Regenwald dabei, den Holzeinschlag besser zu kontrollieren und größere Flächen schnell wieder aufzuforsten. Ein noch wirksamerer Schutz für den Regenwald sind jedoch Maßnahmen gegen Massenarmut und Arbeitslosigkeit in den betroffenen Ländern.

1 Arbeite mit der Graphik (3):
a) Welche Arten von Eingriffen zeigt sie?
b) Welche Verursacher sind zu erkennen?
c) Wo sind auch wir mitbeteiligt?

2 Beschreibe die Folgen der Rodung anhand der Graphik (4).

3 Um die Tropenwälder zu retten, genügt es nicht, den Import von Tropenhölzern in die Industrieländer zu stoppen. Begründe diese Aussage mit Hilfe der Angaben (1).

4 Sammle weitere Informationen:
a) über die Bedeutung der Regenwälder,
b) über ihre Gefährdung und Zerstörung.

5 Wie kannst du selbst einen Beitrag zur Rettung der Regenwälder leisten?

Folgen der Rodung Tropischer Regenwälder

A Klima- und Nährstoffkreislauf im Tropischen Regenwald.

B Nach der Brandrodung (kurzfristig).

C Langfristige Folgen der Rodung, wenn kein Sekundärwald nachwächst oder keine angepaßte Nutzung erfolgt.

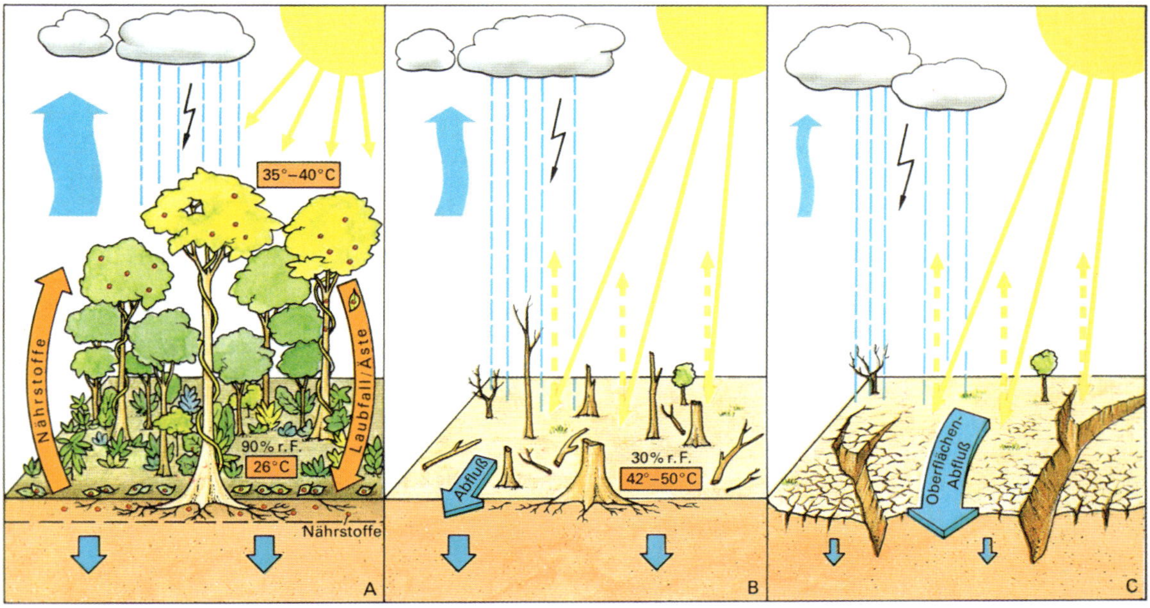

1 Mexiko-Stadt

Metropole Mexiko-Stadt

Die zehn größten Agglomerationen der Erde
(1990 in Mio. Einw.)

Mexiko-Stadt	20,2
Tokyo	18,1
São Paulo	17,4
New York	16,2
Shanghai	13,4
Los Angeles	11,9
Kalkutta	11,8
Buenos Aires	11,5
Bombay	11,2
Seoul	11,0

2

La Ciudad de Mexico, Hauptstadt der Estados Unidos Mexicanos oder einfach nur D. F. (Distrito Federal): Bezeichnungen für die größte Stadt der Welt, in der Eleganz und Elend, Charme und Traurigkeit enge Nachbarn sind. Mexiko-Stadt ist ein Chaos, laut, dreckig und unregierbar. Wer hier ankommt, kann verzweifeln und jeden Tag diesen Moloch zum Teufel wünschen. Aber er wird genauso hilflos sein, sich den Verführungen dieser Stadt zu widersetzen. Glasfassaden moderner Hochhäuser spiegeln die Türme barocker Kirchen wider, auf den Bahnsteigen der modernen U-Bahn drängen sich Indios in traditioneller Tracht, und durch den tosenden Straßenlärm dringen die Klänge von Mariachi-Musikanten.

3

Am Ende unseres Jahrhunderts wird etwa die Hälfte der Weltbevölkerung in Städten leben. Insbesondere die Städte der Dritten Welt erleben ein rasantes Wachstum. Geburtenüberschuß und Land-Stadt-Wanderung sind in erster Linie für diese Entwicklung verantwortlich. In Lateinamerika, dem „verstädterten Kontinent", leben bereits 72 Prozent der Bewohner in städtischen Siedlungen. Mexiko-Stadt – mit rund 20 Millionen Menschen die größte Stadtagglomeration der Welt – vereint in sich alle Merkmale und Probleme der **Verstädterung** in den Entwicklungsländern.

Niemand weiß genau, wie groß Mexiko-Stadt wirklich ist. Keiner kann sagen, ob es nun 2000 oder 3000 Menschen sind, die täglich auf der Suche nach Arbeit und einem neuen Zuhause in diese Stadt strömen. Doch jedes Jahr wächst die Stadt um ca. 800000 Menschen. Heute leben auf 0,5 Prozent der Staatsfläche ein Viertel aller Mexikaner, auf einem Quadratkilometer Siedlungsfläche drängen sich etwa 25000 Menschen. Längst hat die unkontrollierte Besiedlung die Grenzen des Bundesdistrikts Mexiko D. F. – eine Fläche größer als das Saarland – überschritten und ist in den benachbarten Bundesstaat hineingewuchert.

Neben der räumlichen Ausdehnung nimmt auch die überragende Stellung von Mexiko-Stadt innerhalb des Landes stetig zu. Diese **Metropolisierung** umfaßt alle Lebensbereiche in einem so hohen Maße, daß kleinere Städte und ländliche Zonen kaum eine Chance haben, sich ähnlich zu entwickeln. Mexiko-Stadt ist nicht nur wegen der Hauptstadtfunktion konkurrenzlos. Die Konzentration wirtschaftlicher Macht ist beeindruckend. Die Stadt verfügt über 60 Prozent der Industrie, 42 Prozent aller Erwerbstätigen, 50 Prozent aller Banken und Handelsgesellschaften, 80 Prozent aller Forschungseinrichtungen des Landes.

Bevölkerungswachstum der metropolitanen Zone von Mexiko-Stadt

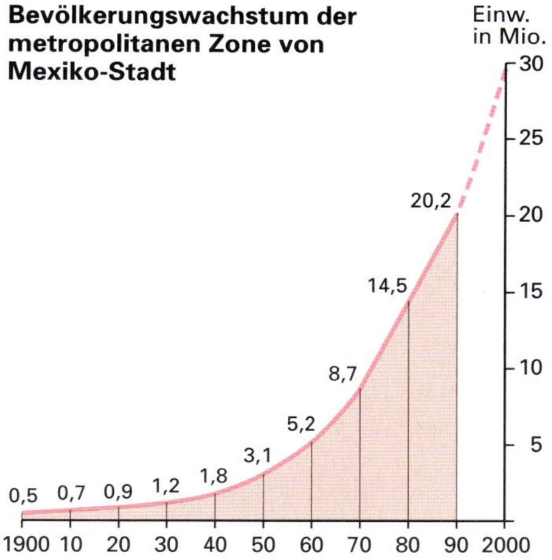

Dieses gigantische Wachstum macht jeden Versuch einer geordneten Stadtplanung zunichte. Es mangelt überall, insbesondere an der Infrastruktur. Das Straßennetz zum Beispiel ist hoffnungslos überlastet. Über vier Millionen Kraftfahrzeuge verpesten täglich die Luft. Verkehrszusammenbrüche sind an der Tagesordnung. Jeden Tag gelangen 12 000 Tonnen hochgiftiger Schadstoffe in die Luft und legen sich auf die Stadt, da sie wegen der umgebenden Gebirge nicht abziehen können. Sie stammen vor allem aus den Auspuffrohren der alten Autos und aus den Schornsteinen der 150 000 Industriebetriebe. Deshalb leidet etwa die Hälfte der Einwohner ständig unter Entzündungen der Atemorgane, Binde- und Schleimhäute.

Und dann der Müll. 20 000 Tonnen täglich produziert die Stadt. 73 Prozent der Abfälle landen auf Halden. Der Rest türmt sich in den Straßen und wird damit zum Gesundheitsrisiko.

Kaum weniger Probleme bereitet die Wasserversorgung. Die Grundwasserreserven drohen zu versiegen. Deshalb muß das Wasser von weit her in die Stadt gepumpt werden. Trotzdem haben fünf Millionen Bewohner keinen Zugang zu Wasserleitungen und müssen aus Tankwagen versorgt werden. Für sechs Millionen Menschen gibt es keine Abwasserkanalisation.

Zu dieser Überlastung von Mexiko-Stadt hinzu kommt die äußerst ungünstige geographische Lage. In 2250 Meter Höhe leidet die Stadt buchstäblich unter Sauerstoffmangel, zudem liegt sie in einer der aktivsten Erdbebenzonen der Welt.

6

Auf der Suche nach verwertbaren Gegenständen

1 Erkläre den Begriff Metropolisierung.

2 Erläutere die Probleme, die sich aus dem rasanten Wachstum der Metropolen der Dritten Welt für die Städte und den ländlichen Raum ergeben.

3 a) Berechne das prozentuale Bevölkerungswachstum von Mexiko-Stadt pro Jahrzehnt.
b) Stelle dein Ergebnis als Säulendiagramm dar.

Stadtentwicklung

1325: Die Azteken gründen Tenochtitlán auf einer Insel am See Texcoco.

1521: Die Spanier unter Cortez zerstören Tenochtitlán und erbauen darauf die Hauptstadt ihres Kolonialreiches.

1821: Unabhängigkeitserklärung Mexikos.

1824: Proklamation der Republik: Mexiko-Stadt wird Hauptstadt.

1910: Mexiko-Stadt hat ca. 560 000 Einwohner. Es ist eine „ruhige" Hauptstadt, umgeben von kleinen Indiodörfern.

1910–1929: Bürgerkrieg. Vor der Gewalt auf dem Land fliehen viele Bauern in die Hauptstadt.

1940: Beginn des explosionsartigen Wachstums. Auslöser waren:
- Aufschwung des örtlichen Gewerbes,
- Start eines ehrgeizigen Industrialisierungsprogramms,
- Verschlechterung der Zustände auf dem Land.

Ein Ausweg aus der Umweltkrise?
Schon 1988 verkündete die mexikanische Regierung das „Integrierte Programm gegen die Umweltverschmutzung im Großraum Mexiko-Stadt". Damit wollte man

- umweltfreundlichere Brennstoffe herstellen und einsetzen,
- den Individualverkehr reduzieren und gleichzeitig die öffentlichen Transportsysteme verbessern,
- die öffentlichen und privaten Fahrzeuge modernisieren und überwachen,
- die Industriebetriebe modernisieren, um deren Energieverbrauch und Schadstoffausstoß zu verringern,
- mehr Grünflächen anlegen sowie
- die Umwelterziehung und -forschung fördern.

Um diese Maßnahmen durchzusetzen, wurde zum Beispiel die Aktion „Ein Tag ohne Auto" pro Woche für alle Bewohner des Stadtgebiets gestartet. Es wurden das Luftmeßnetz ausgebaut, die Treibstoffqualität verbessert und ein Teil der Stadtbusse mit neuen Motoren ausgestattet. Ab 1991 wurden alle neuen PKW mit Katalysatoren ausgerüstet, alle vor 1984 zugelassenen Taxis durch umweltfreundlichere Modelle ersetzt und Betriebe, welche die Auflagen zur Schadstoffreduzierung nicht erfüllten, stillgelegt. Bis 1997 sollen weitere Maßnahmen umgesetzt werden.
Das „Programm zur Luftreinhaltung für den Großraum Mexiko-Stadt" ist die erste bedeutende Umweltaktion in Mexiko und das größte Projekt dieser Art auf der Welt. Es wird international mit großem Interesse beobachtet und gefördert. An den auf über 5 Mrd. US-Dollar geschätzten Kosten beteiligen sich neben Mexiko auch die Weltbank und zahlreiche Industrieländer, darunter auch die Bundesrepublik Deutschland mit 10 Mio. DM. Bisher wurden trotz vieler Schwierigkeiten beachtliche Ergebnisse erzielt. Ein dauerhafter Erfolg wird aber davon abhängen, ob die eingeleiteten Maßnahmen auch in Zukunft finanziert und wirkungsvoll kontrolliert werden können.

7

8

Zocalo in Mexiko-Stadt, nach dem Roten Platz in Moskau zweitgrößter Platz der Welt, mit Kathedrale (größte Kirche Lateinamerikas) und Regierungspalast, angelegt genau im Zentrum des aztekischen Tenochtitlán

Die Anlage von Mexiko-Stadt erfolgte wie bei allen spanischen Kolonialstädten nach dem aus der Antike übernommenen und vom König selbst vorgeschriebenen Schachbrettmuster. Mittelpunkt war ein zentraler Platz, der „Zocalo", an dem die wichtigsten öffentlichen Gebäude wie die Kathedrale und das Rathaus errichtet wurden. Daran anschließend lagen die prunkvollen Wohnhäuser der Oberschicht.
Heute hat sich die Oberschicht wegen des Verkehrslärms und der Umweltprobleme aus dem Stadtzentrum in Außenbezirke und hier in von vielem Grün durchsetzte Villenviertel zurückgezo-

Leben auf den Dächern

9

gen. In die freigewordenen Häuser strömen Zuwanderer. Hier hausen sie zusammengepfercht unter unbeschreiblichen hygienischen Bedingungen. Die Häuser sind in viele, oft nur zimmergroße und nicht selten fensterlose Wohnungen aufgeteilt, die häufig auch bettenweise vermietet werden. So verwandeln sich die ehemals noblen Wohnviertel in heruntergekommene **Slums.**
An den Randzonen der Stadt schießen illegale Hüttenviertel als Auffangquartiere für die neu Zugewanderten aus dem Boden. Zunächst wird eine behelfsmäßige Hütte aus Wellblech, Plastikfolien oder Brettern geschaffen. Anfangs mangelt es an jeglicher Infrastruktur. Im Laufe der Zeit wird die brüchige Bausubstanz verbessert, und manche Viertel reifen zu festen Stadtteilen mit geteerten Straßen, Schulen und Geschäften heran. So legt sich um die Stadt ein Ring von über 150 **Marginalsiedlungen,** in denen rund zehn Millionen Menschen leben.
Das Arbeitsplatzangebot kann mit dem Zuzug der vielen Menschen nicht Schritt halten. Eine hohe Arbeitslosigkeit ist die Folge. Einige Millionen Menschen sind zur Selbsthilfe gezwungen. Sie arbeiten im informellen Sektor als Straßenhändler oder Kofferträger; andere produzieren Waren aus einfachen Rohstoffen oder Abfällen von Müllhalden. Die große Armut in den Elendsvierteln wirft immer wieder die Frage auf: Warum zieht es Millionen von Menschen vom Land in die Städte? Für diese **Landflucht** gibt es nur eine Antwort: Es sind die unzureichenden Lebensbedingungen im ländlichen Raum, die Push-Faktoren, sowie die von der städtischen Glitzerwelt gespeisten Hoffnungen auf besseres Leben, die Pull-Faktoren.

4 Wie versucht man, die Umweltprobleme von Mexiko-Stadt zu verringern (Text 7)?

5 Wie unterscheiden sich innerstädtische Slums und randstädtische Hüttenviertel? Denke an Entstehung, Bauweise, Bewohner.

6 „Will man den Städten helfen, so muß man zuerst auf dem Land helfen."
Erläutere diese Aussage (Graphik 10).

Marginalsiedlung: Schnell wachsende Hüttenviertel an den Rändern der Städte: Villas Perdidas (Mexiko), Favelas (Brasilien), Barriadas (Peru), Ranchos (Venezuela).

Informeller Sektor: Tätigkeiten ohne behördliche Genehmigung, mit geringem Kapitaleinsatz und ohne Berufsausbildung möglich.

11 

Leben am Stadtrand

Push-Faktoren (abstoßende Kräfte)		**VERSTÄDTERUNG**		**Pull-Faktoren** (anziehende Kräfte)
– Bevölkerungsdruck durch hohe Geburtenraten – ungerechte Eigentums- und Besitzstrukturen – geringes Einkommen als Kleinbauer, Pächter oder Landarbeiter – Arbeitslosigkeit – unzureichende Ernährung – mangelnde Dienstleistungen – fehlende außerlandwirtschaftliche Arbeitsplätze	LANDFLUCHT		ZUWANDERUNG	+ Hoffnung auf Arbeitsplätze + bessere Verdienstmöglichkeiten + medizinische und soziale Versorgung + Bildungs- und Aufstiegschancen + Teilnahme am Konsum + Wohnkomfort + Attraktionen des städtischen Lebens

Das andere Mexiko

Neben den wirtschaftlich aufstrebenden Großstädten gibt es noch ein „anderes Mexiko", das Land der Campesinos, der Kleinbauern, Landarbeiter und Tagelöhner. Ob im Hochland, in Yucatán oder Chiapas: überall lebt die Masse der ländlichen Indianer- und Mestizen-Bevölkerung unter sehr schwierigen Bedingungen.

Doch warum sind die Lebensbedingungen so schlecht? Hat nicht Mexiko schon 1917, also lange vor anderen lateinamerikanischen Ländern, mit einer Agrarreform begonnen? Wurden seither nicht viele Großgrundbesitzer enteignet, ihre Haziendas aufgeteilt und Millionen Hektar Land an arme Campesinos gegeben? Hat nicht die Regierung, anknüpfend an traditionelle Formen indianischen Gemeinschaftslebens, das Ejido geschaffen, bei dem die Indiodörfer eine größere Fläche als gemeinsamen Besitz erhielten, der einzelne aber das Land individuell nutzen und vererben konnte? Bemüht sich der Staat nicht auch gegenwärtig, die Landwirtschaft zu modernisieren und den Lebensstandard auf dem Lande zu verbessern?

Alle diese Maßnahmen hatten nur teilweise Erfolg. Heute wird rund ein Drittel des kollektiven Ejido-Besitzes, obwohl unverkäuflich, nicht mehr von den ursprünglich Nutzungsberechtigten bewirtschaftet. Immer mehr „Ejideros" müssen von immer kleineren Parzellen leben. Die Zahl der landlosen Tagelöhner steigt. Daneben gibt es immer mehr Kleinstbetriebe in Privatbesitz, deren Erträge so gering sind, daß das Überleben der vielköpfigen Familien nur durch zusätzliche Wanderarbeit zu sichern ist. Zugleich nehmen Großgrundbetriebe mit über 200 ha, obwohl verfassungswidrig, wieder ein Viertel der landwirtschaftlichen Fläche Mexikos ein. Hilfsmaßnahmen der Regierung kommen überwiegend den großen Betrieben zugute. Der Gegensatz zwischen kaum zur Selbstversorgung genügenden Kleinbetrieben und modernen, marktorientier-

2

1

3

1
Im Tiefland von Yucatán

2
Im Hochland von Mexiko

3
In einer Kleinstadt

José Ortega stammt aus dem Dorf Tila bei Tuxtla Gutiérrez. Seine Eltern sind Kleinbauern. Da die geringen Erträge jedoch nie ausreichten, um die Familie zu ernähren, mußte er neben der Feldarbeit im nahen Städtchen als Schuhputzer zusätzlich Geld verdienen. Dort auf dem Hauptplatz war ein Radiolautsprecher angebracht, der oft von dem Wohlstand der Hauptstadt Mexiko-Stadt berichtete. Aber das Interessanteste war die Werbung. José erlag ihren Verlockungen. Er wollte viel Geld verdienen und verließ mit 18 Jahren das Elternhaus Richtung Mexiko-Stadt. Er war überwältigt von dieser Stadt, dem reichen Angebot an Waren und dem nächtlichen Lichtermeer. Doch José mußte seine Nächte wie viele andere auf dem Gehsteig verbringen. Bald fand er ein Zimmer in einem Elendsquartier in der Nähe der Altstadt. 13 Personen hausten in diesem Raum. Dennoch war José froh, er wohnte im Zentrum und verdiente als Zigarettenverkäufer mehr als in Tila. Er war 23 Jahre alt, als er Maria kennenlernte, die als Hausangestellte arbeitete. Als sie ihr erstes Kind zur Welt brachte, wurde sie entlassen. In dieser Situation beteiligte sich José an einer nächtlichen Aktion, bei der unbebautes Privatland am Rande der Stadt besetzt wurde. José und Maria errichteten sich hier eine notdürftige Unterkunft. Ihre Hütte verfügte außer einer illegal angezapften Lichtleitung über keinerlei Versorgungseinrichtungen. Erst mit 32 Jahren fand José eine feste Anstellung als Taxifahrer. Dennoch reicht das Einkommen nicht aus, um die inzwischen sechsköpfige Familie zu versorgen. Deshalb müssen auch die Kinder Geld verdienen. Sie jonglieren als Clowns zwischen den an der Ampel stehenden Autos. „Doch uns geht es hier besser als auf dem Land. Dort haben sie nicht einmal Strom“, sagt José. „Und bald wird unser Haus aus Stein gemauert sein – mit einer Fernsehantenne auf dem Dach.“

ten Großbetrieben wird noch größer. So bleibt vielen Campesions keine andere Wahl als die Landflucht. Sie gehen in die Städte, am liebsten, wie José Ortega, gleich in die Hauptstadt. Sie suchen Arbeit in den Touristenzentren der Pazifik- oder Karibikküste. Sie ziehen nach Norden in die von US-Firmen im Grenzland errichteten Industriebetriebe oder als illegale Einwanderer in die USA.

1 Die Fotos (1) bis (3) sagen viel über die Lebensbedingungen auf dem Lande aus. Beschreibe sie.

2 Ergänze deine Angaben durch Informationen aus dem Sachtext.

3 Welche weiteren Gründe für die Landflucht nennt der Quellentext (4)?

4 Stelle die Stationen der Wanderung in einer Tabelle dar.

5 Werte die Diagramme (5) und (6) aus.

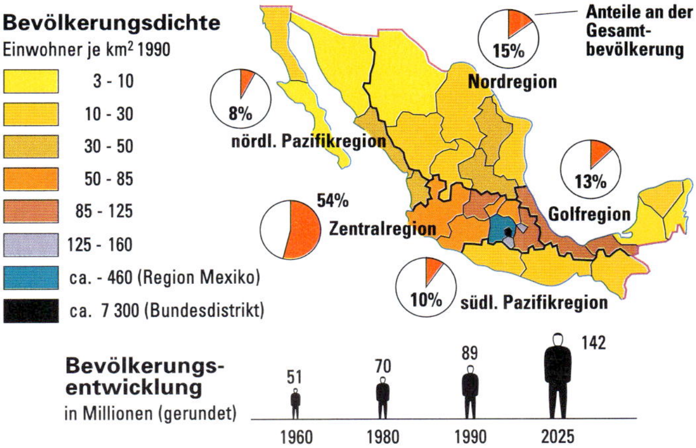

5

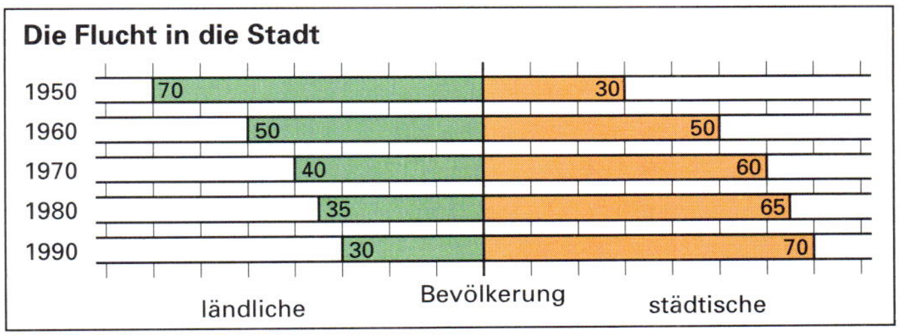

6

1
Illegale Einwanderer an der mexikanisch-amerikanischen Grenze

An der Grenze zu Angloamerika

Jeden Abend, wenn es dunkel wird im Grenzgebiet zwischen den USA und Mexiko, beginnt die heimliche Wanderung in Richtung Norden. Jede Nacht sind es Tausende, jedes Jahr Millionen Mexikaner, die versuchen, illegal über die Grenze zu gelangen. Allein 80 000 pro Monat werden mit riesigen Scheinwerfern erfaßt und noch in der gleichen Nacht zurückgeschickt. „Viele schnappe ich sogar mehrmals in einer Nacht", sagt Gene Wilson von der US-Grenzpolizei. „Die, die kommen, sind verzweifelt. Sie wissen nicht, wie sie ihre Familien ernähren sollen und geben dafür alles auf."

2

Rund 60 000 Mexikaner dürfen jährlich in die USA einwandern. Aber das Streben nach Verdienst und besseren Lebensmöglichkeiten veranlaßt unzählige andere, die Grenze illegal zu überschreiten. Schon leben über 22 Millionen **„Hispanics"**, Zuwanderer aus dem spanischsprachigen Lateinamerika, in den USA. Die Hälfte davon kommt aus Mexiko.

Um den Strom der Zuwanderer einzudämmen, begann man bereits in den 60er Jahren, an der Grenze zu den USA Industrien anzusiedeln. Ein 20 Kilometer breiter Streifen wurde zur steuer- und zollfreien Zone erklärt. In ihr investierten vor allem US-amerikanische Firmen, um die billige mexikanische Arbeitskraft zu nutzen. „Maquiladoras" nennt man die dadurch entstandenen Fabriken. In ihnen werden keine fertigen Waren hergestellt, sondern nur Teile, bei denen viel Handarbeit notwendig ist. Die Vorprodukte werden aus den USA importiert, in Mexiko „veredelt" und als fertige Teile wieder in die USA exportiert.
Ein typischer Betrieb ist Electronicos in Matamoros, der zum Automobilkonzern General Motors gehört. In ihm werden Drehknöpfe für Autoradios hergestellt. Hier werden vor allem junge Frauen beschäftigt. Es gibt in Mexiko etwa 2000 Maquiladora-Betriebe mit insgesamt über 500 000 Beschäftigten.
Heute entstehen immer mehr Maquiladora-Fabriken in größerer Entfernung von der Grenze. Das ist darauf zurückzuführen, daß die USA und Mexiko ihre Handelsbeziehungen ausgebaut haben. Gemeinsam mit Kanada schlossen sie sich zur **NAFTA** zusammen, zur „North American Free Trade Area". Nach dem Vorbild der EU sind in ihr die Zollgrenzen aufgehoben worden, so daß Waren, Dienstleistungen und Kapital frei passieren können. Ein allgemeines Niederlassungsrecht für Arbeitnehmer wie in der EU gibt es jedoch nicht.
Durch die NAFTA hofft Mexiko, an die dynamische Wirtschaftsentwicklung in den USA Anschluß zu finden. Und die USA hoffen darauf, daß der Strom der illegalen Grenzgänger von selbst versiegt. Man hat beiderseits der Grenze begriffen, daß zu große Wohlstandsunterschiede zu massenhaften Wanderungen und möglicherweise sogar zu großen sozialen Spannungen führen. Entwicklung ist das beste Gegenmittel.

1 Kaliforniens Wirtschaft beschäftigt Millionen illegale Hispanics.
a) Welche Vorteile hat die Bevölkerung der USA davon?
b) Welche Folgen kann es haben, wenn die Not und Unerfahrenheit der Zuwanderer immer wieder ausgenutzt werden?

2 Die Bevölkerung von Mexiko ist von 1970 bis 1990 um etwa 75 % auf 85 Millionen gewachsen. Vergleiche dieses Wachstum mit der Entwicklung in den Grenzstädten (4).

3 Nenne Beispiele für arbeitsintensive Teilefertigung (Diagramm 3).

4 Begründe die Eigentumsverhältnisse in der Maquiladora-Industrie (Diagramm 6).

5 Arbeite mit der Karte (5) und dem Atlas.
a) Beschreibe die Verteilung der Maquiladora-Industrie in Mexiko.
b) Wo liegen die drei wichtigsten Industriezentren in Mexiko?

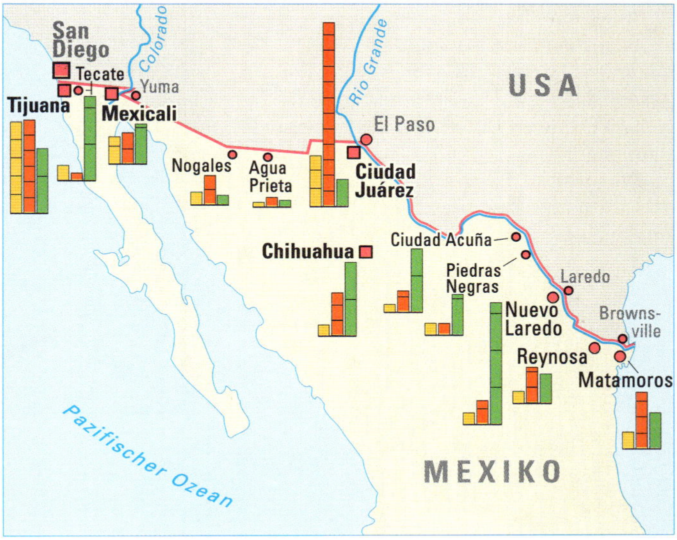

5

Maquiladora-Industrien

Zahl der Betriebe
Länge der Säule hier = 100

Zahl der Beschäftigten
Länge der Säule hier = 10 000

Zunahme der Beschäftigten 1984 - 1990 in %
Länge der Säule hier = 100 %

Anteile unterschiedlicher Industriezweige an der Maquiladora-Industrie von Matamoros (1994)

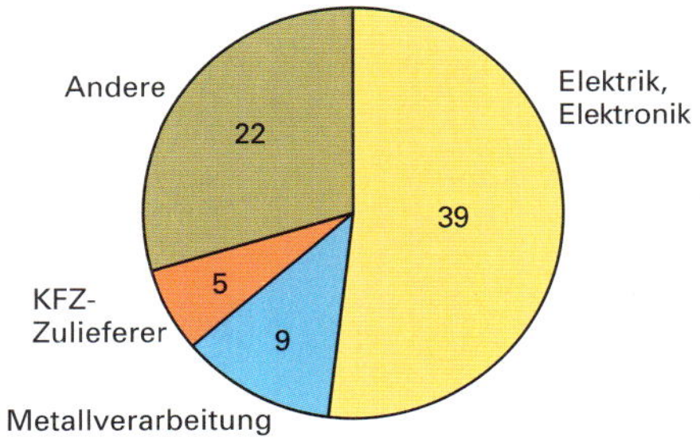

3

Eigentumsverhältnisse an der Maquiladora-Industrie von Matamoros (1994)

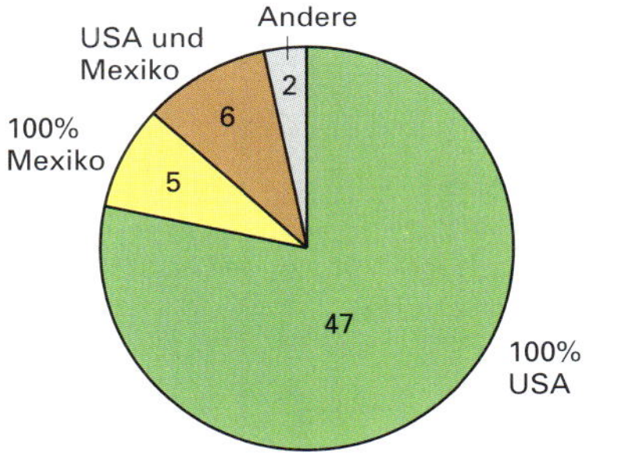

6

Bevölkerungsentwicklung in mexikanischen Grenzstädten

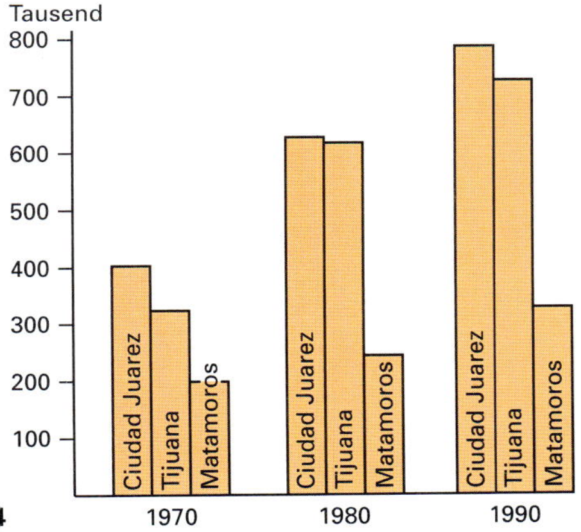

4

15jährige Arbeiterin der Maquiladora-Industrie von Matamoros

7

1 Arbeite mit der Karte (2) und dem Atlas.

a) Lege eine Tabelle an und notiere für Mittel- und Südamerika die mit Buchstaben (A) gekennzeichneten Staaten und dazu die jeweilige mit einer Ziffer (1) gekennzeichnete Hauptstadt.

b) Die großen Flüsse Südamerikas münden alle in den Atlantischen Ozean. Welche sind es? *a* =

1

2

c) Zwei Bergländer und drei Gebirge zeigt die Karte. Um welche handelt es sich? 1 =

d) Wie heißen die großen und kleinen Meere, die Mittel- und Südamerika umgeben? *A* =

2 In der Karibik gibt es viele kleine Inseln.

a) Zu welchen Inselgruppen gehören sie?

b) Welche ehemaligen Kolonialmächte sind dort heute noch vertreten?

3 Das Profil (3) zeigt einen Querschnitt durch Südamerika. Zeichne es in dein Heft und beschrifte die Teile 1–5.

4 Rätsel, die jeder lösen kann:
- höchstgelegene Hauptstadt Südamerikas
- wasserreichster Fluß der Erde
- Staat, der über 4000 km lang, aber nicht mehr als 200 km breit ist
- kleiner Staat zwischen Pazifik und Atlantik, der durch einen Kanal zerschnitten wird
- drei alte Hochkulturen in Süd- und Mittelamerika, die durch die Spanier vernichtet wurden

5 Die Fotos (1 und 5) zeigen Menschen in Südamerika. Wo könnten sie aufgenommen worden sein?

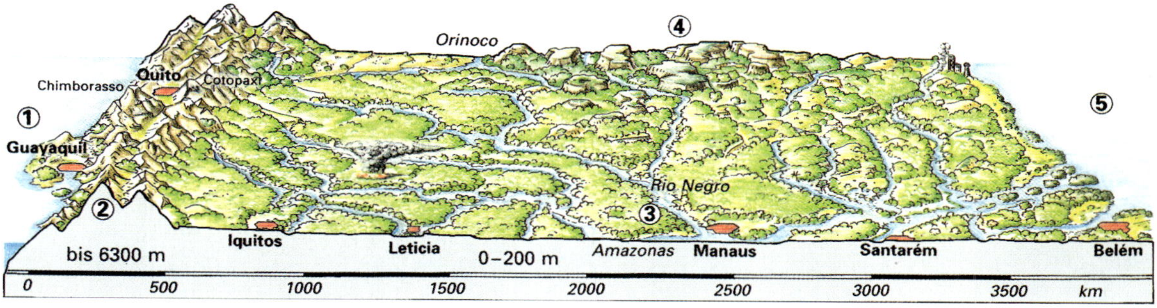

3

Mercosur – ein Weg in die Zukunft
Argentinien, Brasilien, Uruguay und Paraguay bilden den Gemeinsamen Markt in Südamerika. In der Region leben 195 Millionen Menschen, die jährlich 641 Milliarden Dollar erwirtschaften. Zum 1. Januar 1995 fallen fast alle Handelsschranken zwischen den Mitgliedsländern. Der Zollsatz gegenüber Drittstaaten soll schrittweise auf durchschnittlich 14 Prozent vereinheitlicht werden, die Gruppe wird dann eine Zollunion. Mit den Nachbarstaaten Chile und Bolivien wird über einen Beitritt verhandelt.

4

Wohlstand oder soziale Gerechtigkeit?

	Mexiko	Brasilien	Peru	Kuba	Deutschland
Einwohner je Arzt	1200	1050	960	326	322
Einwohner je Krankenbett	1282	281	592	141	125
Säuglingssterblichkeit, je 1000	24	57	52	11	7
Pkw je 1000 Einwohner	82	83	18	20	406
Fernseher je 1000 Einwohner	148	207	98	163	389

6

6 Werte die Tabelle (6) mit verschiedenen Entwicklungsmerkmalen aus.
a) Welche kennzeichnen eher Wohlstand, welche eher soziale Gerechtigkeit?
b) Prüfe, ob die fünf Länder bei jedem Entwicklungsmerkmal den gleichen Rang haben.
c) Womit könnte man Abweichungen erklären?

7 a) Mercosur – ein Weg in die Zukunft (4)?
b) Welche vergleichbaren Wirtschaftszusammenschlüsse kennst du?

Grundbegriffe
Agrarreform
Entwicklungsland
Favela
Hazienda
Indianer
Latifundium
Metropole
Minifundium
NAFTA
Schwellenland
Slum
Terms of Trade

5

Angloamerika

2 

Kanada
Fläche: 9 976 139 km^2
Bevölkerung: 27 Mio.

Die Nationalflagge ist das „Maple Leaf", das Ahornblatt. Motto in Kanadas Wappen: A MARI USQUE AD MARE (vom Meer zum Meer).

Angloamerika – das sind die Staaten Kanada und USA. Für die einen ist es der Erdteil der „unbegrenzten Möglichkeiten", andere beklagen dagegen die zunehmende Amerikanisierung des europäischen Lebensstils. Wir glauben, den American Way Of Life, die Lebensgewohnheiten der Menschen, ihre Ideale und Überzeugungen zu kennen: Menschen die locker miteinander umgehen oder sich durch harte Arbeit aus dem Nichts hocharbeiten. Mit solchen Pauschalurteilen werden wir diesem Kulturraum jedoch nicht gerecht.
Angloamerika, das sind Vielfalt der Völker und Kulturen aber auch die Kluft zwischen Farbigen und Weißen oder Anglokanadiern und Frankokanadiern. Alle Einwohner, mit Ausnahme der Indianer, sind entweder Nachfahren von Einwanderern oder selbst eingewandert. Nirgendwo auf der Erde scheinen Freiheit und Gleichheit so verwirklicht, wie in Angloamerika. Voller Stolz leiten Amerikaner und Kanadier daraus die Vorbildwirkung ihres Systems ab. Nicht der Staat, sondern die Bürger selbst sind für ihren Wohlstand verantwortlich. Die Natur hat Angloamerika mit ihren Schätzen reich bedacht: Bodenschätze, fruchtbare Böden, große Ströme und riesige Seen aber auch imposante Naturräume, die jeden Besucher aus der Alten Welt nachhaltig beeindrucken.

Vereinigte Staaten von Amerika
Fläche: 9 372 614 km^2
Bevölkerung: 255 Mio.

Sieben rote und sechs weiße Streifen symbolisieren die dreizehn Gründungsstaaten der Union. Fünfzig weiße Sterne stehen für die heutigen fünfzig Staaten. Motto im Wappen der USA: EX PLURIBUS UNUM (aus vielen eines).

3 

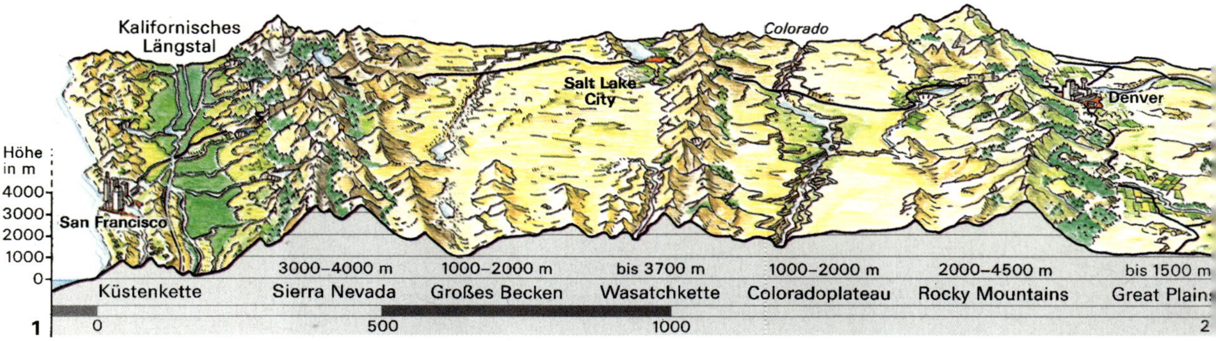

1 Ost-West-Profil der USA

Vom Atlantik zum Pazifik

Für die ersten Pioniere war das Land grenzenlos weit und schwer bezwingbar. Gebirgsbarrieren, undurchdringliche Wälder und Sümpfe, aber auch endlose Prärien, Hitze und Kälte machten die Erschließlung des Kontinents nicht leicht. Es dauerte rund zweihundert Jahre, bis die europäischen Einwanderer den nordamerikanischen Kontinent erforscht hatten. Heute benötigt man von der Ost- zur Westküste mit dem Flugzeug fünf Stunden, mit dem Zug 45 Stunden und mit dem Bus eine Woche.

Naturräume der USA

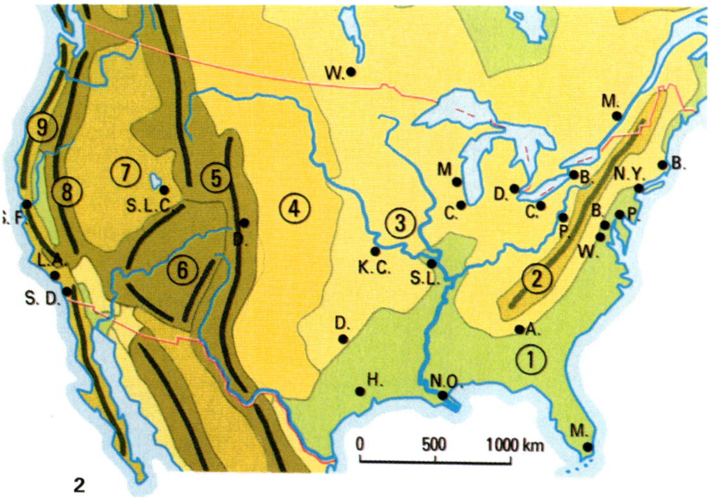

2

Ein Blick auf die Karte zeigt eine klare Gliederung des nordamerikanischen Kontinents in folgende Großlandschaften.

Die **Küstenebenen:**

Die Atlantische Küstenebene erstreckt sich über 3000 Kilometer von Kanada bis zur Südspitze Floridas. Sie bot den aus Europa kommenden Siedlern viele Vorteile, zum Beispiel die verkehrsgünstige Lage zu ihren Herkunftsländern, natürliche Buchten zur Anlage von geschützten Häfen, wasserreiche Flüsse und vor allem Platz zur Anlage erster Siedlungen. Hier entstanden die ersten Handelsplätze, die sich später zu Großstädten entwickelten. Von Boston bis Washington erstreckt sich heute der größte Verdichtungsraum Nordamerikas.

Im Süden breitet sich die Golfküstenebene aus. Große Teile wurden durch die Ablagerungen des Mississippis gebildet, der hier in den Golf von Mexiko mündet. Bereits 1901 fand man an dieser Küste Erdöl. Heute werden hier 60% des Erdöls und 75% des Erdgases der USA gefördert. Der größte Teil wird an Ort und Stelle in Raffinerien und Chemiewerken verarbeitet. Ein wichtiges Industriezentrum wurde Houston, wo sich eine hochentwickelte Raumfahrtindustrie angesiedelt hat.

Das waldreiche Mittelgebirge der **Appalachen** schließt sich an die Atlantische Küstenebene an. Es reicht von Neufundland bis nach Alabama. Die reichen Steinkohlenlagerstätten in dieser Region

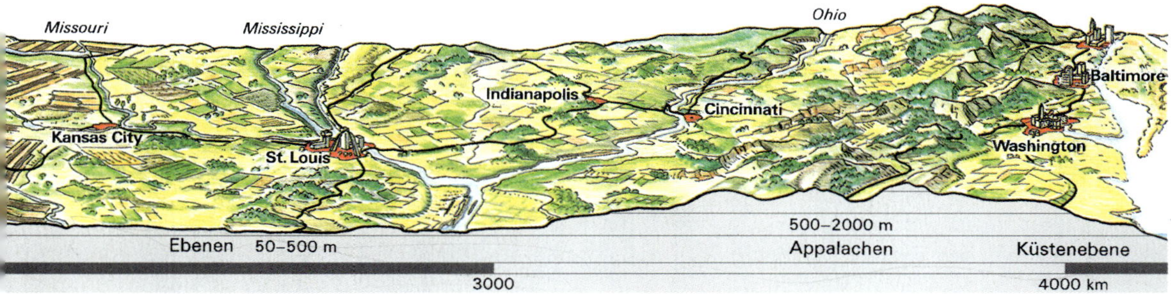

bildeten eine wichtige Grundlage der frühen Industrialisierung des amerikanischen Ostens. Heute kommt dieser Großlandschaft als Erholungsgebiet für viele Millionen Amerikaner besondere Bedeutung zu.

Den größten Teil der USA nehmen die **Inneren Ebenen** – das Zentrale Tiefland, die Prärien und die Great Plains – ein. Im Norden schufen Gletscher riesige Mulden, das heutige Gebiet der Großen Seen. Nach Süden zu schließt sich das gewaltige Becken von Mississippi und Missouri an. Die beiden Flüsse bilden zuammen mit ihren Nebenflüssen das längste Stromsystem der Welt. Im niederschlagsarmen, flachwelligen westlichen Teil der Inneren Ebenen sind die Ackerbau- und Viehzuchtgebiete der **Prärien** und **Great Plains.**

Die **Rocky Mountains** und das Pazifische Küstengebirge gehören zu dem von Alaska bis Feuerland reichenden Gebirgssystem der Kordilleren. Es besteht aus einer Reihe von Gebirgen mit unterschiedlichen Namen, z.B. Bitterrootkette, Wasatchkette. Dazwischen befinden sich trockene, vegetationsarme Hochebenen, die wegen ihres geringen landwirtschaftlichen Wertes besonders menschenleer blieben. In dieser Großlandschaft befinden sich einige weltbekannte Nationalparks, die jährlich viele Millionen Touristen anlocken.

1 Ordne den Ziffern in der Karte (2) die Namen der Naturräume zu.

2 Erstelle mit Hilfe des Textes eine Tabelle:

Großlandschaft	Bedeutung

Wie man ein Profil zeichnet

Zeichne ein Ost-West-Profil der USA von Washington nach San Francisco (siehe Abbildung 1).

Beachte dabei folgende Schritte:

a) Nimm ein kariertes DIN-A4-Blatt quer, und falte es so:

Faltkante

b) Schlage die physische Karte der USA im Atlas auf. Lege die Faltkante auf die Linie Washington – San Francisco. Markiere die Endpunkte, verbinde diese und lege eine Längenskala an. Verwende dazu die Maßstabsleiste im Atlas.

c) Markiere die Schnittpunkte der einzelnen Höhenschichten mit deiner Faltkante (Grundlinie).

d) Falte nun dein Papier auf. Um die Höhen einzutragen, benötigst du eine senkrechte Skala. Damit die Höhen auch sichtbar werden, muß ein größerer Maßstab gewählt werden (siehe Beispiel in der Randspalte).

e) Markiere für jeden Punkt die Höhenlage.

f) Verbinde die Höhenpunkte zu einer Profillinie.

g) Beschrifte das Profil mit Hilfe der Atlaskarte.

Jetzt hast du ein einfaches Ost-West-Profil der USA gezeichnet. Vergleiche es mit Abbildung (1).

3

Zwei Maßstäbe im Profil (ein Beispiel):

Längenmaßstab
1 : 15 000 000
1 cm = 150 000 m = 150 km

Höhenmaßstab
1 : 100 000
1 cm = 1000 m = 1 km

Überhöhung
$1\text{ cm} = \frac{150\,000\text{ m}}{1000\text{ m}}$
Profil 150fach überhöht

Die Entwicklung Angloamerikas

Von den Indianern besiedelt

Die eigentlichen Entdecker Nordamerikas nannten sich selbst „Menschenwesen“, nicht Rothaut oder Indianer. Die Ureinwohner Nordamerikas lebten als Jagdnomaden in den Prärien und Wäldern im Osten und Mittleren Westen, als Fischer an den Flüssen und den Küsten im Nordwesten oder als Ackerbauern und Viehzüchter wie die Navaho und Hopi im Südwesten. So unterschiedlich ihre Lebensweisen waren, so vielgestaltig waren ihre Sprachen, ihre Religionen und andere kulturellen Eigenarten. Allerdings entwickelten die Indianer Nordamerikas keine Hochkulturen. So kannten sie keine Schrift, nur die mündliche Überlieferung war für sie wichtig.
Bevor die Weißen kamen, lebten etwa eine Million Indianer in Nordamerika. Sie gehörten etwa 500 verschiedenen Völkern an. Die ersten Begegnungen mit Europäern verliefen friedlich. Die Indianer beschenkten die Neuankömmlinge mit Mais und Tabak sowie mit Truthähnen und Feldfrüchten. In Erinnerung daran feiern heute noch alle US-Amerikaner jedes Jahr Ende November den „Thanksgiving Day“, ein Erntedankfest mit Produkten der indianischen Landwirtschaft jener Zeit.

2 **„Der Sonnentanz** vereint das Volk mit dem Göttlichen. Während des Tanzes nehmen die jungen Männer große körperliche Schmerzen auf sich, denn ihr Körper ist das einzige, was wirklich ihnen gehört, was sie als Opfer geben können.“ (Lame Deer, 1903–1960, war Medizinmann der Sioux/Dakota)

1

Von Europäern erobert

Seit Beginn des 17. Jahrhunderts kamen immer mehr europäische Eroberer an die Küsten Nordamerikas. Sie gründeten Städte und Kolonien. Spanier siedelten in Florida, Texas und Kalifornien. Franzosen gründen am Mississippi die Kolonie Louisiana mit New Orleans und ließen sich am Sankt-Lorenz-Strom nieder. Engländer gründeten entlang der Ostküste insgesamt 13 Kolonien.
Zwischen Engländern und Franzosen kam es zu Auseinandersetzungen um die eroberten Gebiete. Im Ergebnis des „French and Indian War“ (1754–1763) mußten die Franzosen fast alle Besitzungen an England abtreten. In einer Proklamation verbot der englische König 1763 die Besiedlung der Gebiete westlich der Appalachen. In dieser Zeit nahmen die Bestrebungen der Kolonisten nach Unabhängigkeit vom Mutterland England zu. 1776 riefen die 13 Ko-

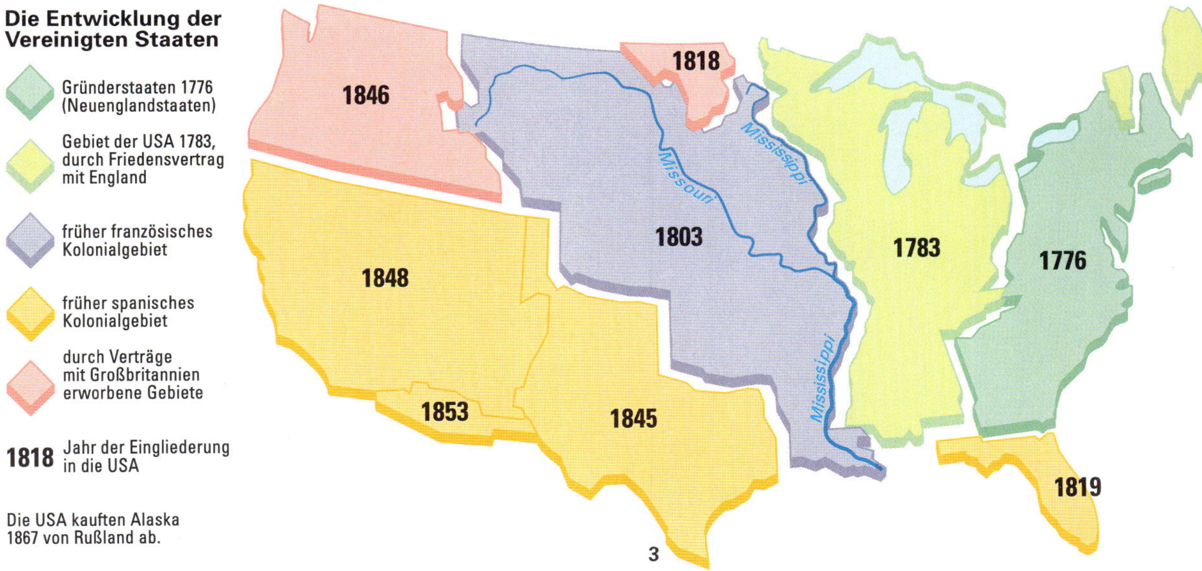

3

lonien die Vereinigten Staaten von Amerika aus.
Im 19. Jahrhundert begann der Zug nach Westen. Zuerst mit großen Planwagentrecks und ab 1869 mit der ersten transkontinentalen Eisenbahn. Unter dem Motto „Winning the West“ erkundeten als erste Jäger und Fallensteller, die Trapper, geeignete Siedlungsplätze. Ihnen folgten Farmer und Viehzüchter. Die Besiedlungsgrenze, die Frontier, verschob sich immer weiter nach Westen. Der nicht abreißende Einwandererstrom wurde durch Goldfunde in Kalifornien sogar noch verstärkt.
Durch unerbittliche Landnahme der Weißen wurden die Indianer in immer unwirtlichere Gebiete abgedrängt. Auf Dauer war ein friedliches Nebeneinander nicht möglich. Die Weißen schlossen 372 Verträge mit den Indianern, hielten aber keinen einzigen davon. Immer häufiger kam es zu blutigen Auseinandersetzungen in den Jahren 1840 bis 1891. Die Weißen versuchten, die Indianer auszurotten. Auch deshalb wurden die Büffel, die Lebensgrundlage der Indianer im Westen, zu Millionen abgeschlachtet.

Indianerreservate

„Ohne Land haben Indianer keine Seele, kein Leben, kein Dasein, keinen Sinn. Land ist Bestandteil unseres kulturellen und wirtschaftlichen Überlebens.“ Mit diesen Worten weist ein indianischer Sprecher auf das besondere Verhältnis zu ihrem Land hin. Die Nachkommen der Urbevölkerung sind heute vielfach in **Reservaten** angesiedelt. Dort herrscht zwar indianische Selbstverwaltung, aber sie bleiben wirtschaftlich und politisch abhängig. Häufig zählen sie zu den Empfängern von Sozialfürsorge, da ihre Erwerbsmöglichkeiten bisher sehr begrenzt sind.

4 Im Reservat der Navajos in Utah

Lebensräume der Indianer in den USA

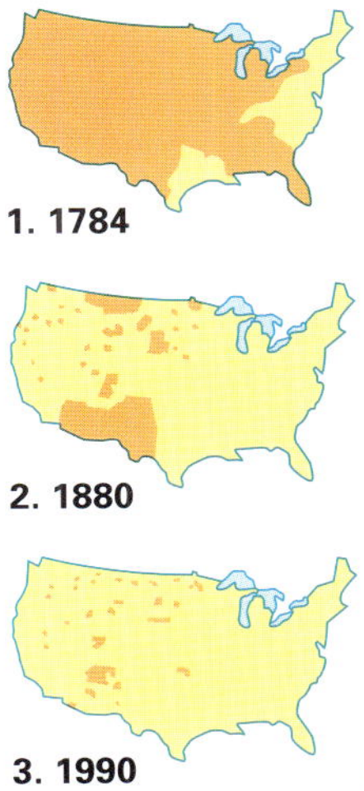

5

Indianerbevölkerung in den USA

um 1600	2 000 000
um 1860	44 000
um 1870	25 700
um 1880	66 400
um 1930	330 000
um 1960	500 000
um 1990	2 000 000

6

Einwanderung in die USA

7

Schwarze Amerikaner und Hispanics

Etwa 30 Millionen Menschen mit schwarzer Hautfarbe leben in den USA und bilden heute die größte Minderheitengruppe.

Bereits im Jahre 1619 kamen die ersten Schwarzen als Fronarbeiter in die damals britische Kolonie Virginia. Sie hatten sich vertraglich verpflichtet, die Überfahrt von Afrika mit einem Teil ihres Arbeitslohnes abzuzahlen. Erst um 1660 kam es zur Versklavung der schwarzen Afrikaner. Bis zum Verbot der Sklaverei im Jahre 1808 wurden etwa 900 000 Sklaven unter Zwang aus Afrika verschleppt. In den Südstaaten waren sie als Arbeitskräfte auf den Plantagen der Weißen begehrt.

Erst der Sieg der Nordstaaten im Sezessionskrieg 1865 brachte Freiheit für die Sklaven und ihre gesetzliche, politische und soziale Anerkennung. Bis heute fühlen sie sich den Nachkommen europäischer Einwanderer gegenüber nicht gleichberechtigt. Ein Drittel der Schwarzen lebt unterhalb der Armutsgrenze.

Die zweitgrößte Minderheit in den USA sind mit 23 Millionen die Hispano-Amerikaner. Unter ihnen stellen die „Chicanos“, Amerikaner mexikanisch-indianischer Herkunft, die größte Minderheitengruppe. Häufig illegal eingewandert, sind sie als billige Fremdarbeiter die neuen „Sklaven“ Amerikas.

8

Die Entwicklung Kanadas

Neu-Frankreich bis 1763

Hudson's Bay Company

Gebiete engl.-frz. Interessenkonflikte 1670 - 1763

Konföderation 1867

Grenze Kanadas seit 1905

0 500 1000 km

Multikulturelle Gesellschaft in Kanada

Als erstes Land der Welt verankerte Kanada im Jahr 1988 den Multikulturismus in einem Gesetz. Hiernach wird die kulturelle Vielfältigkeit im Land gefördert. Sitten und Gebräuche aller Bevölkerungsgruppen sollen erhalten bleiben.

Wichtige Ereignisse aus der angloamerikanischen Geschichte
Ca. 20000 Jahre v. Chr.: Über die Behringstraße wandern von Sibirien her asiatische Stämme nach Amerika ein.
Um 1000 n. Chr.: Der Wikinger Leif Eriksson landet in Neufundland. Siedlungsversuche werden bald wieder aufgegeben.
1492: Kolumbus sucht einen Seeweg nach Indien, findet aber unbekanntes Land.

Entwicklung der USA
1565: Spanier gründen St. Augustine in Florida.
1584: Der englische Seefahrer Sir Walter Raleigh gründet die Kolonie Virginia.
1620: Die „Mayflower" landet mit 102 englischen Siedlern, den sogenannten „Pilgrim Fathers", in Massachusetts.
4. Juli 1776: 13 englische Kolonien an der Ostküste Nordamerikas erklären ihre Unabhängigkeit und schließen sich zu den Vereinigten Staaten von Amerika (USA) zusammen.
Ab 1787: Ausweitung des Staatsgebietes durch Landkauf (von Frankreich, Spanien und Rußland) und Landeroberungen (von Indianern und Mexikanern).
1848: Durch Goldfunde in Kalifornien wird der Zug nach Westen verstärkt.
1860–1865: Krieg zwischen den Nord- und den Südstaaten der USA um die Abschaffung der Sklaverei.
1869: Die erste transkontinentale Eisenbahn wird fertiggestellt.
1959: Alaska und Hawaii werden 49. und 50. Bundesstaat der USA.

Entwicklung Kanadas
1497: John Cabot landet in Neufundland.
1608: Französische Siedler legen den Grundstein für die Stadt Quebec.
1610: Der Engländer Henry Hudson erforscht die Hudsonbai.
1642: Gründung Montreals; die Siedlungsbestrebungen der Franzosen konzentrieren sich entlang des Sankt-Lorenz-Stromes.
1670: Die Engländer gründen die Hudson Bay Company.
1670–1763: Mehrere Kriege zwischen Engländern und Franzosen.
1792: Konstitutionelle Gründung Kanadas; Teilung in Ober- und Unterkanada.
1812–14: US-Truppen dringen ein; endet mit der Niederlage der USA.
1846: Der 49. Breitengrad wird Staatsgrenze zwischen den USA und den Kolonien von Ontario bis zum Pazifik.
1867: Bundesstaat Kanada wird gegründet.
1931: Politische Unabhängigkeit von Großbritannien.
1949: Neufundland wird 10. Provinz.

Wie man einen Kurzvortrag vorbereitet:
- Stelle zunächst fest, wie die Themenstellung lautet. Welche Informationen in Form von Texten, Abbildungen und Statistiken stehen zur Verfügung?
- Arbeite die entsprechenden Materialien genau durch, und notiere die Hauptgedanken in Stichworten.
- Fertige eine Gliederung für den Vortrag an und ordne danach deine Aufzeichnungen. Achte dabei auch auf die zur Verfügung stehende Zeit.
- Überlege, wie du deine Ausführungen veranschaulichen kannst: Einbeziehung der Wandkarte, Tafel oder einer Folie.
- Vermeide Begriffe, die du nicht erklären kannst, und formuliere möglichst kurze Sätze.
- Versuche nun, mit Hilfe deiner Aufzeichnungen den Inhalt möglichst in freier Rede wiederzugeben. Übe deinen Vortrag zu Hause mit Kassettenrecorder.

1 Berichte in einem Kurzvortrag über eines der drei Themen:
a) das Leben der Indianer,
b) die Entwicklung der USA,
c) die Entwicklung von Kanada.

Schulklasse aus New Orleans
Vordere Reihe, von links nach rechts: Robert, Lucie, Lou, Susan
Hintere Reihe, von links nach rechts: Constance, Linda, Jennifer, Mrs. Jean Johnson, Chris, Kelly, Kathrin, Than Ha, Leslie

2

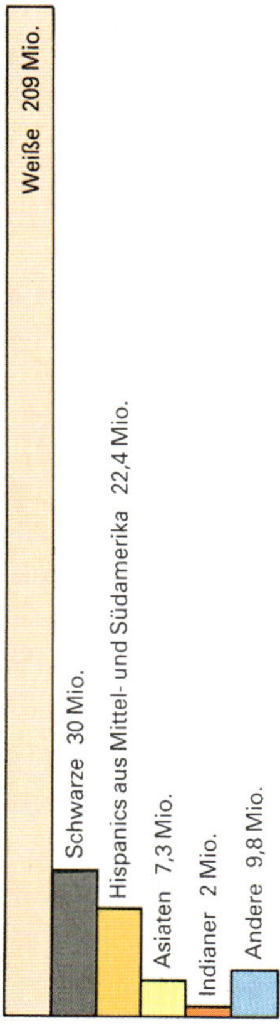

1
Bevölkerungsgruppen in den USA 1990

Schmelztiegel USA

Eine Schulklasse aus New Orleans: Die Vorfahren der Mädchen und Jungen stammen aus 12 verschiedenen Ländern. Sie sind zu unterschiedlichen Zeiten in die USA eingewandert: Constances Vorfahren sind vor über 200 Jahren mit den ersten Siedlerinnen und Siedlern gekommen; Kathrins Mitte des 19. Jahrhunderts, als in Irland große Hungersnöte herrschten. Lucies Urgroßeltern kamen vor 90 Jahren nach Amerika. Damals wanderten viele Menschen aus Italien aus. Leslies Großeltern flohen 1934 als Juden vor den Nationalsozialisten aus Deutschland. Erst 1973 sind Roberts Eltern aus Puerto Rico in die Vereinigten Staaten eingewandert.
Viele Menschen sehr unterschiedlicher Herkunft sollten zu einer neuen Nation verschmelzen. Man spricht deshalb auch von den USA als einem „Schmelztiegel“. Englisch als einzige Staatssprache und das Gedankengut der amerikanischen Verfassung haben die **Integration**, die Eingliederung in die amerikanische Gesellschaft, erleichtert, auch wenn viele Einwanderer an ihren kulturellen Traditionen festhielten. Doch ist die Integration oft ein langwieriger, dornenvoller Weg:
Nicht alle Menschen waren freiwillig in die USA gekommen. Susans Vorfahren sind einstmals aus Afrika hierher verschleppt worden. Als Sklaven mußten sie in den Südstaaten auf großen Plantagen im Baumwoll-, Tabak- oder Zuckerrohranbau arbeiten. Erst 1865 wurde die Sklaverei aufgehoben. Viele Schwarze zogen seitdem in die großen Städte. Nach langer Unterdrückung wollten sie den amerikanischen Traum von Freiheit, Wohlstand und Gleichberechtigung auch für sich verwirklicht sehen. Doch der Traum sollte nicht so schnell in Erfüllung gehen. Vorurteile bei der weißen Bevölkerung, aber auch mangelhafte Schul- und Berufsausbildung verhinderten lange Zeit sowohl Gleichberechtigung als auch Wohlstand. Wo zu viele Schwarze siedelten, zogen die Weißen weg, und aufgrund der geringen Einkünfte konzentrierten sich die Schwarzen in den älteren, billigen Wohnvierteln. So leben viele noch heute abgesondert in eigenen Stadtvierteln wie in einem **Ghetto**. Harlem und Bronx in

New York oder Watts in Los Angeles sind Beispiele dafür. Man bezeichnet eine solche räumliche Trennung von Bevölkerungsgruppen auch als **Segregation**.
Bei anderen Einwanderergruppen ist die Segregation ebenso zu beobachten. Sie spiegelt sich in Namen wie „Chinatown“ oder „Koreatown“ wider. Die Eingliederung der „Asians“ und „Hispanics“ ist heute genauso schwierig wie die der „African Americans“. Letztere haben bei ihrem politischen Kampf um die verfassungsmäßig garantierte Gleichberechtigung schon Fortschritte erzielen können. Die ersten Bürgermeister, Senatoren und Regierungsmitglieder mit schwarzer Hautfarbe gibt es schon. Wird der Traum des 1968 ermordeten schwarzen Bürgerrechtlers Martin Luther King trotz aller Schwierigkeiten doch noch Wirklichkeit?

3

Martin Luther Kings Traum (1963):
„Ich träumte davon, daß eines Tages die Söhne früherer Sklaven und die Söhne früherer Sklavenbesitzer imstande sein werden, sich gemeinsam am Tisch der Brüderlichkeit niederzusetzen. Ich habe einen Traum, daß meine vier kleinen Kinder eines Tages in einer Nation leben werden, in der sie nicht nach ihrer Hautfarbe, sondern nach ihrem Charakter beurteilt werden.“

1 Ordne mit Hilfe des Textes den Heimatländern, aus denen die Vorfahren der Schüler in Foto (2) kommen, Kontinente zu.

2 Arbeite mit dem Diagramm (4):
Aus welchen Staaten bzw. Kontinenten kamen die Einwanderer hauptsächlich
a) vor 1891,
b) zwischen 1891 und 1920,
c) von 1961 bis 1990?

3 Wie viele Einwanderer kamen 1881–1890 aus Deutschland, Großbritannien/Irland, Rußland/Polen, Italien, Amerika, übrige Welt?

4 Arbeite mit dem Atlas: Wo leben in den USA a) viele Schwarze, b) viele Asiaten, c) viele Hispanics?

5 Viele Völker und Rassen in einem Staat:
a) Von welchem Bürgerrecht träumte Martin Luther King (3)?
b) Erkundige dich, was man unter „Integration“ versteht.
c) Welche Beispiele für „Segregation“ nennt der Text? Kennst du noch weitere?

6 „Schmelztiegel USA“. Welche Erscheinungen in den USA rechtfertigen diese Bezeichnung, welche sprechen dagegen?

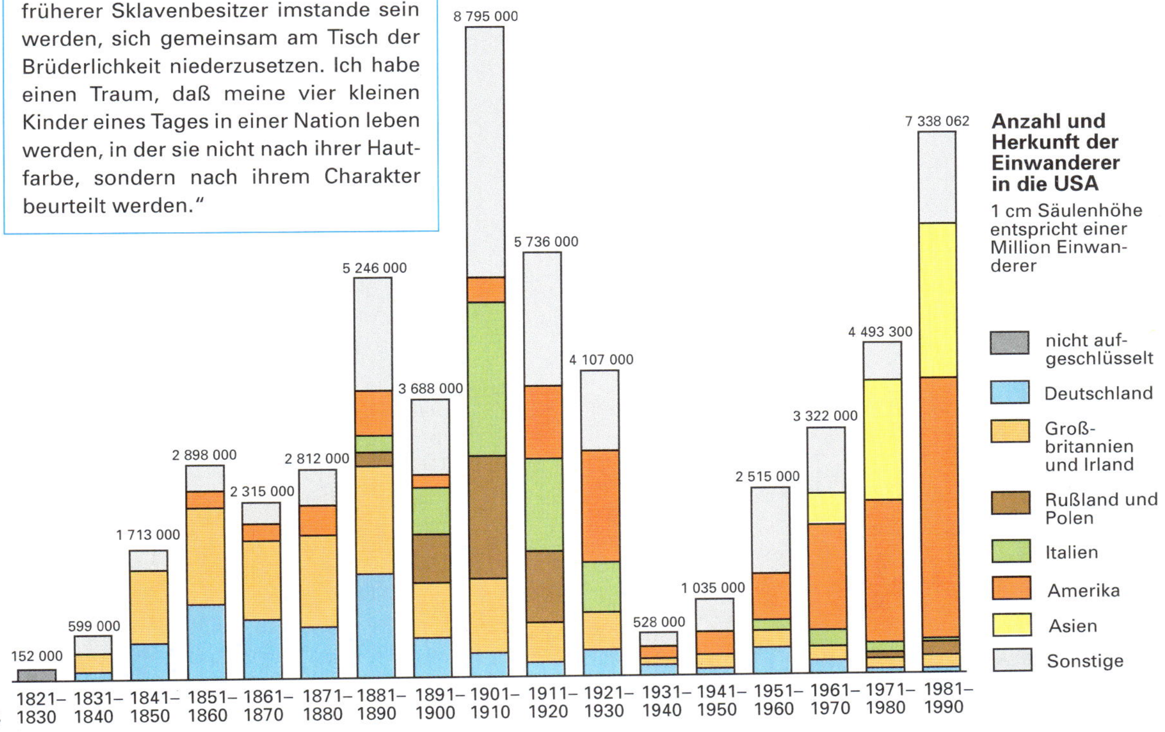

4

Metropole New York

1 New York als Reiseziel, das ist keine leichte Übung. Der Big Apple, wie die Metropole auch genannt wird, steckt voller Widersprüche: Großer Reichtum neben bitterer Armut, moderne Wolkenkratzer unweit halb verfallener Wohnblocks, sorgloses Lebensgefühl und Kriminalität. New York, die „häßliche Schönheit", ist eine Herausforderung.

3 **Manhattan New York City**

New York ist kleiner, als viele glauben. Die Stadt hat „nur" 7,5 Millionen Einwohner. Doch im gesamten Verdichtungsraum, mit dem New York längst zusammengewachsen ist, leben über 18 Millionen Menschen.

New York besteht aus fünf Stadtbezirken: Bronx, Queens, Brooklyn, Richmond und Manhattan in der Mitte. Manhattan ist der kleinste Bezirk, und doch ist er für die Geschäftsleute wie für die Touristen der wichtigste. Er ist das bedeutendste Finanz-, Handels- und Kulturzentrum der Welt. Deshalb wird New York auch als eine **Metropole** bezeichnet.

In New York gibt es viele Superlative. Am aufregendsten sind die Wolkenkratzer. Mit einem sicheren Stand auf dem Felsenuntergrund von Manhattan erreichen sie immer neue Rekordhöhen. Der erste Wolkenkratzer mit über 300 m Höhe war das Chrysler Building. Innerhalb eines Jahres wurde es vom Empire State Building überrundet, das 381 m hoch ist. Inzwischen überragen die beiden 412 m hohen Zwillingstürme des World Trade Center die Skyline der Stadt. Straßennamen wie Wallstreet, Broadway oder Fifth Avenue sind weltbekannt. So ist die Fifth Avenue als „Straße der Millionäre" berühmt.

New York hat auch eine dunklere Seite. Es sind vor allem die Wohngebiete der Minderheiten. Viele Einwanderer, die im Hafen ankamen, sind gleich in New York geblieben. Hinzu kamen viele Schwarze aus dem Süden der USA auf der Suche nach besseren Lebens- und Arbeitsmöglichkeiten. Und in jüngster Zeit wächst die Zahl der Hispanics unaufhörlich. Hunderttausende von ihnen leben weitgehend isoliert und nach Herkunftsländern getrennt. Namen wie Chinatown oder Little Italy weisen darauf hin.

World Trade Center
- 411,48 m hoch
- 2 x 110 Stockwerke
- Fertigstellung 1973
- Gesamtlänge der Fahrstuhlschächte: 30 km
- Arbeitsplätze für 65 000 Menschen
- zusätzlich 65 000 Besucher pro Tag

2 **Chinatown in Manhattan**

Harlem ist ein trauriges Beispiel. Es liegt nördlich vom Central Park und ist ein **Ghetto** für etwa 160 000 Schwarze. Sie leben in baufälligen Mietshäusern zwischen Schutt und Schmutz. Die meisten Bewohner haben keine ausreichende Bildung und sind arbeitslos. Weil sie ihre Miete nicht bezahlen können, kümmern sich die Hausbesitzer nicht um die Instandhaltung der Gebäude. Hoffnungslosigkeit macht sich breit. Westlich und östlich schließen sich die Ghettos von rund 140 000 Puertoricanern an, die ebenfalls auf der untersten sozialen Stufe stehen. So liegen in New York Glanz und Elend dicht beieinander.

1 „In New York liegen Glanz und Elend dicht beieinander." Erläutere diesen Ausspruch.

2 Erkläre die Begriffe „Metropole" und „Ghetto".

3 Arbeite mit der Karte (4):

a) Vergleiche das Straßennetz mit den Abbildungen (1) und (3) auf Seite 82-83. Was stellst du fest?

b) Der Broadway ist ein alter Indianerpfad. Woran erkennst du das?

c) Wo liegen die meisten Theater, wo die meisten Banken?

d) Das Luftbild (3) zeigt zwei Gebiete mit vielen Wolkenkratzern. Suche diese in der Karte.

4 Erkundige dich nach der Bedeutung folgender Objekte: Freiheitsstatue, World Trade Center, Broadway, Wallstreet, China Town.

5 Stelle mit Hilfe des Atlasses fest, welche europäischen Städte etwa auf dem 40. Breitenkreis liegen.

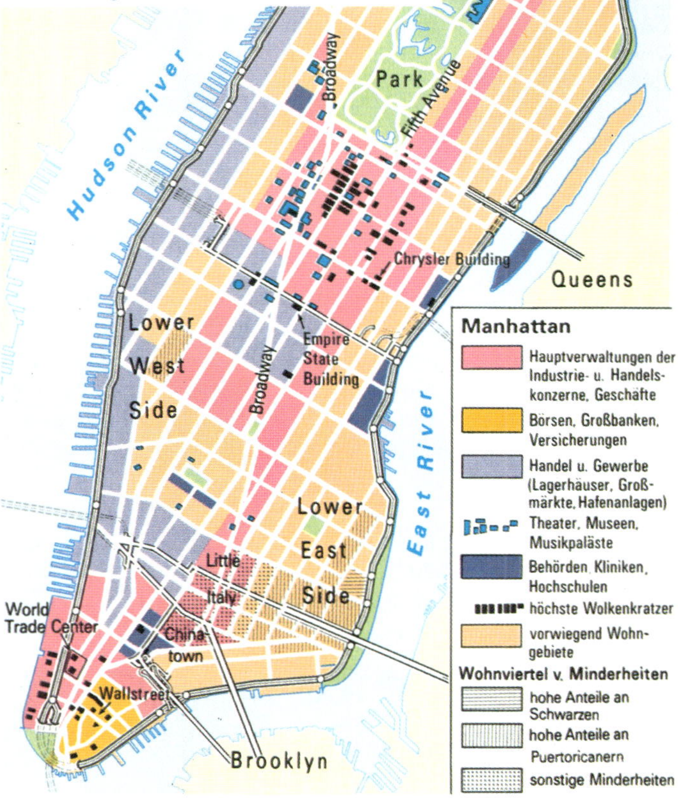

4

Harlem

5

1 **Downtown von Houston, Texas**

Verstädterung in den USA

Einwohnerzahl der größten Städte der USA (1990)		
New York	7,3	Mio.
Los Angeles	3,5	Mio.
Chicago	2,8	Mio.
Houston	1,6	Mio.
Philadelphia	1,6	Mio.
San Diego	1,1	Mio.
Detroit	1,0	Mio.

2

In den USA gibt es merkwürdige Städtenamen, die auf keiner Atlaskarte stehen: „Boswash“ oder „Sansan“. Es sind Abkürzungen für riesige Verdichtungsräume. Man hat einfach die Namen der beiden Endpunkte zusammengezogen: Boston und Washington oder San Francisco und San Diego. „Boswash“ ist eine Riesenstadt mit über 40 Millionen Einwohnern.

Ein solches Wachstum findet auch bei anderen Großstädten statt. Während vor 200 Jahren nur 6 % aller Amerikaner in Städten lebten, sind es heute fast 80 %. Dabei dehnen sich die Städte immer weiter aus. Sie bilden Vororte und wachsen mit kleinen Städten im Umland zusammen. So entstehen um die Kernstädte ausgedehnte Stadtrandsiedlungen, die **„suburbs“.**

Doris Grey lebt in einem „suburb“ von Houston. Obwohl sich fast endlos Einfamilienhaus an Einfamilienhaus reiht, ist sie froh, hier zu wohnen. „Wenn ich von der Arbeit komme, freue ich mich, mit den Kindern im Garten spielen zu können“, erzählt sie. „Unser Grundstück ist klein. Doch wir haben uns unseren Traum erfüllt, im Grünen zu leben.“

Das Haus von Familie Grey besteht aus Holz und hat keinen Keller. Natürlich fehlt nicht die Doppelgarage, denn ohne Auto ist man hier fast verloren. Geschäfte, Schulen und Krankenhäuser sind weit entfernt. Sie liegen jedoch gut erreichbar an mehrspurigen Straßen oder an wichtigen Straßenkreuzungen.

Morgens fährt Mrs. Grey mit dem Auto eine Stunde zur Arbeit nach Houston. Den Mittelpunkt der Kernstadt bilden die Hochhäuser von Versicherungen, Banken und Verwaltungen großer Firmen. Das Geschäfts- und Verwaltungszentrum einer Großstadt nennt der Amerikaner **„central business district“ (CBD)** oder einfach nur **Downtown.** Hier gibt es hochbezahlte Arbeitsplätze. Einer davon gehört Mrs. Grey. Läden für den täglichen Bedarf sucht man in der Downtown vergebens.

Am Rande der Downtown liegen alte Fabriken, Lagerhäuser und verwohnte Mietshäuser. Hier lebt die einkommensschwache Bevölkerung. Oft sind Minderheiten darunter. Im Vergleich zur Downtown sind die Bodenpreise hier sehr gering. Häufig kaufen Spekulanten alte Gebäude auf, um die Flächen mit Geschäfts- und Bürohäusern neu zu bebauen. Die ehemalige Bevölkerung wird dann in Stadtteile verdrängt, in denen die Mieten noch niedrig sind.

Fast die Hälfte der Amerikaner lebt in-

Suburbs in Massachusetts

3

Verdichtungsräume in den USA

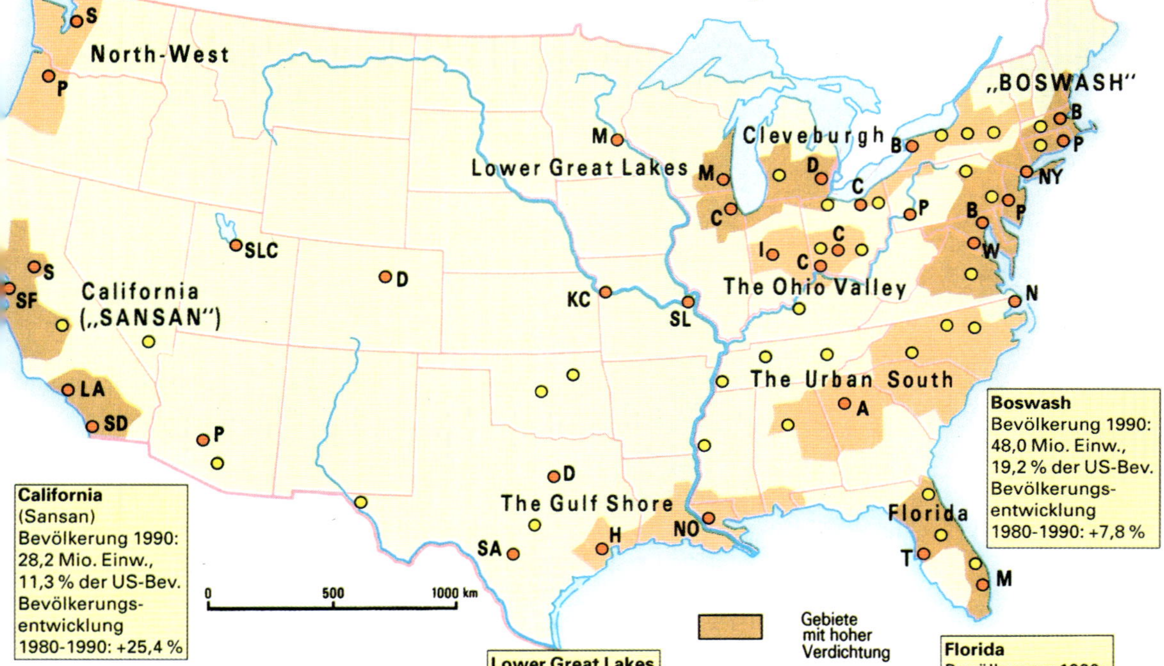

zwischen wie Familie Grey in einem „suburb“. Man bezeichnet diese Form der Verstädterung als **Suburbanisierung.**

1 Vergleiche die Fotos (1) und (3) nach der Art der Bebauung, der Verkehrserschließung und der Nutzung.

2 Arbeite mit der Karte (4).
a) Ordne die Gebiete hoher Verdichtung nach der Bevölkerungsgröße. Begründe die unterschiedlichen Wachstumsraten.
b) Suche in den Verdichtungsräumen Städte mit mehr als einer Million Einwohnern (Atlas).
c) Vergleiche mit der Karte (4) auf Seite 75. Was stellst du fest?

3 Arbeite mit dem Modell (5).
a) Wo könnten die Fotos (1) und (3) in diesem Modell aufgenommen worden sein?
b) Beschreibe mit Hilfe des Modells den Vorgang der Suburbanisierung.

4 Welche Probleme bringt die Suburbanisierung für die Menschen und für die Umwelt mit sich?

5 Wo gibt es in Europa und Japan ähnlich große Verdichtungsräume wie in den USA?

Modell eines Verdichtungsraums in den USA

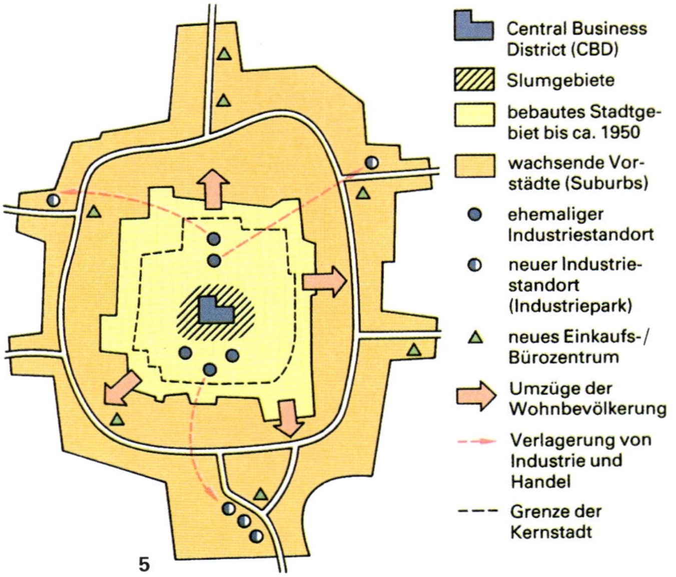

5

Rohstoff- und Industrieproduktion der USA Anteil und (Rang) an der Weltproduktion 1991	
Steinkohle	24% (2)
Eisenerz	6% (6)
Erdgas	24% (2)
Erdöl	12% (3)
Kupfer	18% (2)
Rohstahl	11% (3)
Aluminium	22% (1)
Elektrizität	24% (1)
PKW	16% (2)
LKW, Busse	28% (2)

1

Industriemacht USA

Trotz zunehmender asiatischer und westeuropäischer Konkurrenz stehen die USA mit der Produktion von Industriegütern und landwirtschaftlichen Erzeugnissen sowie im Dienstleistungsbereich nach wie vor an der Spitze der Industrienationen der Erde. Sie sind führend in der Produktion von Kunststoffen, Papierwaren, Kunstfasern, Kühlschränken und Flugzeugen. 1993 hatte der Gesamtwert der im Inland erzeugten Güter und Dienstleistungen – das **Bruttoinlandprodukt** – die gewaltige Summe von 6,379 Milliarden US-Dollar erreicht. Dies entspricht über einem Viertel des Weltbruttoinlandprodukts. Die USA sind das größte Welthandelsland und stehen seit 1991 wieder an erster Stelle aller exportierenden Staaten. General Motors ist mit mehr als 800 000 Mitarbeitern der größte private Arbeitgeber der Welt. Das sind beeindruckende Fakten. Die Folge ist ein hoher Lebensstandard, den nur wenige Staaten der Welt erreichen. Im Jahr 1991 betrug das Pro-Kopf-Einkommen 17 790 Dollar, damit war es eines der höchsten aller Industrienationen.

Mitentscheidend für die wirtschaftliche Vormachtstellung der USA ist ihr Reichtum an Bodenschätzen und energiewirtschaftlichen Rohstoffen. Die hochentwickelte Industrie kann also auf reiche Ressourcen innerhalb des Landes zurückgreifen. Während früher sogar große Mengen an Rohstoffen exportiert wurden, erfüllt heute die heimische Förderung nur noch zu etwa zwei Dritteln den inländischen Bedarf. Die USA stehen nämlich auch beim Verbrauch von Rohstoffen und Energie an erster Stelle. So nahm am Anfang der 80er Jahre die Abhängigkeit von importierten Rohölen bedrohliche Ausmaße an. Dies bewog zwar Regierung und Ölkonzerne, unter schwierigsten Bedingungen Ölfelder im hohen Norden Alaskas zu erschließen.

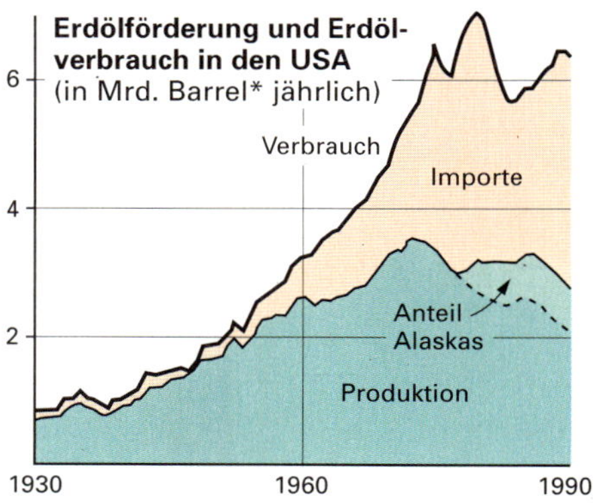

2 *1 Barrel = 159,1 l

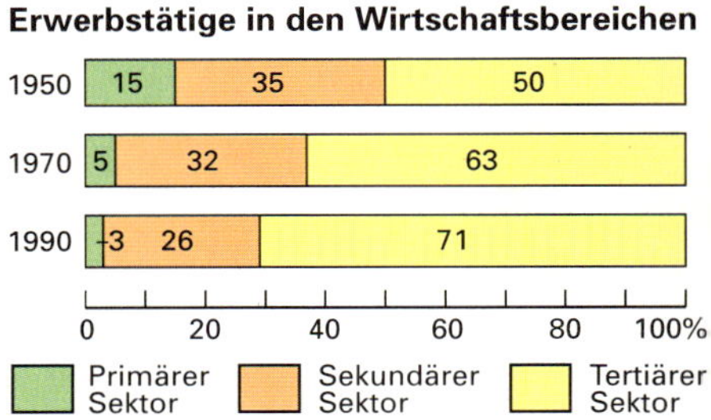

3

Der ungeheure Bedarf an Rohöl wurde dadurch aber nicht gedeckt.

Seit dem Zweiten Weltkrieg ist die amerikanische Wirtschaft in einem strukturellen und räumlichen Wandel begriffen. Die USA sind als erste in die postindustrielle Gesellschaft vorgedrungen. Damit sind die „Entindustrialisierung“ und der Übergang zu einer **Dienstleistungsgesellschaft** gemeint. „Service industries“ wie zum Beispiel Banken, Handel, Verkehr, Freizeit und Tourismus sind bereits mit 69% (1993) am Bruttosozialprodukt beteiligt. In der Industrie dagegen werden immer weniger Arbeitskräfte gebraucht. Die zunehmende Automatisierung und der wachsende Import von Fertigwaren aus Ländern mit niedrigeren Lohnkosten sind dafür verantwortlich. Eine immer größere Zahl von Menschen ist im Kommunikations-, Erziehungs- und Gesundheitswesen tätig und trägt dazu bei, die ständig steigenden Erwartungen der Amerika-

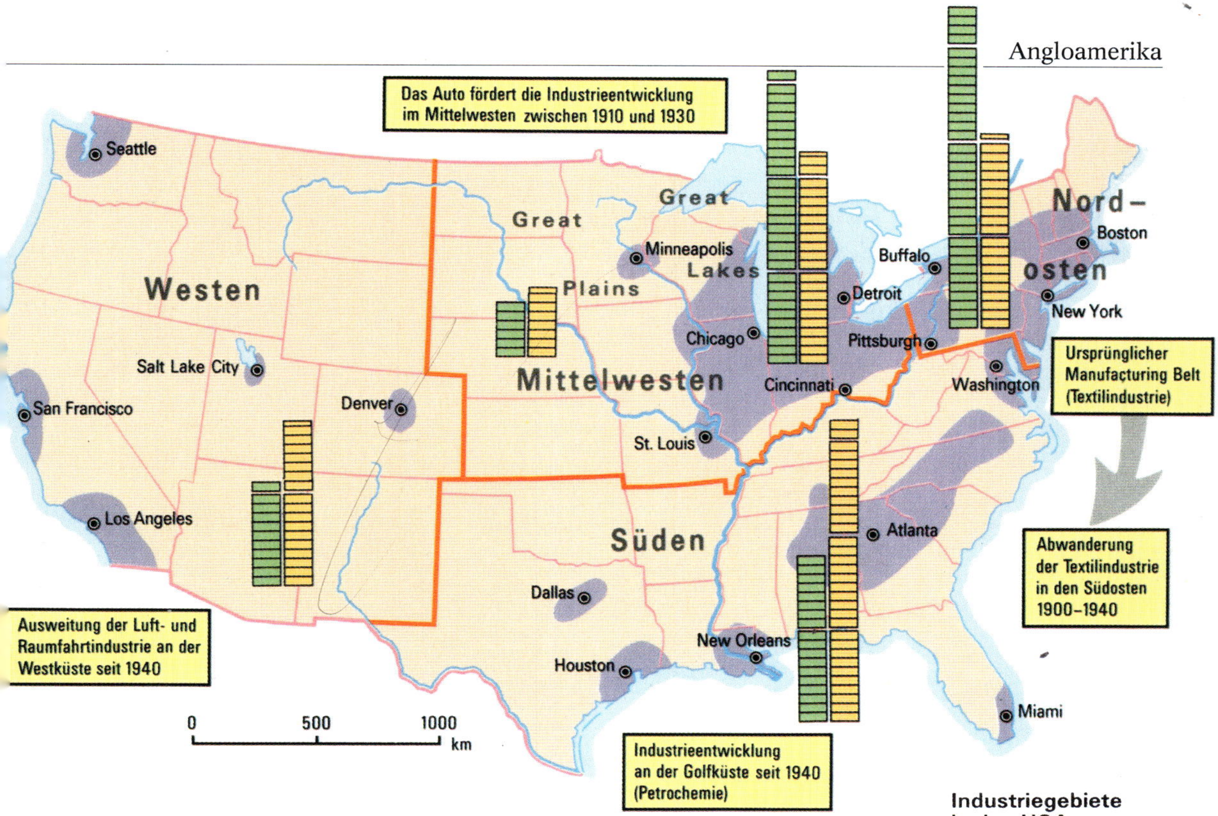

Industriegebiete in den USA

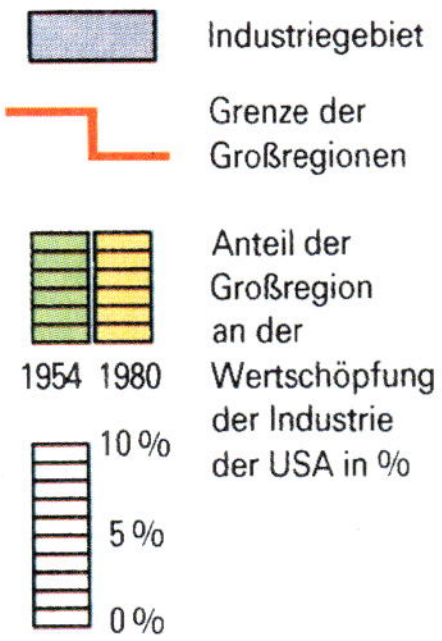

ner an einen wachsenden Lebensstandard zu erfüllen.

Auch die räumliche Verteilung der amerikanischen Industrie hat sich gewandelt. Der **Manufacturing Belt,** die größte und bedeutendste Industrieregion der USA, hat Konkurrenz bekommen durch neue Industriegebiete im Süden und Südwesten. Da diese neuen Industrieregionen im Süden liegen, spricht man auch vom **„Sun Belt“.** Trotzdem bleibt bis heute das alte Industriegebiet des Nordostens, das oftmals verächtlich als „Rust Belt“ oder „Frost Belt“ bezeichnet wird, der größte Verdichtungsraum der USA.

Die wirtschaftliche Bilanz der Industriemacht USA wird in den letzten Jahren durch hohe Defizite im Außenhandel und durch eine ungeheure Staatsverschuldung getrübt. In der Vergangenheit versorgten sich die USA weitgehend selbst; der riesige Binnenmarkt ließ die Rolle des Außenhandels zurücktreten. Seit den 80er Jahren werden jedoch immer mehr Produkte aus dem Ausland eingeführt. Gleichzeitig aber verlieren die USA im Vergleich mit Japan und Deutschland bei der Fertigung von Industrieprodukten an Konkurrenzfähigkeit. Es stellt sich die Frage: ist die Entwicklung zur postindustriellen Gesellschaft wirklich ein Fortschritt?

1 Inwiefern kann man die USA als Industriemacht Nummer 1 bezeichnen?

2 Beschreibe anhand des Diagramms (3) die Entwicklung der USA zur Dienstleistungsgesellschaft.

3 Arbeite mit Karte (4):
a) Schildere die zeitliche und räumliche Verlagerung der amerikanischen Industrie.
b) Nenne die Staaten des Manufacturing Belt sowie die Staaten, die Anteil am Aufschwung des Sun Belt haben.
c) Vergleiche die Entwicklung der Wertschöpfung im Manufacturing Belt mit der im Süden und im Westen.

Im Manufacturing Belt

Den Aufstieg zur Industriemacht leitete im frühen 19. Jahrhundert die Textilindustrie in den Neuenglandstaaten ein. Die Konzentration der Industrie auf den Nordosten des Staatsgebietes ist das Ergebnis sowohl der Besiedlungsgeschichte als auch günstiger Standortfaktoren:

- Die Masseneinwanderung aus Europa brachte der Industrie Arbeitskräfte und schuf einen Absatzmarkt für ihre Güter.
- Das Streben der Einwanderer nach Freiheit und Wohlstand sowie ihre positive Einstellung zum Wettbewerb und zu technischen Neuerungen prägten den Wirtschaftsgeist der Amerikaner und das System der freien **Marktwirtschaft.**
- Die Lage am Atlantik ließ durch den Überseehandel mit Europa ein kapitalkräftiges Unternehmertum entstehen.
- Der Reichtum an den natürlichen Ressourcen Holz und Wasserkraft bildete die Basis für die Wirtschaftsentwicklung.

2
Das erste Fließband in Detroit
3
Tin-Lizzy

Eisen- und Stahlindustrie im Manufacturing Belt

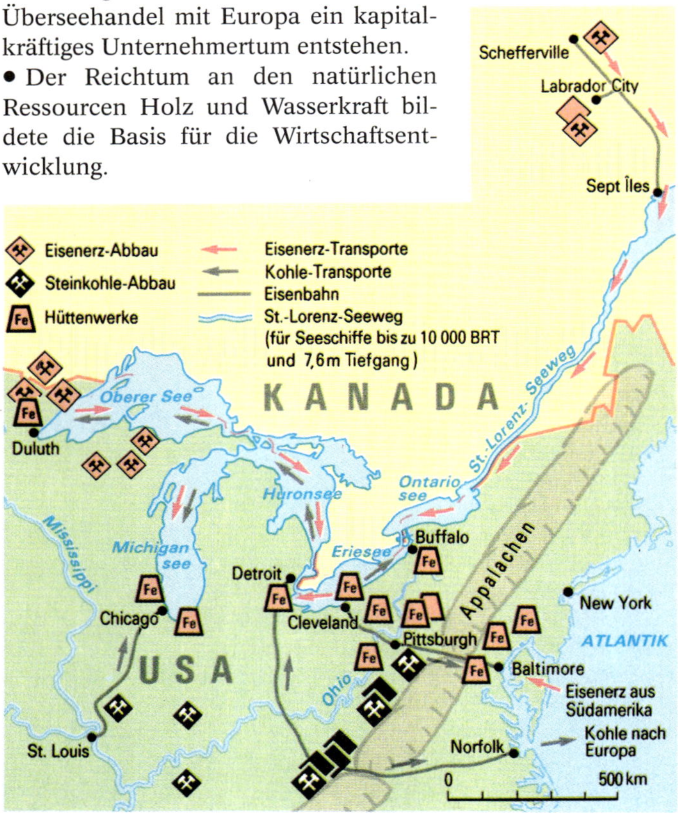

1

Mit dem Übergang zu Kohle als Energieträger verlagerte sich die industrielle Produktion in den Appalachenraum. Dort bei Pittsburgh am oberen Ohio entdeckte man reiche Kohlevorkommen in mächtigen Flözen dicht unter der Oberfläche. Dementsprechend niedrig waren die Förderkosten. Da auch ganz in der Nähe Eisenerzlagerstätten gefunden wurden, waren die Voraussetzungen für die Herausbildung einer Stahlregion äußerst günstig. So stieg Pittsburgh zum Zentrum der **Eisen- und Stahlindustrie** der USA auf.

Als die Erzvorräte in den Appalachen um 1930 erschöpft waren, holte man das Eisenerz von den Mesabibergen am Oberen See. Im Austausch wurde Kohle mit Eisenbahn und Schiffen dorthin transportiert, so daß auch in Duluth Hüttenwerke entstehen konnten. Das Umladen der Massengüter von der Bahn auf das Schiff kostete jedoch Zeit und Geld. Was lag da näher, als weitere Hüttenwerke direkt an den Umschlagplätzen am Südufer der Großen Seen zu bauen? Und als zusätzlich Erze aus Kanada und gar aus Übersee importiert werden mußten, entstanden auch an der Atlantikküste Hüttenwerke.

Eisen und Stahl wurden überall gebraucht: für den Bau von Eisenbahnen, Brücken und Hochhäusern. Rasch entwickelten sich weitere Industriezweige wie der Maschinen- und Fahrzeugbau und die metallverarbeitende Industrie. Von Boston und Baltimore im Osten bis Milwaukee und St. Louis im Westen bildete sich der **Manufacturing Belt** als der wirtschaftliche Kernraum der USA heraus. Innerhalb dieses „American Heartland“ kam es zu einer Spezialisierung auf bestimmte Industriezweige.

Ein Beispiel dafür ist Detroit. „Motor City“ heißt es in Amerika, denn die Stadt lebt vorwiegend von der **Automobilindustrie.** Ganze Hüttenwerke, große Maschinenfabriken und zahlreiche Zulieferfirmen arbeiten nur für das

3

Er wurde 1863 in der Nähe von Chicago geboren. Mit zehn Jahren baute er eine Turbinen-Dampfmaschine, mit 29 ein berühmtes Rennauto und mit 45 den ersten Serien-Pkw, davon im ersten Produktionsjahr 10 000 Stück. Der Mann hieß Henry Ford, und das Auto war das legendäre Modell T, von den Amerikanern liebevoll „Tin-Lizzy" (Blech-Liesel) genannt. Ford hatte Erfolg, weil er in seinem Betrieb eine sensationelle Neuerung einführte: die Arbeit am Fließband. So konnten die Autos nicht nur schneller, sondern auch billiger gebaut werden. Das Zeitalter der Massenproduktion hatte begonnen. Bis 1927 lief Fords T-Modell 15 007 033mal vom Band – ein Erfolg, den später nur noch der VW-Käfer hatte.

Auto. Selbstverständlich haben auch die führenden **Autokonzerne** der USA wie General Motors, Ford und Chrysler ihre Hauptquartiere in Detroit. Doch eine Stadt, die in großem Maße von nur einem Industriezweig abhängt, ist krisenanfällig. 1989 trat ein, was undenkbar schien: Ein japanisches Auto war das meistverkaufte Modell in den USA. Die amerikanische Automobilindustrie geriet in Absatzschwierigkeiten, da europäische und japanische Autoimporte eher den veränderten Marktbedürfnissen entsprachen. So verloren gleich Zehntausende von Beschäftigten in dieser Region ihre Arbeit. Neben der hohen Arbeitslosigkeit waren Abwanderungen und Steuerausfälle die Folge.

Deshalb bemüht man sich, seine Abhängigkeit von nur einem Industriezweig durch die Ansiedlung neuer Industrien zu überwinden. Alte Werkshallen wurden abgerissen, neue Fertigungsstätten errichtet. Um die Stadt attraktiver zu machen, gestaltete man die Infrastruktur neu. Moderne Einkaufszentren wurden gebaut, und die Verkehrsbedingungen verbessert. Ein Strukturwandel zu möglichst vielseitiger Industrie und hoher Lebensqualität für die Einwohner ist das Ziel vieler Städte im Manufacturing Belt. Immerhin arbeiten in dieser Region trotz Krisen in Stahl- und Automobilindustrie 60 Prozent der Industriebeschäftigten der USA. Und hier wird auch die Hälfte des Industrieeinkommens erwirtschaftet.

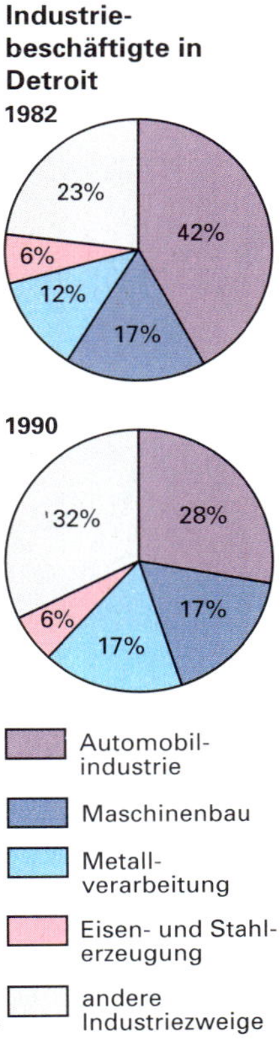

4

1 Miß die Entfernung Chicago–New York. Vergleiche sie mit der West-Ost-Ausdehnung des Ruhrgebiets (Atlas).

2 Nenne die wichtigsten Voraussetzungen, die den Manufacturing Belt zu einem der größten Industriegebiete der Welt gemacht haben.

3 Welche unterschiedlichen Standortfaktoren für Hüttenwerke hat man in Pittsburgh, Duluth, Chicago und Baltimore genutzt (Karte 1)?

4 Viele Bundesstaaten aus dem Manufacturing Belt werben mit Anzeigen für Industrieansiedlungen:

a) Weshalb tun sie das?

b) Welche Voraussetzungen müssen sie schaffen?

Industrie im Sun Belt

Über Jahrzehnte war es der Nordosten, von dem die Wachstumsimpulse für die USA ausgingen. Seit dem Zweiten Weltkrieg ist es der Süden, der mit Begriffen wie Ölboom und High-Tech seinen wirtschaftlichen Aufschwung signalisiert. Hier im Sun Belt ist dem Manufacturing Belt ein wirtschaftliches, kulturelles und politisches Gegengewicht erwachsen. Neben den traditionellen Fertigungsbetrieben der Textil- und Lebensmittelindustrie sind moderne Hochtechnologieunternehmen der Halbleiter-, Computer, Luft- und Raumfahrtindustrie sowie eine wachsende Freizeitindustrie entstanden. Häufig werden diese neuen Industrien als „footloose"-Betriebe bezeichnet, da an Stelle der traditionellen Standortfaktoren (Rohstoff, Transportkosten, Marktnähe) neue Voraussetzungen getreten sind.
Was veranlaßte die Arbeitnehmer ebenso wie die Unternehmer zum Umzug in die Städte des Südens?

Attraktivität des Südens:
- angenehmes Klima;
- hoher Wohnstandard;
- günstige Lebenshaltungskosten;
- attraktive Freizeitangebote;
- gute infrastrukturelle Versorgung;
- leichte Verfügbarkeit von Erdöl (Bedeutung für die Petrochemie);
- Verkehrsanbindungen (Flughafen, Highway);
- großes, meist nicht gewerkschaftlich gebundenes Arbeitskräfteangebot;
- moderne Universitäten und staatliche Forschungseinrichtungen;
- Wissenschaftler und Manager für Forschung und Vermarktung;
- gezielte Forschungsprogramme des Staates;
- „business climate" (niedrige Steuern, Lohnkosten, Bodenpreise).

1

2 **Elektronik-Industrie im Silicon Valley**

Silicon
englisches Wort für Silizium

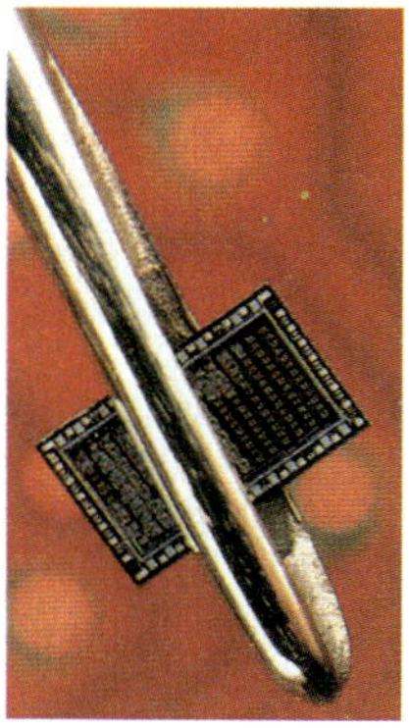

3 **Mikrochip**
kleines Plättchen aus Silizium, auf dem die Informationen im Computer gespeichert sind

Beispiel Silicon Valley
Das Silicon Valley, ein Gebiet zwischen San Francisco und San José, galt als Musterbeispiel der Konzentration von **High-Tech-Industrien.** Über 3000 Betriebe der Halbleiter- und Computertechnologie haben hier entlang des Freeway 101 ihren Sitz. Deshalb wird dieses Tal zu Recht auch als „Mekka des Mikrochips" bezeichnet. Seit 1940, dem Beginn des elektronischen Zeitalters, stieg die Zahl der Beschäftigten von 60 000 auf 625 000 an. Mit rund 30 Milliarden US-Dollar Umsatz schob sich diese Region im Jahr 1985 an die fünfte Stelle innerhalb der USA.
Ausgangspunkt für diese rasante industrielle Entwicklung war die Stanford-Universität, in deren Forschungsinstituten der Mikrochip entwickelt wurde. Ein weiterer Anstoß kam vom Staat, der an die dortigen Unternehmen Rüstungsaufträge vergab und somit das Absatzrisiko verminderte.
Heute ist das Silicon Valley fast durchgehend mit durchgrünten Industriegebieten, Wohnsiedlungen und Einkaufszentren bebaut.

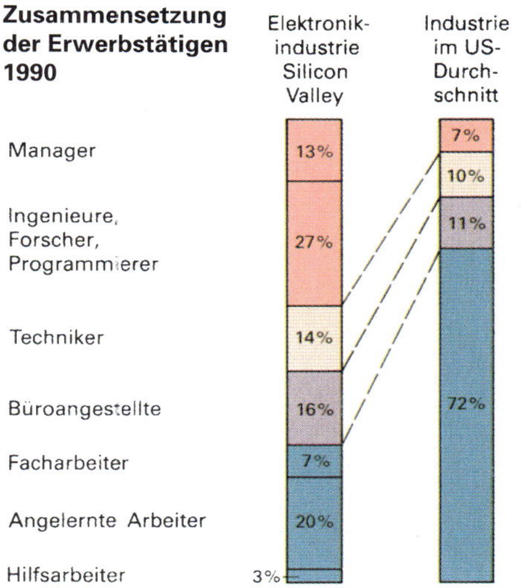

Doch aus dem Sun Belt gibt es nicht nur Erfolgsmeldungen. Das rasche Wachstum verursacht Umweltprobleme: Wasser und Luft werden verschmutzt und die Landschaft zersiedelt. Hinzu kommt, daß die Erdöl- und Computerindustrie unter einem starken Preisverfall ihrer Produkte leidet. Weltweite Überproduktion und die billige Konkurrenz aus Japan führten zum Zusammenbruch vieler High-Tech-Betriebe und zur Entlassung vieler Arbeitnehmer. Da die Erzeugnisse der Hochtechnologie schnell veralten, hat sich schon die Erkenntnis durchgesetzt: „High-tech can be high-risk."

Beispiel Golfküste

Eine andere Erfolgsstory spielt sich seit über 80 Jahren an der Golfküste ab, vor allem in Texas. Dort gaben große Erdöl- und Erdgasvorkommen den Anstoß für die Industrialisierung. Zentrum ist Houston, die Stadt des Ölbooms und der Ölmultis. Sie gilt als Symbol für risikofreudiges Unternehmertum und scheinbar ungezügelte Wachstumsmöglichkeiten. Ein dichtes Netz aus Pipelines verbindet die zahlreichen Raffinerien, Chemie- und Stahlwerke untereinander. So bezeichnet man diese Region auch als „Spaghetti Bowl". Doch Houston ist nicht allein eine Ölmetropole. Weltweit bekannt ist diese Stadt auch als Zentrum der Weltraumfahrt, denn von hier aus werden alle Flüge der USA ins All überwacht.

Von dem Aufschwung im Sun Belt haben jedoch nicht alle Staaten gleichermaßen profitiert. Kritiker reduzieren den „Sonnengürtel" auf die großen Boomregionen – „sun spots". Neben Kalifornien und Texas gilt Florida, das mit seinen Stränden und Vergnügungsparks als Urlaubsparadies und Altersruhesitz geschätzt wird, als Beispiel für den aufstrebenden Süden.

5

Schiffahrtskanal von Houston, Texas

1 „White-collar-Berufe" sind kennzeichnend für das Silicon Valley. Begründe dies anhand des Diagramms (4).

2 Wo gibt es in den USA außer an der Golfküste bedeutende Erdöl- und Erdgasfelder (Atlas)?

3 Versuche zu erklären, warum in Florida und anderen Golfstaaten die „Freizeitindustrie" eine wichtige Rolle spielt.

1 **Auf einer Ranch bei Denver**

Agrarräume in den USA

Landnutzung in den USA

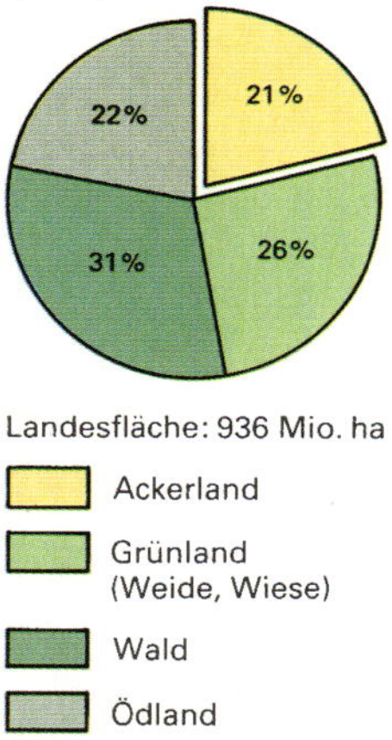

2

Die USA sind die wichtigsten Lieferanten für Agrarprodukte auf dem Weltmarkt. Über 80 Prozent ihrer Agrarexporte entfallen auf Soja, Mais, Weizen, Baumwolle und Tabak. Die Landwirtschaft der USA ist vor allem durch ihre Anpassungsfähigkeit gekennzeichnet. So reagiert sie meist sehr schnell auf Veränderungen der natürlichen Voraussetzungen, der Marktbedingungen oder in der Agrarpolitik.

Millionen Hektar Wald- und Prärieflächen wurden für die landwirtschaftliche Nutzung gerodet bzw. umgepflügt. Entsprechend der Bodengüte und der klimatisch unterschiedlichen Bedingungen entstanden zunächst einigermaßen geschlossene Gebiete, in denen ganz bestimmte landwirtschaftliche Produktionsrichtungen vorherrschten. Solche Gebiete wurden als Belt bezeichnet.

Noch zu Beginn des 20. Jahrhunderts sprach man zum Beispiel vom Cotton Belt im Südosten, weil dort die Bedingungen für den Baumwollanbau besonders günstig waren. In anderen Gebieten wurde überwiegend Weizen (Wheat Belt), Mais (Corn Belt) angebaut oder Milchwirtschaft betrieben (Dairy Belt).

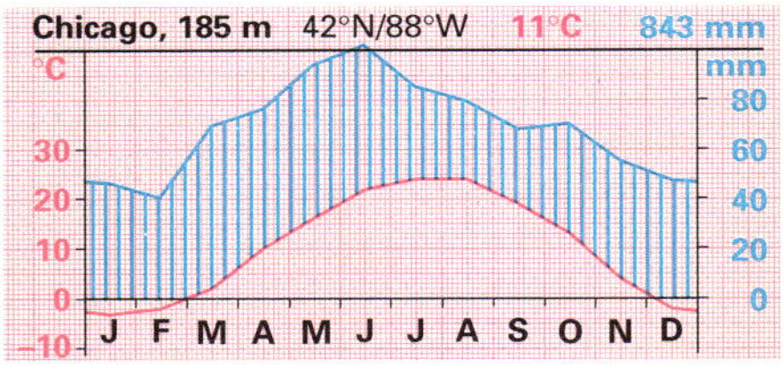

3

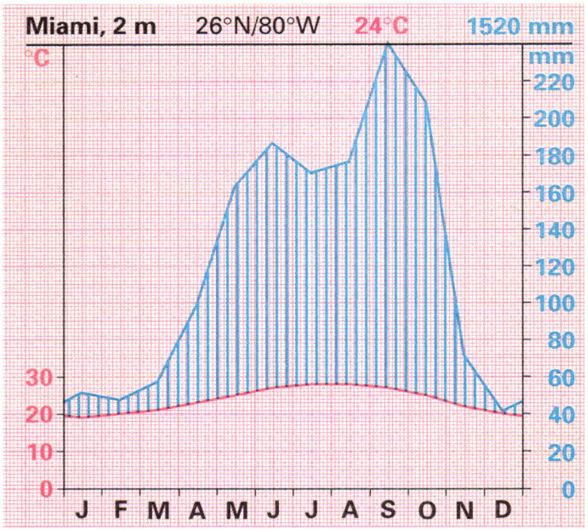

4

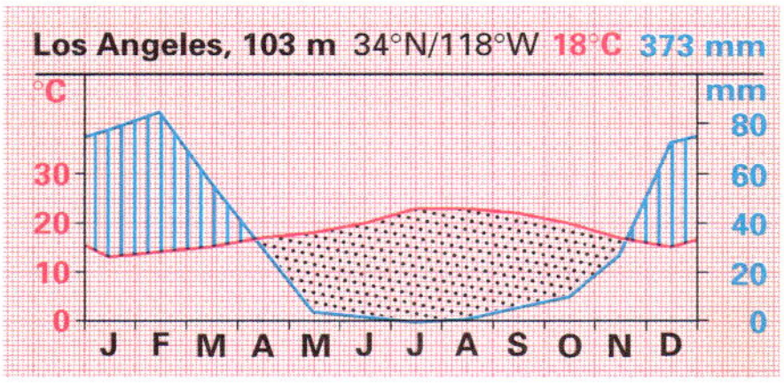

5

Inzwischen haben sich viele dieser Belts völlig aufgelöst oder verlagert. Dafür gab es unterschiedliche Gründe.

- Einer der wichtigsten Gründe waren verbesserte Agrartechniken. So ermöglichten zum Beispiel moderne Bewässerungstechniken den Anbau in Gebieten mit geringem Niederschlag. Schnell reifende, neu gezüchtete Getreidesorten erlaubten deren Anbau weiter im Norden, wo die Vegetationszeit kürzer ist.
- Die Landwirtschaft mußte auch auf Nachfrageveränderungen reagieren. Die steigende Nachfrage nach Fleisch führte zum Beispiel zum verstärkten Anbau von Futterpflanzen und zum Aufbau von Mastbetrieben.
- Veränderte Produktionskosten führten zu Verlagerungen des Anbaus. Seitdem zum Beispiel billige Arbeitskräfte

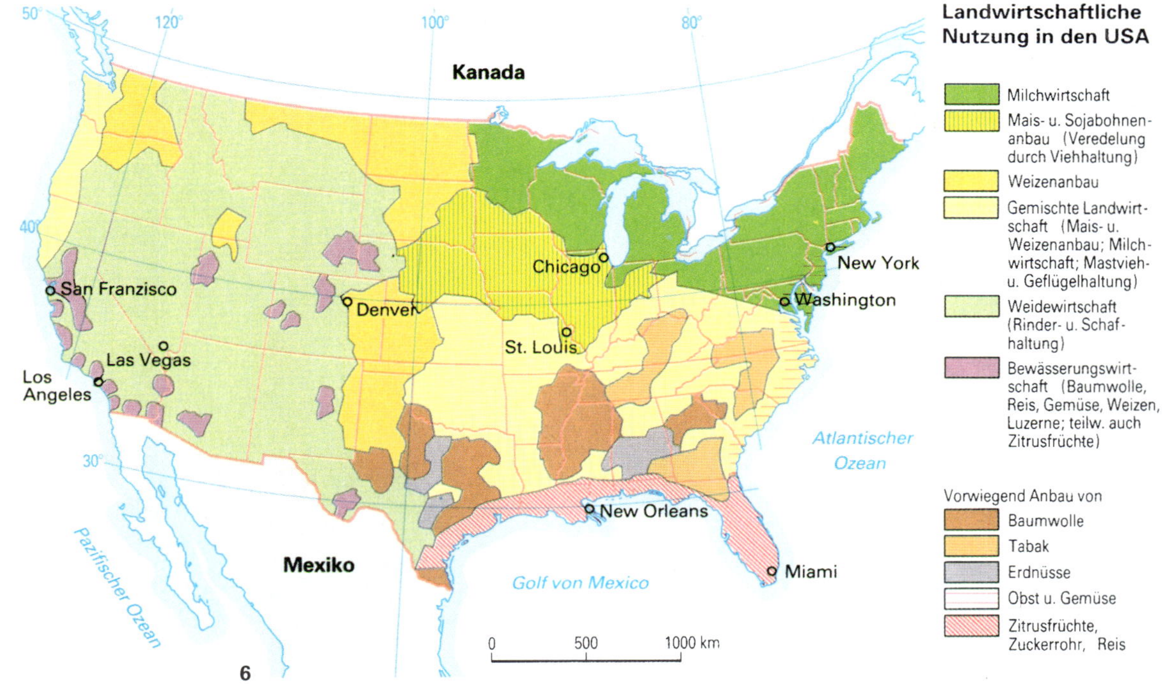

6

aus Mexiko zur Verfügung stehen, konzentriert sich der arbeitsintensive Obst- und Gemüsebau im Südwesten der USA. Die Erzeugung von landwirtschaftlichen Produkten in Verbrauchernähe verkürzt und verbilligt deren Transport.

• Die Verschlechterung der natürlichen Bedingungen kann ein weiterer Grund für Anbauveränderungen sein. So ist zum Beispiel der Boden in manchen früheren Baumwollanbaugebieten so stark mit Schadstoffen belastet, daß dort Wälder aufgeforstet wurden. In einigen Gebieten zwang umfangreiche Bodenerosion durch Wind oder Wasser zur Aufgabe des Ackerbaus.

1 Beschreibe die Fotos (1) und (8) und ordne sie Agrarräumen zu.

2 Liste mögliche Vor- und Nachteile für die Landwirtschaft in den Räumen Chicago, Los Angeles und Miami auf (Klimadiagramme 3, 4, 5).

3 Erkläre, warum sich die Produktion landwirtschaftlicher Güter räumlich verändern kann.

Anteile an der Weltproduktion 1991

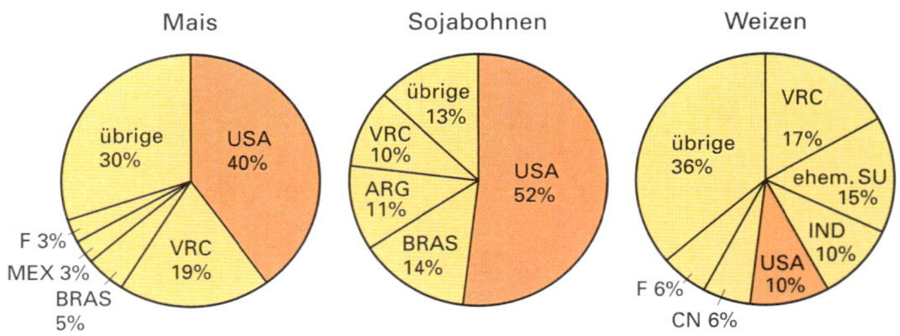

7

Hochmechanisierte Tomatenernte

8

1
Familienfarm in Iowa

Eine Farm in Iowa

Die Karte (4) auf Seite 71 zeigt ein weiteres Beispiel für eine schematische Landvermessung.

Etwas Eintönigeres als Iowa im Herzen der USA kann man sich kaum vorstellen: Das Land ist fast tischeben, Wege und Straßen teilen es seit der **Landvermessung** von 1785 in riesige, quadratische Blöcke. So weit das Auge reicht, dehnen sich Mais- und Sojafelder aus. Dazwischen liegen hin und wieder dunkelgrüne Weiden. Überall verstreut finden sich Farmgebäude, deren Silos aus Aluminium in der Sonne glänzen. Ab und zu trifft man auf eine Kleinstadt mit schachbrettförmigem Grundriß.
Hier in Iowa liegt die Farm von Linda und Robert Osterman, etwa 50 km nördlich der Hauptstadt Des Moines. Sie ist eine typische **Familienfarm** mit 130 ha Größe. Solche Farmen sind seit 1862 überall in der Mitte und im Westen der USA entstanden.

2
Verfallene Farm

Gerade kommt Mr. Osterman mit seinem 600-PS-Schlepper nach Hause: „Heute habe ich über 20 ha Ackerland gepflügt. Wie meine Nachbarn baue ich vor allem Mais und Soja an. Das Soja wird sofort verkauft. Den Mais lagere ich in Silos, bis er auf dem Markt einen guten Preis bringt. Das meiste wird jedoch an unsere Schweine verfüttert."
Linda Ostermann, seine Frau, ist für den Stall zuständig. Dort sind 800 Schweine zu versorgen. Die meisten Arbeitsgänge laufen vollautomatisch ab: Futter nach genauen Rezepten mischen, füttern, entmisten. „Der Mais geht bei uns buchstäblich durch den Schweinemagen", erklärt Mrs. Osterman. „Wir sind ein **Veredelungsbetrieb**. 3,2 kg Mais ergeben 1 kg Schweinefleisch. Schon mit sechs Monaten sind die Tiere schlachtreif."
In den letzten Jahren sind die Preise für Getreide ständig gefallen. Diesen Preisverfall muß Familie Osterman durch mehr Arbeit und eine Senkung der Kosten ausgleichen.
„Während der Ernte schuftet mein Mann bis zu 18 Stunden am Tag", klagt Mrs. Osterman. „Landarbeiter sind teuer. Die können wir uns nicht leisten. Nur unser Sohn Mike hilft mit. Um gut leben zu können, müssen wir ständig mehr erzeugen. Deshalb setzen wir verstärkt Dünger und hochgezüchtete Maissorten ein. Zusätzlich brauchen wir immer leistungsfähigere Maschinen. Die kosten einige Hunderttausend Dollar. Wir müssen dafür hohe Kredite aufnehmen. Am Ende des Jahres rechnen wir jedesmal nach, ob sich der ganze Aufwand überhaupt noch lohnt. Einige unserer Nachbarn haben schon aufgeben müssen. Ihre Farmen wurden von der Bank versteigert. Das war immer sehr bitter."

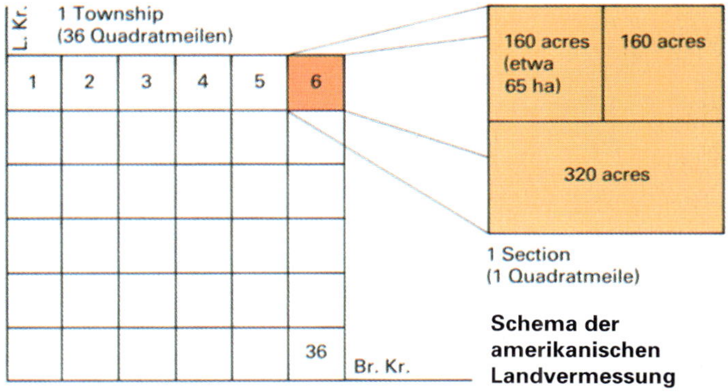

3 **Schema der amerikanischen Landvermessung**

Familienfarm
Im Homestead Act von 1862 hatte jede Familie Anspruch auf eine Viertel-Quadratmeile Land. Farmen mit Flächen zwischen 65 und 130 Hektar gelten bis heute als Familienfarmen.

Anzahl der Farmen in 1000

	1978	1987
unter 20 ha	690	595
20 bis 70 ha	815	645
70 bis 400 ha	811	678
über 400 ha	162	162

4

Weizen und Mais in den USA

	1970	1992
Anbaufläche in Mio. ha		
Weizen	20	25
Mais	27	29
Produktion in Mio. t		
Weizen	37	67
Mais	104	241
Ertrag in kg pro ha		
Weizen	1891	2650
Mais	3848	8250

5

1 Das Foto (1) zeigt eine typische Familienfarm in der Mitte der USA. Beschreibe sie.

2 Im Jahre 1785 wurde für die neu zu erschließenden Gebiete im Westen der USA die schematische Landvermessung eingeführt (Abbildung 3).
a) Beschreibe die Siedlungsform mit Hilfe von Foto (1).
b) Wie viele Familienfarmen hätten in einem Township Platz?

3 Viele Grenzen zwischen Bundesstaaten verlaufen gerade in Nord-Süd- oder in Ost-West-Richtung.
a) Nenne Beispiele.
b) Warum finden wir solche Grenzziehungen nicht in Europa?

4 Weshalb nennt man die Farm Osterman einen „Veredelungsbetrieb"?

5 Beschreibe die Entwicklung der Produktion von Weizen und Mais in den USA (5).

6 In den letzten 20 Jahren fand in den USA ein großes „Farmsterben" statt. Welche Farmen waren vor allem davon betroffen?

1 

Feedlots

Agrobusiness

„Da laufen unsere Dollars!“ Jack Crawley zeigt auf eine Herde von 800 Rindern, die gerade zum Schlachthof getrieben wird. Jack ist Manager dieses riesigen Rindermastbetriebes im Imperial Valley in Südkalifornien mit mehr als 100 000 Tieren. „Unsere Tiere stehen in **Feedlots,** immer 250 Tiere zusammen“, erzählt er. „Das ist hier in der Halbwüste sehr billig. Wir brauchen keine Ställe zu bauen, sondern nur Viehpferche einzuzäunen. Wegen der Sonne müssen wir sie natürlich überdachen. Wir benötigen täglich 1100 Tonnen Futter, das mit Lkw an die Tiere verteilt wird. Eine einzige Arbeitskraft kann bis zu 6000 Tiere versorgen. Die Zusammensetzung des Futters berechnet unser Computer. Jedes Tier soll am Tag 1,5 kg zunehmen, natürlich in der guten Fleischqualität, wie sie unser Markt verlangt. Wir Amerikaner sind nun einmal anspruchsvolle Steak-Esser!“

Blumenkohlernte auf Bewässerungsland in Kalifornien

2 

So wie der Viehzuchtbetrieb von Jack Crawley werden viele landwirtschaftliche Betriebe in den USA immer stärker rationalisiert, indem sie sich auf ein Produkt spezialisieren, immer perfektere Maschinen einsetzen und die Nutzung immer stärker intensivieren.
Nirgendwo in der Welt – auch nicht im übrigen Amerika – ist die Entwicklung der Landwirtschaft so weit fortgeschritten wie hier in Kalifornien. Dies läßt sich beim Anbau von Sonderkulturen besonders gut beobachten: Durch neue Züchtungen, intensive Düngung und Schädlingsbekämpfung sowie durch künstliche Bewässerung konnten die Erträge ständig gesteigert werden.
Weintrauben werden maschinell geerntet. Hydraulische Rüttler schütteln Mandeln und Walnüsse von den Bäumen. Riesige Greifer holen Datteln von den Palmen. Pflückroboter mit weichen Fangarmen aus Plastikschläuchen ernten Pfirsiche, Pflaumen, Aprikosen und Oliven. Inzwischen wurden schon die passenden Früchte zu den Maschinen gezüchtet, zum Beispiel Tomaten mit einer kantigen Form, damit sie nicht vom Förderband rollen.

Diese Entwicklung wird nur durch billige Arbeitskräfte gebremst. Auf den riesigen Salat- und Gemüsefeldern und in den Obstplantagen sieht man oft große Kolonnen von Pflückern. Viele von ihnen kommen aus Mexiko. Sie leben illegal in Kalifornien und sind froh, überhaupt einen Job zu haben.
So wandelt die amerikanische Landwirtschaft ihr Gesicht immer mehr hin zum **Agrobusiness.** Dabei werden die natürlichen Schranken wie Trockenheit und Kälte mit modernster Technik und Wissenschaft überwunden. Die Familienfarm wird zum Zulieferer für Großfarmen, deren Eigentümer oft Unternehmen wie Boeing, Coca-Cola, Standard Oil oder eine Bank sind. Für sie ist die Landwirtschaft nur eine Abteilung ihres Konzerns. Das traditionelle „family farming" wird mehr und mehr abgelöst vom **„industrial farming".** Doch diese Entwicklung fordert ihren Preis von Mensch und Natur.

1 a) Beschreibe die Fotos (1), (2) und (5).
b) Was beeindruckt dich am stärksten?

2 Stelle Vor- und Nachteile der Rindermast in Feedlots gegenüber.

3 Arbeite mit dem Atlas: Untersuche, woher das Bewässerungswasser in Kalifornien stammt.

In vielen Trockengebieten ist der Wasserverbrauch der Farmen so groß, daß mehr Grundwasser aus dem Boden gepumpt wird, als sich durch Niederschläge anreichern kann. Immer tiefere Brunnen und längere Fern-Wasserleitungen müssen gebaut werden. Es stellt sich die Frage, ob es überhaupt noch rentabel ist, in Trockengebieten zu wirtschaften.
Viele Amerikaner sind einen ständigen Überfluß gewohnt. Doch jede Kalorie an Nahrungsmitteln wird mit 15 Kalorien an Energie erkauft, die für die Maschinen, den Dünger, die Verarbeitung und die Verpackung gebraucht werden.

	1930	1990
Zahl der landw. Betriebe/ Erwerbstätige in der Landwirtschaft	6,5 Mio. 11 Mio.	2,1 Mio. 3,3 Mio.
Ackerfläche	140 Mio. ha	190 Mio. ha
Durchschnittliche Betriebsgröße	57 ha	186 ha
Mechanisierung Beispiel: Zahl der Traktoren	1,1 Mio.	5,5 Mio.
Verbrauch an Mineraldünger	15 kg/ha	43,4 kg/ha
Landw. Produktionen Beispiel: Getreide	140 Mio. t	313 Mio. t
Hektarerträge Beispiel: Mais	15,7 dt/ha	74 dt/ha

4 **Veränderungen in der Landwirtschaft der USA**

4 Auch in Deutschlands Supermärkten sind viele Produkte aus Kalifornien erhältlich. Nenne Beispiele.

5 a) Erläutere in Tabelle (4) die Veränderungen in der US-Landwirtschaft.
b) In welchen Zeilen erkennst du die Grundlagen der hohen Leistungsfähigkeit, in welchen Zeilen die Folgen?

6 Nenne sechs Merkmale des „industrial farming". Zu wessen Lasten geht diese industrialisierte Landwirtschaft?

5 **Einsatz eines „Läusestaubsaugers"**

Nunavut heißt: unser Land!

Uranium City, Port Radium, Coppermine – so heißen einige Orte im Norden Kanadas. Dort werden Bodenschätze abgebaut. Neben Uran und Kupfer sind es Gold, Silber, Zink, Blei, Erdöl und Erdgas. Kanadas Norden ist so reich an Bodenschätzen, daß das Land zu einem wichtigen Rohstofflieferanten für den Weltmarkt geworden ist.
Im Norden Kanadas leben aber auch Ureinwohner: Inuit und Indianer. Sie sind vor Tausenden von Jahren aus Asien eingewandert. Die Indianer siedeln in den endlosen Nadelwäldern südlich der Tundra, die Inuit an den arktischen Küsten. „Nunatsiaq" nennen sie diesen Lebensraum. Das heißt so viel wie „schönes Land". Dieses Land wollen die Inuit nun wiederhaben. Sie wehren sich gegen jene Weißen, die sich nur für kurze Zeit dort aufhalten und die Natur ausbeuten. Sie wollen, daß übermäßige Eingriffe durch den Bergbau beendet werden. Sie fordern, daß vor allem die Schätze der Natur genutzt werden, die sich selbst erneuern.
Nach langen Verhandlungen ist die kanadische Regierung in Ottawa bereit, die alten Rechte der Inuit anzuerkennen. „Nunavut" – „unser Land", so soll das neue Territorium heißen.
Der Einfluß der Bergbauunternehmen auf das Leben der Inuit ist in all ihren Dörfern spürbar. Guter Verdienst für Wenige bringt Konflikte in die Gemeinschaft. Trotz der Erleichterungen, die der Fortschritt gebracht hat, sind viele Inuit unzufrieden und unglücklich. Ihre traditionelle Lebensweise und ihr Gefühl, Inuit zu sein, droht verloren zu gehen. „Sie kennen aus dem Fernsehen viele verschiedene Autotypen, aber sie können keine Schneeschuhe mehr bauen", klagt ein alter Inuit über seine Söhne.

2 **Erdölgewinnung an der Beaufortsee**

1 **Inuitfrau spannt ein Karibufell auf**

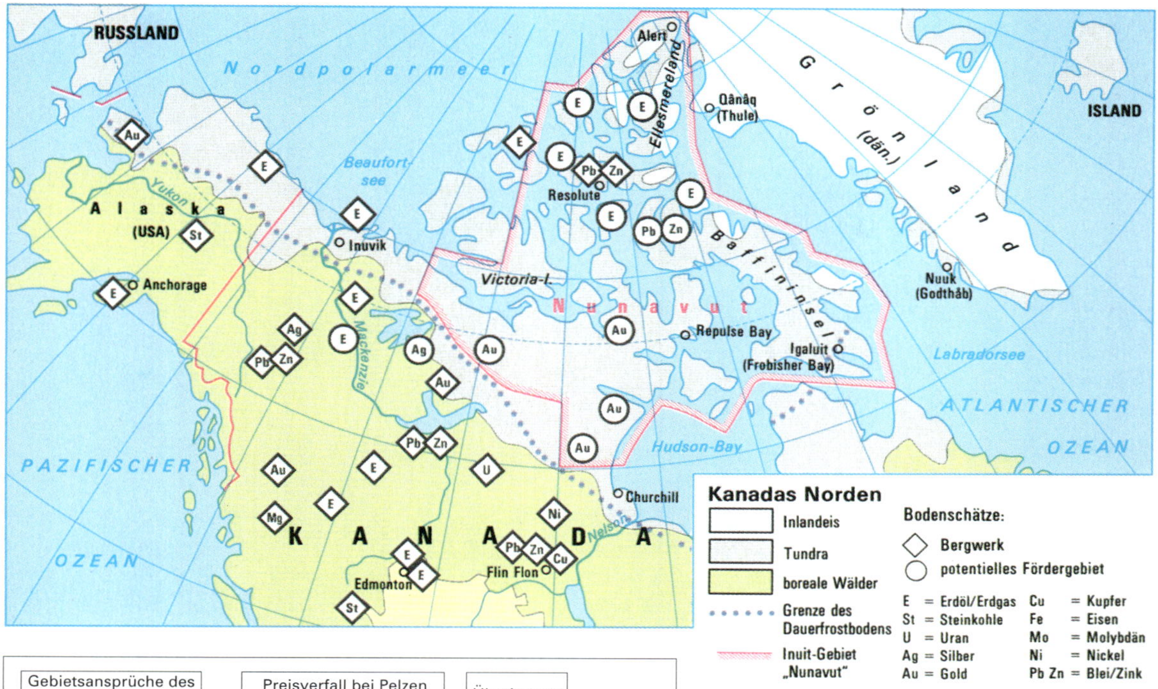

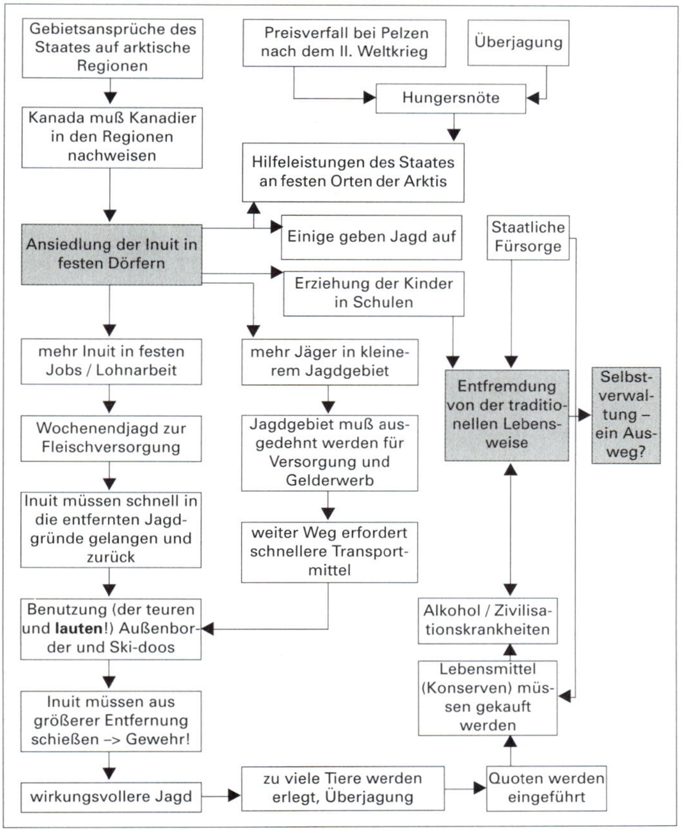

1 Beschreibe die Fotos (1) und (2). Welche Merkmale der Tundra sind zu erkennen?

2 a) Werte die Karte (3) aus. Welche Lagerstätten finden sich in welchen Regionen?

b) Nenne erneuerbare Naturschätze Nordkanadas.

3 Begründe den Wunsch der Inuit auf Selbstverwaltung. (Text und Schema 4)

4 Bewerte die Folgen des technischen Fortschritts auf das Leben der Inuit.

5

Grundbegriffe
Agrobusiness
Einwanderer
Downtown
Farm
Ghetto
High-Tech-Industrie
Konzern
industrial farming
Manufacturing Belt
Prärie
Ranch
Reservat
Suburbanisierung
Sun Belt

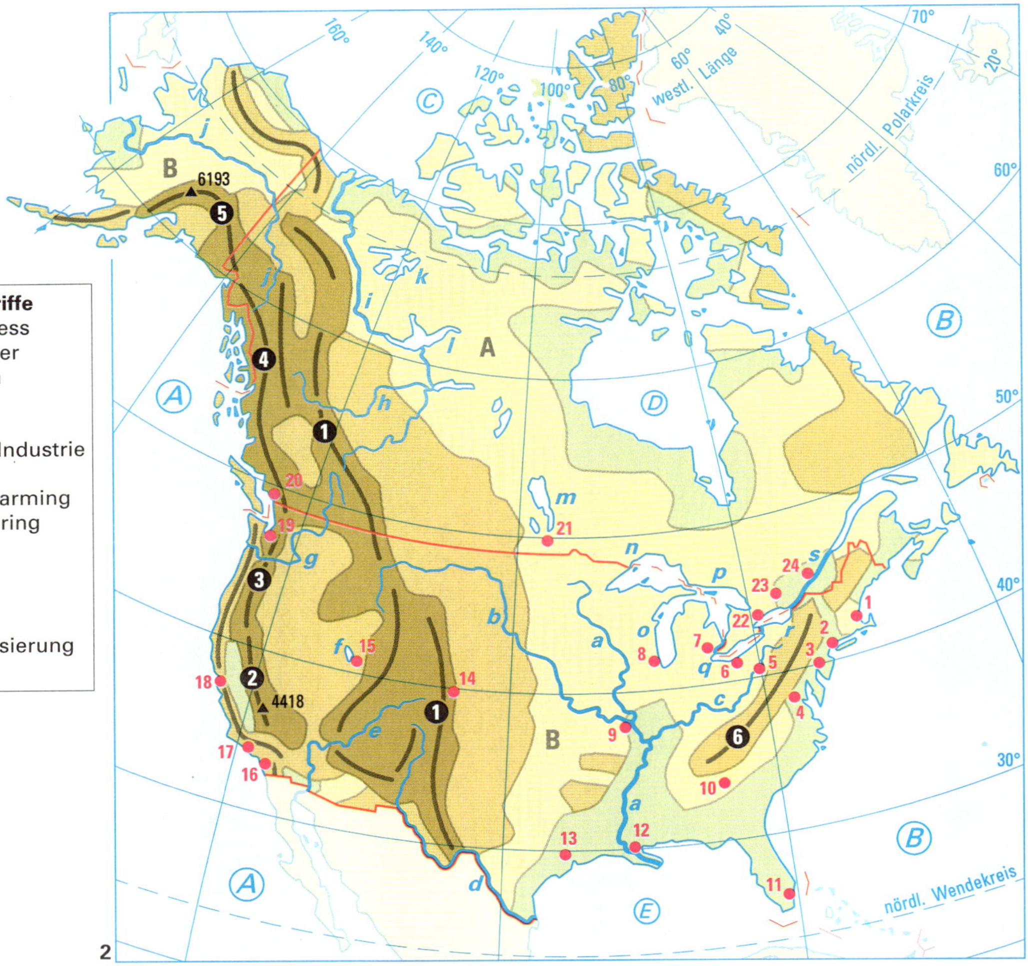

2

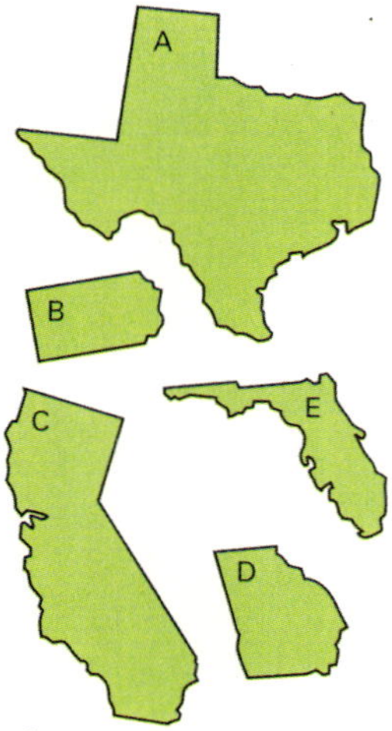

1

1 Arbeite mit Karte (2). Bestimme die Städte (1 =), die Flüsse und Seen (*a* =), die Gebirge und Bergländer (① =) und die Meere (Ⓐ =). Benutze hierzu den Atlas.

2 Welche Bundesstaaten sind in der Abbildung (1) dargestellt?
a) Schreibe ihre Namen auf.
b) Welche Vorstellungen verbindest du mit diesen Bundesstaaten?

3 Welcher Begriff paßt nicht in die Reihe?
a) Rocky Mountains, Little Rock, Appalachen, Kaskadengebirge.
b) Alberta, Nebraska, Alabama, Arizona.
c) Colorado, Missouri, Mississippi, Columbia, Sambesi.
d) San Francisco, Miami, Los Angeles, San Diego.

4 Weißt du über die USA und Kanada Bescheid? Die Anfangsbuchstaben der gesuchten Begriffe ergeben das Lösungswort.
a) US-amerikanischer Bundesstaat, der Nachbar von Rußland ist.
b) Stadt, in der Miß Liberty seit 1886 die Fackel der Freiheit hochhält.
c) Wohnviertel ethnischer Minderheiten.
d) Kalter Meeresstrom vor Neufundland.
e) Hauptstadt von Kanada.
f) Bedeutender Industriezweig in Detroit.
g) Größtes Industriegebiet der Erde.
h) Grundlage des Aufschwungs in Texas.
i) Schutzgebiet für Indianer.
j) Bewohner der nördlichen Polargebiete.
k) Urkontinent, der das Kernstück des nordamerikanischen Kontinents bildet.
l) Produktionsform in der Landwirtschaft.

Nordamerikanische Freihandelszone

Die Vereinigten Staaten von Amerika, Kanada und Mexiko haben sich 1994 zu einem wirtschaftlichen Bund zusammengeschlossen und die Handelsschranken untereinander beseitigt. Die NAFTA ist somit die größte Freihandelszone der Welt mit einer gigantischen Wirtschaftsmacht.

USA in der Weltproduktion (Anteile in %)

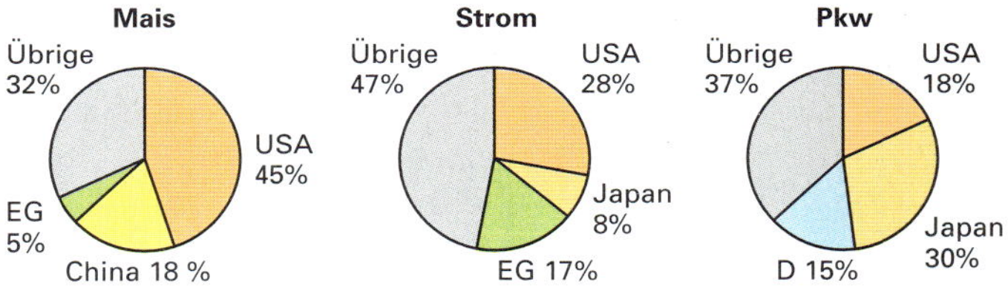

4

Merken durch Verorten von Begriffen

Geographische Begriffe stehen für einen bestimmten Sachverhalt. Schreibe dir zu jedem Begriff Stichworte, die den Begriff erklären. Beispiel:

Begriff	Sachverhalt
Metropole	Hauptstadt, politischer, wirtschaftlicher und gesellschaftlicher Mittelpunkt eines Landes.

Oft sind Begriffe auf einen Ort bzw. ein Gebiet bezogen. Beispiel:

Begriff	Sachverhalt	Gebiet
Boswash	Abkürzung für ein großes Verdichtungsgebiet …	von Boston bis Washington reichend

Trage die Begriffe in eine Umrißkarte ein. Umgrenze den Geltungsbereich mit einem Farbstift, dann hast du eine **„Verortungskarte"**. Dein Gedächtnis behält solche vereinfachten Karten besser als Atlaskarten mit vielen Informationen.

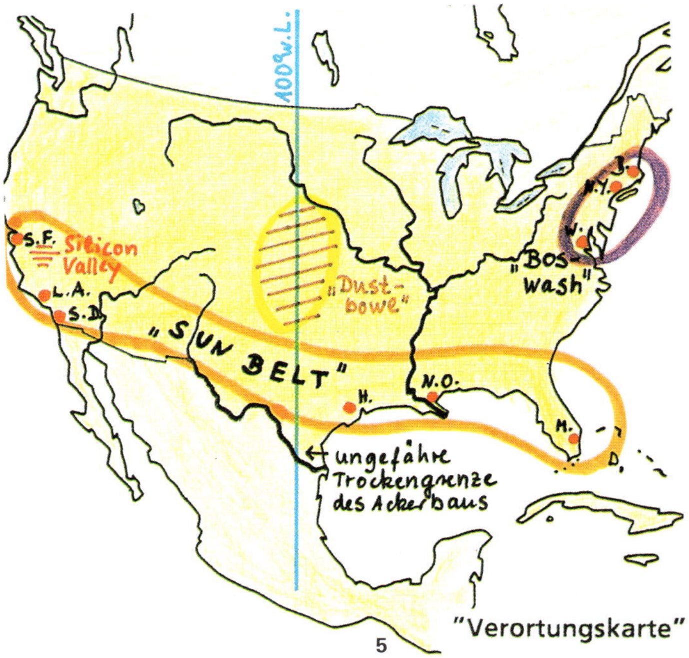

5 "Verortungskarte"

Die Frage: Wo noch?

Bestimmte Sachverhalte, die du an einem Beispiel kennenlernst, finden sich auch in anderen Regionen der Erde wieder. So gibt es zum Beispiel in vielen Staaten große städtische Verdichtungsgebiete wie etwa das Gebiet um New York („Boswash") oder aber erosionsgefährdete Gebiete wie zum Beispiel den „dustbowl". Die Frage „Wo noch?" eröffnet also die Möglichkeit zum weltweiten Vergleich.

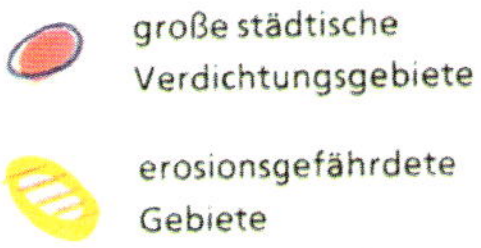

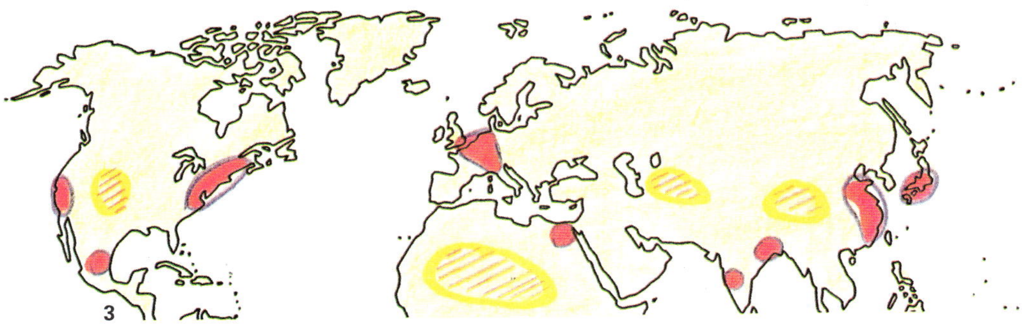
3

Nord- und Mittelasien

Rußland – ein Viertel Europa und drei Viertel Asien. Unvorstellbar ist die Größe dieses Landes. Wenn es in Moskau zwei Uhr ist, zeigen die Uhren in Anadyr zwölf Uhr an. Man muß erst mal zählen, wie viele Zeitzonen dazwischen liegen. Unglaublich ist auch der natürliche Reichtum von Sibirien. So findet man hier das größte zusammenhängende Waldgebiet, den tiefsten Binnensee, aber auch die größten Kohle- und Erdgaslagerstätten der Erde.
Zu Nord- und Mittelasien zählen weitere Staaten, die bis 1991 ehemalige Sowjetrepubliken waren. Heute haben sie sich der **Gemeinschaft Unabhängiger Staaten (GUS)** angeschlossen. Vorwiegend Turkvölker mit eigenen Sprachen und Kulturen sind die Bewohner der weiten Steppen, Halbwüsten und Gebirgstäler.

2

1
Baumwollernte in Usbekistan

3

Erdgasleitung bei Urengoi, Westsibirien

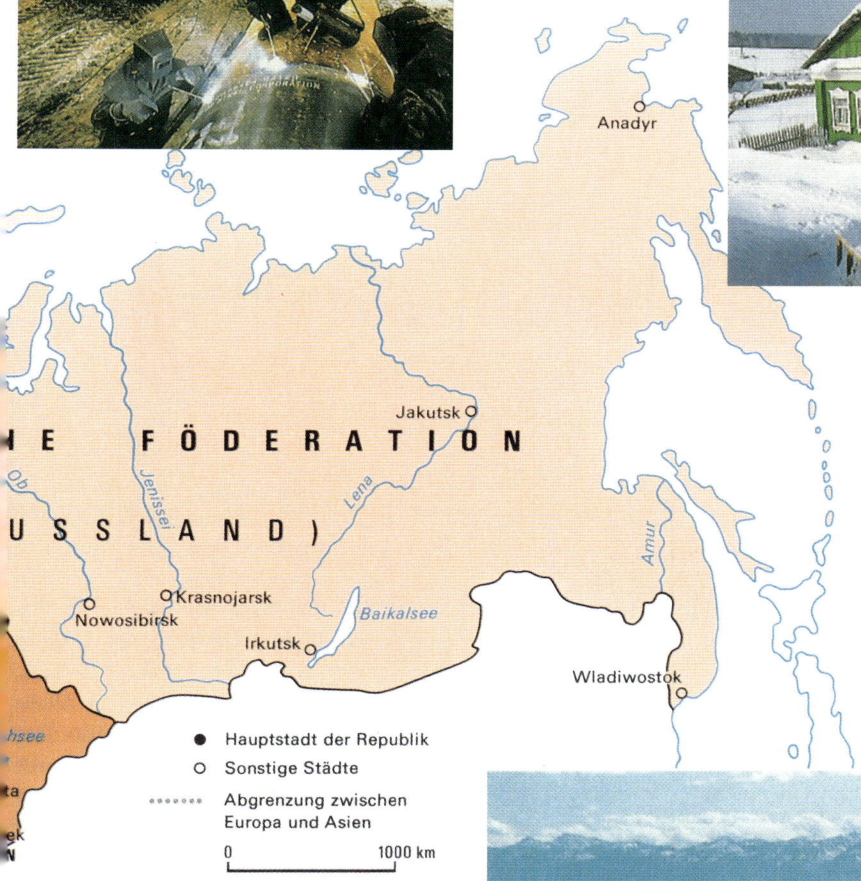

6

Typisches Holzhaus

5

Am Baikalsee

Basar in Taschkent, Usbekistan

1

Großfürstentum Moskau um 1450

Großfürstentum Rußland Ende des 16. Jahrh.

Ausbreitung im 17. Jahrh.

Ausbreitung im 18. Jahrh.

Erwerbungen im 19. Jahrh.

Erweiterungen im 20. Jahrh.

1874 Gründungsdaten der Städte

Vom Großfürstentum über die Sowjetunion zur GUS …

Schon vor tausend Jahren gab es einen Staat, „Kiewer Rus“ genannt, mit den Hauptorten Kiew und Nowgorod. Daraus entstand dann der Name „Rossija“, Rußland. Ende des 12. Jahrhunderts wurde Moskau die neue Hauptstadt des Großfürstentums Rußland. Von Moskau aus wurde das Staatsgebiet vor allem nach Osten vergrößert. Bis zum Ende des 19. Jahrhunderts war Sibirien vor allem als Lieferant wertvoller Felle und als Ort für Verbannte bekannt. Die Ausdehnung nach Westen vollzog sich wesentlich langsamer. Im Jahre 1703 gründete Zar Peter I. die Stadt Petersburg, Rußlands „Fenster nach Europa“.

Fünf Jahre nach der Oktoberrevolution wurde 1922 die „Union der Sozialistischen Sowjetrepubliken“ gebildet. Die Politik und Wirtschaft dieses großen Staates wurde nun von Moskau aus zentral gelenkt. Ende des Zweiten Weltkrieges erreichte die Sowjetunion ihre größte Ausdehnung. Sie bestand aus 15 Republiken.

2

Die Nachfolgestaaten der UdSSR 1994	Hauptstadt	Fläche in Tausend km²	Einwohnerzahl in 1000	Anteil an der Bevölkerung in %	Bezeichnung der Währung
Russische Föderation	Moskau	17 075	148 543	51,2	Rubel
Ukraine	Kiew	604	51 944	17,9	Karbowanez
Usbekistan	Taschkent	447	20 708	7,1	Rubel
Kasachstan	Alma Ata	2 717	16 793	5,8	Tenge
Weißrußland	Minsk	208	10 260	3,5	Rubel
Aserbaidschan	Baku	87	7 137	2,4	Manat
Georgien	Tiflis	72	5 464	1,9	Kupon
Tadschikistan	Duschanbe	143	5 358	1,9	Rubel
Kirgistan	Bischkek	199	4 422	1,5	Som
Moldau	Kischinjow	34	4 367	1,5	Leu
Turkmenistan	Aschchabad	488	3 714	1,3	Manat
Armenien	Jerewan	30	3 376	1,2	Dram
GUS-Staaten (gesamt)		22 104	282 086	97,2	
Litauen	Wilna	65	3 728	1,3	Litas
Lettland	Riga	65	2 681	0,9	Lats
Estland	Tallinn	45	1 582	0,6	Estnische Krone
Insgesamt		22 276	290 077	100,0	

3

Am 21. Dezember 1991 hält die Welt den Atem an: Die Sowjetunion besteht nicht mehr. An ihre Stelle tritt die Gemeinschaft Unabhängiger Staaten (GUS) – ein Staatenbund von zwölf der ehemals 15 Republiken. Drei Republiken – Estland, Lettland und Litauen – versuchen, ganz eigene Wege zu gehen. Der Aufbau neuer politischer und wirtschaftlicher Strukturen in den Nachfolgestaaten der UdSSR ist allerdings voller Probleme. Die Streitkräfte müssen ebenso aufgeteilt werden wie die alten Staatsschulden. Neue Grenzen und Währungen behindern die wirtschaftliche Entwicklung. Die Umorientierung wird noch viele Jahre dauern.

Mehr als hundert Völker leben im heutigen Rußland, dem flächengrößten Staat der Erde. Der überwiegende Teil der russischen Bevölkerung lebt in den weiten Ebenen des europäischen Landesteiles. Östlich des Urals, also auf asiatischem Gebiet, leben dagegen nur 54 Millionen Menschen auf 13,6 Millionen km². Aber nicht nur historische und politische Entwicklungen, sondern auch die naturräumlichen Bedingungen haben Einfluß auf diese Bevölkerungsverteilung Rußlands.

1 Erkläutere die Karte (1). Verfolge auch die Gründungsdaten der Städte.

2 Schreibe in Stichworten die Entwicklung Rußlands vom Großfürstentum bis heute auf.

3 Nutze die Tabelle (3):

a) Nenne die Mitgliedsstaaten der GUS.

b) Berechne die Einwohnerdichte in den einzelnen GUS-Staaten.

c) Nenne Gründe für die unterschiedliche Bevölkerungsverteilung.

4 Wievielmal größer ist die Fläche Rußlands als die von Deutschland?

Flächengröße im Vergleich in Mio. km²

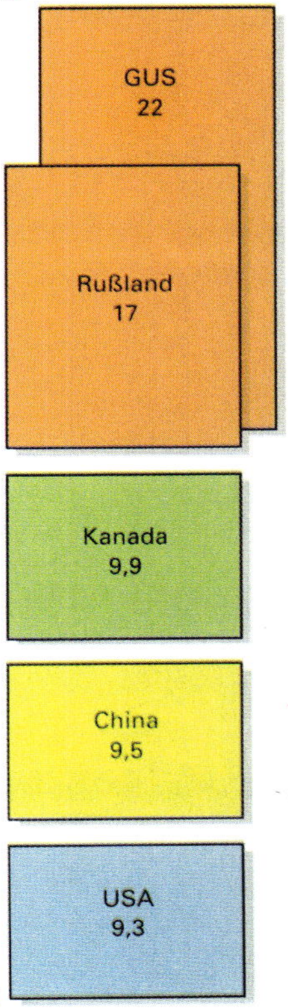

4

1
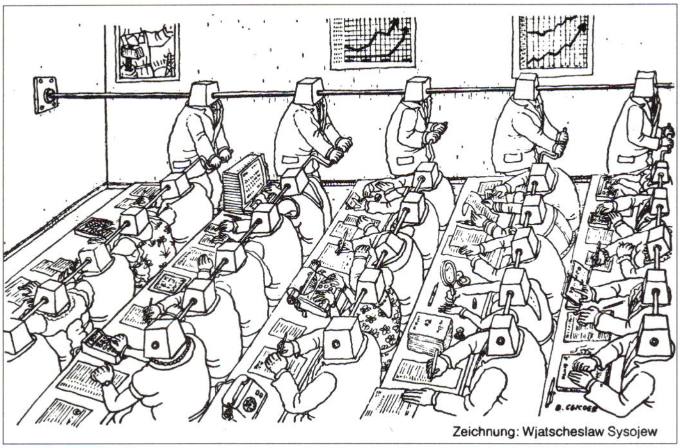
Zeichnung: Wjatscheslaw Sysojew

Von der Planwirtschaft zur Marktwirtschaft

Alle Menschen sind gleich! Diese Idealvorstellung sollte im Kommunismus der Sowjetunion verwirklicht werden. Persönliches Eigentum an Produktionsmitteln, wie zum Beispiel Boden und Fabrikanlagen, stand dieser Idee entgegen und wurde deshalb enteignet. Die Erträge einer vom Staat geplanten und gesteuerten Wirtschaft sollten allen gleichermaßen zugute kommen.
Diese Überlegung stand am Anfang der **Planwirtschaft.** In Moskau wurden für alle Wirtschaftsbereiche Ministerien aufgebaut, die die Produktion des ganzen Landes zentral verwalteten. Deshalb spricht man auch von einer **Zentralverwaltungswirtschaft.** Die Planungsbehörden erstellten dafür Fünfjahrespläne, in denen die Produktionsschwerpunkte angegeben waren.
Im ersten Fünfjahresplan von 1928 war die Entwicklung der Sowjetunion vom Agrarland zum Industrieland das wichtigste Ziel. Das Interesse galt vor allem dem Aufbau von Schwerindustrie, insbesondere dem Maschinenbau. Ein großer Verwaltungsaufwand war notwendig, um für das riesige Land alles zentral zu planen. Der Behördenapparat blähte sich im Laufe der Jahre immer mehr auf. Die einzelnen Betriebe hatten kaum Entscheidungsfreiheit. Von der Bürokratie wurden Art und Umfang jeglicher Produktion sowie deren Verteilung auf weiterverarbeitende Betriebe oder Konsumenten bestimmt. Schlichen sich irgendwo Planungsfehler ein, kam es zu einer Kettenreaktion von Mißständen. Fehlten beispielsweise Ersatzteile für Baumwollerntemaschinen, ging ein Teil der Baumwolle verloren. Dies wiederum führte zu Ausfällen in den Baumwollspinnereien usw...
Die Planwirtschaft wurde mehr und mehr zu einer Mißwirtschaft, und die Bedürfnisse der Bevölkerung wurden immer weniger befriedigt. Die Unzufriedenheit wuchs. Auch die Politiker erkannten, daß es so nicht weitergehen konnte. Ab Mitte der 80er Jahre ermöglichten sie den Betrieben mehr Eigeninitiative. Auch private wirtschaftliche Tätigkeit wurde verschiedentlich genehmigt.
Doch die Einsicht kam zu spät. Mit dem Zerfall der Sowjetunion brach auch das planwirtschaftliche System und damit die enge wirtschaftliche Verflechtung der Sowjetrepubliken untereinander zusammen. Neue Grenzen und Währungen behindern den Handel. So wurde zum Beispiel Rußland für die Ukraine zum Ausland. Viele Betriebe in beiden Ländern verloren ihre im Plan festgeleg-

Käuferschlange vor einem Lebensmittelgeschäft

2

ten Zulieferer oder Abnehmer. Sie müssen sich nun im Rahmen einer **Marktwirtschaft** selbständig Rohstoffe, Maschinen und andere Produktionsmittel beschaffen sowie Absatzmöglichkeiten für ihre Produkte suchen. Daß dies nach rund 70 Jahren Planwirtschaft nicht sofort funktioniert, ist verständlich, denn man hat bisher wenig Erfahrung mit eigenverantwortlichem Handeln.

Viele Menschen in der ehemaligen Sowjetunion sind inzwischen ohne Arbeitsplatz, und für die meisten hat sich die materielle Situation verschlechtert. Manche Produkte, die früher zu einem staatlich festgelegten Niedrigpreis verkauft wurden, sind heute unter den Bedingungen des freien Marktes und der herrschenden Knappheit kaum mehr bezahlbar.

Trotz aller Probleme macht die Privatisierung in vielen Bereichen Fortschritte: Wohnungen wurden privatisiert, neue Betriebe gegründet, alte Betriebe in Aktiengesellschaften umgewandelt. Unternehmen aus der EU, den USA und Japan errichteten Niederlassungen vor allem in den Großstädten Moskau und Sankt Petersburg. „Joint Ventures", das sind Gemeinschaftsunternehmen mit zum Beispiel russischer und deutscher Beteiligung, sollen für einen weiteren wirtschaftlichen Aufschwung sorgen.

Entscheidend für die Durchsetzung marktwirtschaftlicher Strukturen in den neuen Staaten ist jedoch der Wille der Menschen zur grundsätzlichen Reform von Staat und Wirtschaft.

1 Führe das im Text genannte Beispiel fehlender Ersatzteile für Baumwollerntemaschinen weiter:
a) Gehe dabei von starren planwirtschaftlichen Verhältnissen aus.
b) Wie könnte sich die Situation unter marktwirtschaftlichen Bedingungen ändern?

2 Liste Schwierigkeiten auf, die mit der Hinwendung zur Marktwirtschaft auftreten können.

3 **Im Moskauer Kaufhaus GUM**

4

Moskauer Staatskarossenbauer SIL in Privathänden

Moskau (dpa) – Der für seine Staatskarossen bekannte Autohersteller SIL ist jetzt als erste Aktiengesellschaft landesweit zum Kauf angeboten worden. SIL zählt zu den größten Unternehmen Rußlands. Das Staatskomitee für Vermögen plant, rund 720 größere Staatsbetriebe teilweise in private Hand übergehen zu lassen. Das 1916 gegründete Automobilwerk stellte neben den weltbekannten Limousinen für die Staatsführung im Jahr 1992 19 000 Motoren, 148 000 Lkw sowie 130 000 Kühlschränke her. Der Konzern hat mit seinen 16 Tochtergesellschaften rund 103 000 Mitarbeiter und 17 000 Pensionäre.

Planwirtschaft		Marktwirtschaft
zentral vom Staat	Entscheidung	in jedem Unternehmen
vor allem staatliches und genossenschaftliches Eigentum, wenig privates Eigentum	Eigentumsformen	vor allem Privateigentum, wenig staatliches und genossenschaftliches Eigentum
Erfüllung eines Plansolls	Produktionsziel	Erwirtschaftung von Gewinnen
Festsetzung durch den Staat	Preise	Preisbildung durch Angebot und Nachfrage auf dem Markt
Festsetzung durch den Staat	Löhne	Festsetzung durch Tarifverhandlungen zwischen Arbeitgebern und Arbeitnehmern

5

1 Kirgisische Frauen

2 Völker in den Staaten der ehemaligen Sowjetunion

Viele Völker – viele Probleme?

Jahrzehntelang lebten sie scheinbar friedlich zusammen, die vielen Völker der ehemaligen Sowjetunion. Die Russen stellten die größte und einflußreichste Gruppe. Sie sind Slawen wie die Ukrainer und Weißrussen. In vielen Sowjetrepubliken bildeten die Russen eine Minderheit, vor allem in Mittelasien. Hier leben Turkvölker, die im Gegensatz zu den christlichen Slawen der islamischen Glaubensgemeinschaft angehören.

Eine besonders große Vielfalt herrscht im Gebiet beiderseits des Kaukasus. Dort leben auf engstem Raum mehr als 30 verschiedene Völker. Sie unterscheiden sich nach ihrer Herkunft, Religion und Geschichte stark voneinander. Politisch gehört das Gebiet zu vier Republiken: Georgien, Armenien und Aserbaidschan im Süden sowie Rußland im Norden des Kaukasus. Nach dem Zusammenbruch der Sowjetunion entstanden immer radikalere Forderungen nach Selbstbestimmung, die sogar zu bewaffneten Konflikten führten. 25 Millionen Russen, die dort leben, wurden zu Ausländern. Sie sind bestrebt, ihre bisherigen Rechte zu schützen.

3 Kasachische Frauen

Die nationalitätenreichste Republik ist Kasachstan. In dem **Vielvölkerstaat** leben Angehörige von mehr als hundert Nationalitäten. Zahlreiche Völkerwanderungswellen und Eroberungszüge in historischer Zeit sind Ursachen dieser Multinationalität. Dazu gehören auch erzwungene Übersiedlungen in diesem Jahrhundert, in dem kaukasische Völker, Wolgadeutsche, Koreaner, Polen und Personen aller „verdächtiger“ Nationalitäten nach Kasachstan verschleppt wurden.

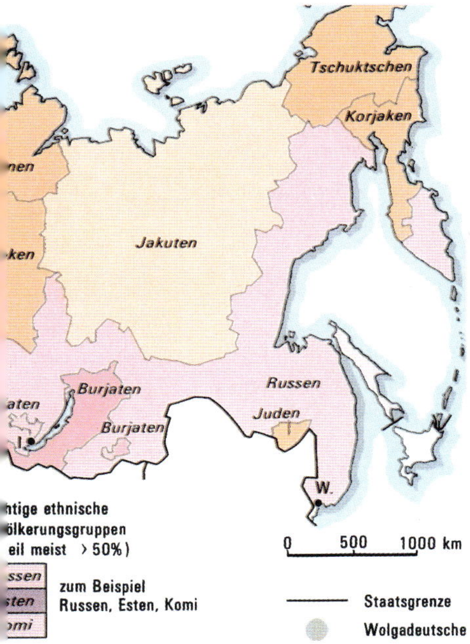

4 Tadschikische Männer bei einer Versammlung

Die Tadschiken
Im Unterschied zu den benachbarten Turkmenen, Usbeken und Kirgisen, die zu den Turkvölkern zählen, gehören die Tadschiken zur iranischen Völkerfamilie. Die etwa drei Millionen Tadschiken bekennen sich wie die Nachbarvölker zum Islam sunnitischer Richtung. Tadschiken, die eine indoeuropäische Sprache sprechen, waren schon in vorchristlicher Zeit in Mittelasien ansässig. Die Durchschnittsfamilie besteht aus sieben Personen. Bei hoher Arbeitslosigkeit lebt die Mehrheit der Bevölkerung in ärmlichen Verhältnissen. Immer wieder kommt es zu Konflikten zwischen den verschiedenen Volksgruppen.

5

Zahlenmäßig nimmt der Anteil der Turkvölker in Mittelasien stetig zu, die Zahl der Russen dagegen ab. Viele Menschen deutscher Abstammung wandern inzwischen nach Deutschland aus.
Die ungelösten Nationalitätenkonflikte lassen das Schicksal Rußlands wie auch der GUS ungewiß erscheinen. Aber es gibt auf der Welt viele Beispiele für das friedliche Zusammenleben von Völkern. Warum sollte dies nicht auch in den Staaten der GUS möglich sein?

1 Arbeite mit der Karte (2):
a) Nenne fünf Völker, die auf dem Gebiet Rußlands leben.
b) In welchen Gebieten der ehemaligen Sowjetunion sind Menschen deutscher Abstammung häufiger vertreten?

2 Zähle mit Hilfe der Abbildung (6) die Nachfolgestaaten der Sowjetunion auf, die einen höheren Bevölkerungsanteil an Russen aufweisen.

3 Erkläre den Begriff Vielvölkerstaat.

4 Berichte mit Hilfe des Textes (5) über das Volk der Tadschiken.

5 Informiere dich mit Hilfe eines Lexikons über weitere Völker in den Staaten der GUS. Erstelle Kurzberichte ähnlich dem Text (5).

6

1 **In der Nähe von Dudinga, Rußland**

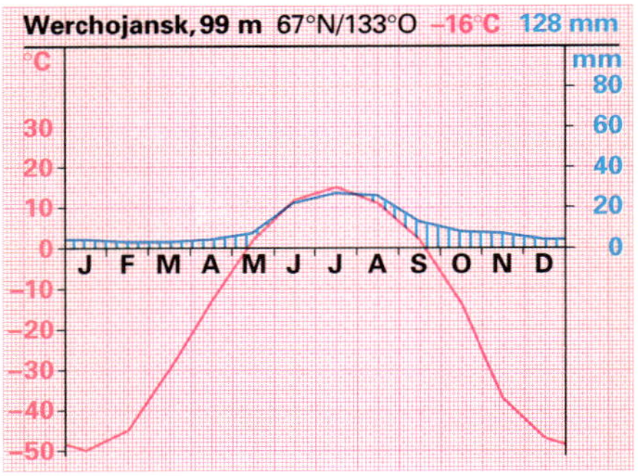

3

Zwischen Kältepol und Wüste

Großlandschaften in der ehemaligen Sowjetunion

1 Osteuropäisches Tiefland
2 Uralgebirge
3 Westsibirisches Tiefland
4 Mittelsibirisches Bergland
5 Ostsibirische Gebirge
6 Kaukasusgebirge
7 Tiefland von Turan
8 Hochgebirge im Süden

······· Grenze Europa - Asien

So vielgestaltig die Großlandschaften sind, so unterschiedlich ist auch das Klima in der GUS. Die Länder erstrecken sich von der Polaren Zone im Norden bis in die Wüstengebiete der Gemäßigten Zone und sogar bis in die Subtropen im Südwesten.

Lange, sehr kalte Winter und kurze heiße Sommer sind typisch für das in Nordasien vorherrschende kontinentale Klima. Die Temperaturschwankungen im Jahresgang können ohne weiteres 60 °C betragen. Als niedrigste Temperatur wurde sogar −71 °C in Oimjakon gemessen. Seitdem gilt dieser Ort in Ostsibirien als Kältepol der Nordhalbkugel. Die niedrigen Temperaturen haben mehrere Ursachen:

- Die Sonneneinstrahlung während des langen Winters ist in hohen Breiten so gering, daß die bodennahe Luft kaum erwärmt wird. Bei schneebedecktem Boden ist die Erwärmung noch geringer.
- Von der geringen Wärme, die der Boden tagsüber speichert, wird nachts ein großer Teil wieder in den meist wolkenlosen Himmel abgestrahlt.
- Es fehlt der ausgleichende Einfluß maritimer Luftmassen.

Die Erwärmung der Erde nach der letzten Eiszeit reichte aus, die sibirischen Gletscher abzuschmelzen. Bis heute ist aber der Boden in nördlichen Teilen Sibiriens noch bis in große Tiefen gefroren.

Dieser **Dauerfrostboden** taut in den kurzen Sommermonaten nur oberflächlich auf. Schmelz- und Regenwasser können dennoch nicht einsickern, da der Untergrund gefroren bleibt. Es bilden sich deshalb ausgedehnte Sumpf- und Schlammgebiete, die große Teile Sibiriens für viele Wochen unpassierbar machen.

Die Möglichkeiten für den Ackerbau sind in Nord- und Mittelasien stark eingeschränkt. Im Norden und Osten behindert die Kälte den Anbau. Die Dauer der frostfreien Zeit ist bestimmend, ob Ackerbau betrieben und welche Frucht angebaut werden kann. Mindestens 100

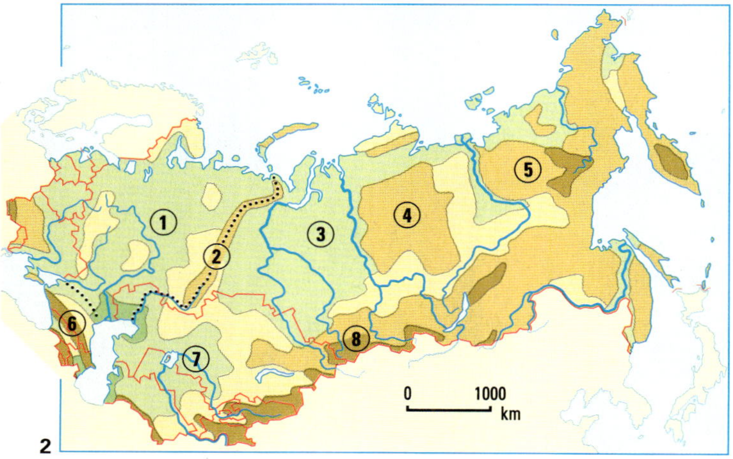

2

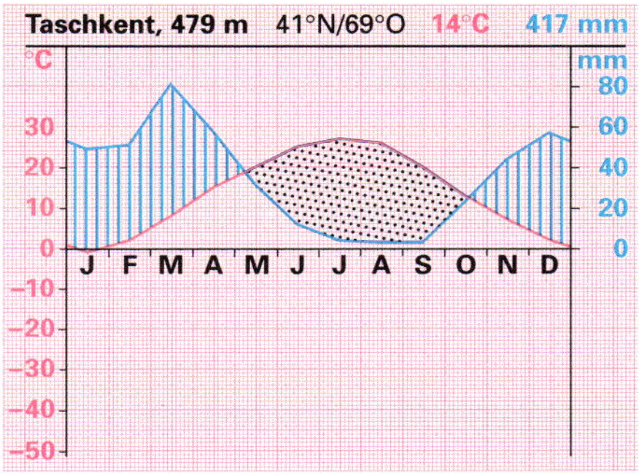

4

frostfreie Tage benötigt zum Beispiel Sommerweizen von der Aussaat bis zur Reife.

Im Süden der GUS ist es die Trockenheit, die eine ackerbauliche Nutzung erschwert. Dort ist künstliche Bewässerung für den Anbau von Feldfrüchten notwendig. Nur der Bereich zwischen Kälte- und Trockengrenze, wo Wärmeangebot und Niederschläge ausreichen, kann als klimatischer Gunstraum für den Ackerbau gelten.

6

In der Nähe von Bucharn, Usbekistan

1 Arbeite mit der Karte (2) und dem Atlas.
a) Ordne den Ziffern die richtigen Großlandschaften zu.
b) Ermittle die ungefähre Höhenlage der Gebirge und Bergländer.

2 a) Werte die Klimadiagramme (3) und (4) aus.
b) Erkläre den Temperaturverlauf in den Diagrammen (3) und (4).

3 Beurteile die ackerbaulichen Nutzungsmöglichkeiten in den Großlandschaften (Karte 2) mit Hilfe der Karte (5).

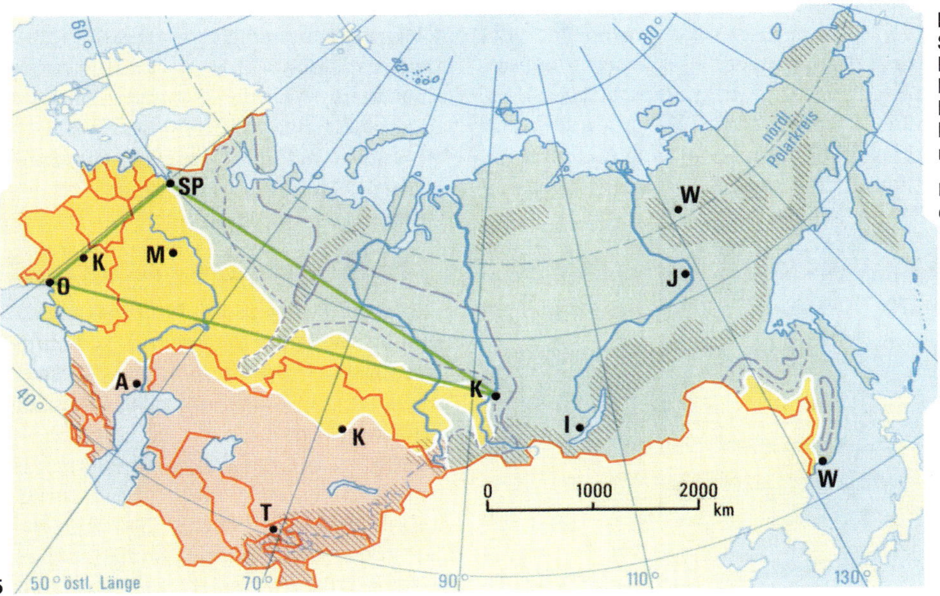

5

Ehemalige Sowjetunion: Klimaungunst, Klimagunst und landwirtschaftliche Nutzungsmöglichkeiten

Einschränkung des Ackerbaus durch:
- Kälte
- Trockenheit
- höhere Gebirgslagen

Südgrenze
- des Dauerfrostbodens
- der frostfreien Periode unter 100 Tage/Jahr

Zone ackerbaulicher Nutzung

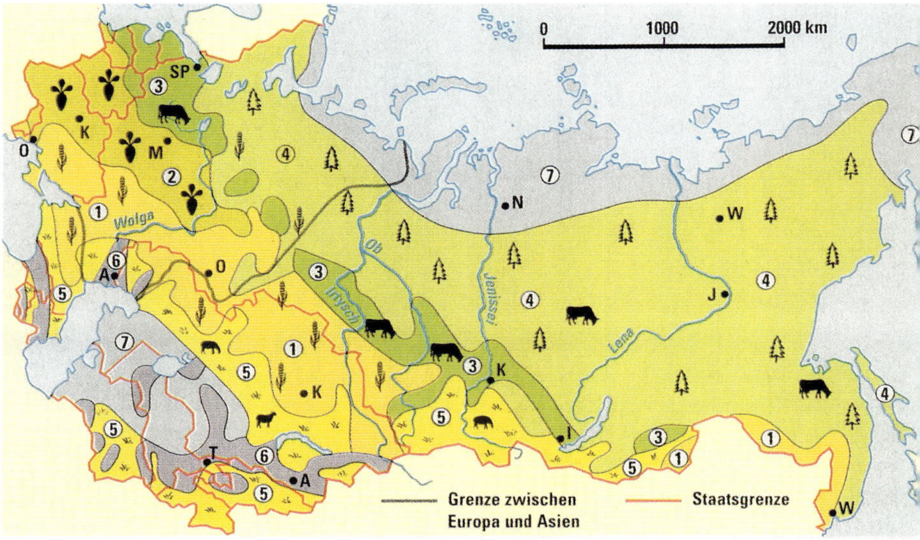

1
Landwirtschaftszonen in der ehemaligen Sowjetunion

① **Weizenzone**
Vorwiegend Weizen, im Westen auch Sonnenblumen; großenteils gute Schwarzerdeböden; im Osten Gefährdung durch Trockenheit

② **Gemischter Ackerbau**
Kartoffeln, Zuckerrüben und Getreide

③ **Weidewirtschaft**
Rinderhaltung, vorwiegend Milchwirtschaft

④ **Landwirtschaft in der Taiga**
Zusammenhängende Waldgebiete; nur stellenweise etwas Ackerbau und Viehwirtschaft

⑤ **Extensive Viehwirtschaft**
Trockengebiete; stellenweise Schafhaltung

⑥ **Bewässerungsgebiete**
Baumwolle, Reis, Obst, Gemüse, Zitrusfrüchte, Wein

⑦ **Ödland**
Tundra und Wüste; landwirtschaftlich nicht genutzt

Landwirtschaft: Zonen und Probleme

Viel Land, wenig Landwirtschaft – damit wird die Situation in der ehemaligen Sowjetunion treffend beschrieben. Nur wenig Land kann landwirtschaftlich genutzt werden. Als Kerngebiet gilt das „Agrardreieck“ zwischen Odessa, St. Petersburg und dem Altaigebirge. Die landwirtschaftliche Produktion in diesen Räumen ist oft unzureichend. So kommt es immer wieder zu Engpässen in der Versorgung der Bevölkerung und der Wirtschaft, wenn die Ernteerträge hinter den Erwartungen zurückbleiben. Die Gründe für die unzureichenden Ernten sind nicht nur in den natürlichen Hemmnissen zu suchen. Ebenso häufig beruhen sie auf schlechter Betriebsorganisation und auf hohen Transport- und Lagerverlusten.

Deshalb haben Agrarplaner immer wieder nach Wegen gesucht, die Agrarproduktion zu erhöhen. Kann dieses Ziel nicht auch dadurch erreicht werden, daß man landwirtschaftlich noch ungenutzte Gebiete erschließt, um dort neues Ackerland zu gewinnen?

So wurde 1954 ein **Neulandprogramm** ins Leben gerufen, nach dessen Plänen riesengroße Steppengebiete in Ackerflächen umgewandelt wurden. Dieses Land liegt vorwiegend an den Grenzen des Regenfeldbaus in Nordkasachstan und im südlichen Westsibirien. Allein in Kasachstan erhöhte sich die Aussaatfläche von 11,4 Millionen auf 28,4 Millionen Hektar.

Es wird zwar mehr Weizen und Hirse geerntet, aber auf stabile Ernteerträge kann man nicht immer hoffen. Mißernten sind wegen des klimatischen Risikos keine Seltenheit. Zudem zeigen sich bereits ökologische Folgeschäden: Bodenabtrag und Bodenversalzung durch falsche Bearbeitung.

Getreideernte in Kasachstan

2

3
Frauen bei der Baumwollernte in Usbekistan. Ihre Gesundheit ist durch den Einsatz giftiger Spritzmittel bedroht

In den Trockengebieten konnte Neuland nur durch künstliche Bewässerung der Felder gewonnen werden. Es sollten die Anbauflächen für Reis, Obst, Gemüse und vor allem für Baumwolle ausgedehnt werden. Die Steppen, Halbwüsten und Wüsten in Kirgistan, Tadschikistan, Turkmenistan und Usbekistan mußten mit Wasser versorgt werden. Man begann, die beiden Flüsse Amu-Darja und Syr-Darja anzuzapfen. Zusätzlich leitete man vom Amu-Darja den Karakumkanal ab. Etwa 7,2 Millionen Hektar Bewässerungsland hat man in den Ländern Mittelasiens geschaffen. Bald zeigte sich, daß diese Bewässerungsprojekte auch zu verheerenden Schäden führen:

- Viele Flächen sind für den Anbau völlig unbrauchbar geworden, weil die Böden ausgelaugt, versalzen oder vergiftet sind.
- Die Erträge aus dem Baumwollanbau nehmen ab.
- Der Aralsee stirbt.
- Immer mehr Menschen in den Bewässerungsgebieten erkranken. Die Ärzte sehen im Einsatz giftiger Spritzmittel die Hauptschuld.

Diese Bewässerungsprojekte machen deutlich, daß die komplexen Zusammenhänge in der Umwelt sehr sorgfältig bedacht werden müssen, damit langfristig nicht die Nachteile überwiegen.

Bewässerungsfläche in 1000 ha

	1965	1975	1985
Turkmenistan	514	819	1107
Usbekistan	2639	3006	3930
Kasachstan		1450	2050

5

1 „Agrardreieck“:
a) Was versteht man darunter?
b) In welcher Klimazone liegt es, und welche Staaten der ehemaligen Sowjetunion haben daran Anteil?

2 Welche Ziele verfolgte man mit dem Neulandprogramm?

3 Stelle die Vor- und Nachteile, die das Neulandprogramm mit sich brachte, zusammen.

Wasser wird im Karakumkanal 1100 km durch die Wüste geleitet

1 

Hier herrschte einst reger Hafenbetrieb

Was wird aus dem Aralsee?

2 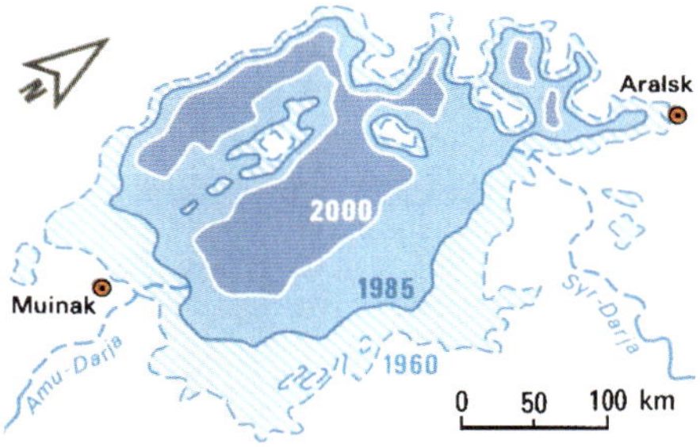

Wie man einen Bericht auswertet und den Inhalt darstellt:

1 Stelle zunächst fest: Wie lautet der Titel? Wer hat den Bericht geschrieben (Quellennachweis)? Wann und wo ist er erschienen?
2 Lies den Bericht aufmerksam durch, und notiere wichtige Begriffe und Sätze.
3 Unbekannte Wörter versuche mit Hilfe eines Lexikons zu klären.
4 Ordne deine Aufzeichnungen nach inhaltlicher Zusammengehörigkeit. Finde passende Überschriften für die einzelnen

Der nebenstehende Artikel aus der Zeitschrift „Sowjetunion heute" berichtet von einer der größten „Naturkatastrophen", die von Menschen verursacht wird.

3

• Vom Meer zum Salzsee
Blicken wir dreißig Jahre zurück: ein blaues, endloses Meer, Fischer, die reiche Fänge von Brassen und Barben anlanden, Bauern, die Berge von Wassermelonen und Zuckermelonen anbieten. Damals überlegte man: Am Aralsee könnte man einen internationalen Kurort einrichten. Doch in der Sowjetunion wurde dringend Baumwolle gebraucht. Der Kurort kam nicht, statt dessen baute man in Usbekistan und in anderen mittelasiatischen Republiken mehr und mehr Baumwolle an. Dazu mußten aus dem Amu-Darja und aus dem Syr-Darja, den wichtigsten Zuflüssen des Aralsees, für die Bewässerung große Wassermengen entnommen werden. Das Ergebnis: Die beiden gewaltigen Ströme fließen nur noch auf Landkarten in den Aralsee. In Wirklichkeit bringen sie in den letzten Jahren kaum mehr Wasser in den See.
Vor dreißig Jahren betrug die Wasseroberfläche über 66 000 km². Heute ist sie bereits um mehr als ein Drittel geschrumpft. Der Wasserstand sank um dreizehn Meter, die Küstenlinie zog sich zwischen 70 und 80 Kilometer zurück. Entsprechend verringerte sich die Wassermenge um 60 Prozent, der Salzgehalt stieg auf das Zweieinhalbfache.

• Die Katastrophe am Aralsee
Was am Aralsee geschieht, gefährdet die Gesundheit und das Leben von fast drei Millionen Menschen. Die Situation wird durch Dünge- und Schädlingsbekämpfungsmittel, die in der Landwirtschaft verwendet werden, verschärft. Das Wasser

Schüler erstellen ein Strukturschema

Sinnabschnitte. Die Zwischenüberschriften im Bericht helfen dir dabei.

5 Mit Hilfe deiner Aufzeichnungen kannst du eine Darstellung des Problemfalls Aralsee anfertigen: ein Strukturschema.

Arbeite dazu in der Gruppe.

- Besorgt ein großes Stück Plakat- oder Packpapier.
- Schneidet Papierstreifen, möglichst 30 cm lang und 10 cm breit.
- Schreibt mit großer Schrift auf diese Zettel stichwortartig wesentliche Begriffe und Ereignisse, die ihr euch bereits vorher erarbeitet habt. Siehe auch Abbildung (4).
- Jetzt kommt das Schwierigste: Legt die Zettel auf die Plakatfläche, und versucht, eine Ordnung herzustellen, z. B. nach Ursachen, Folgen usw.

Zusammenhänge könnt ihr durch Pfeile sichtbar machen.

- Erst jetzt klebt die Papierstreifen auf. Das Plakat kann nun aufgehängt werden.
- Diskutiert die Ergebnisse der einzelnen Arbeitsgruppen in der Klasse.

des Amu-Darja ist schon in der Mitte seines Laufes für den menschlichen Genuß unbrauchbar. In den letzten Jahren ist die Säuglingssterblichkeit rasch angestiegen. Hepatitis und Magenerkrankungen breiteten sich aus, Speiseröhrenkrebs kommt häufig vor. In der Muttermilch wurde eine deutlich erhöhte Salzkonzentration festgestellt.

- **Mängel der Bewässerung**

Die einen sagen, daß der Aralsee der Baumwoll-Monokultur geopfert wurde: Die Katastrophe sei der Preis für die Unabhängigkeit von ausländischer Baumwolle. Die anderen betonen den unwirtschaftlichen Umgang mit dem Wasser durch Wasserverschwendung. Man hat ausgerechnet, daß im Lauf von zehn Jahren 84 Milliarden m³ Wasser auf die Felder kamen, daß im gleichen Zeitraum aber 100 Milliarden m³ durch die Wände der Kanäle in den Sand liefen, in versumpften Gebieten versickerten oder in abflußlosen Seen verdunsteten.

- **Ist die Rettung des Aralsees möglich?**

Viele sehen eine Lösung darin, den Baumwollanbau um zwei Drittel zu verringern und dafür zu den früheren Wirtschaftsweisen wie Viehzucht, Gemüseanbau, Kürbis- und Melonenkulturen zurückzukehren. Hierdurch könnten die für den Aralsee „lebensnotwendigen" 30 bis 40 Milliarden m³ Wasser pro Jahr eingespart werden. Von großer Bedeutung wäre außerdem die Einführung von wassersparenden Maßnahmen im ganzen Aralgebiet. Die Lebensinteressen von Millionen von Menschen dürfen nicht mißachtet werden.

Erdgas aus Westsibirien

Etwa ein Drittel des Erdgases, das 1992 in der Bundesrepublik Deutschland verbraucht wurde, stammte aus Rußland. Das Erdgas wird in Westsibirien gefördert. Dort gibt es in der Gegend von Urengoy die größten Erdgaslagerstätten der Erde sowie weiter südlich bedeutende Vorräte an Erdöl.

Es ist nicht leicht, die Bodenschätze zu erschließen. Große Probleme bereiten das Klima und der Dauerfrostboden. So können im Sommer viele Orte und Erdgas-Fördergebiete nur aus der Luft erreicht werden, da der oberflächlich aufgetaute Boden nicht befahrbar ist. Zusätzlich erschweren Stechmückenschwärme das Arbeiten im Freien. Die Hauptarbeitszeit ist also im Winter. Dann kommen die schweren Baumaschinen auf dem gefrorenen Boden voran, und die zugefrorenen Flüsse dienen als Straßen.

Die einzige Möglichkeit, große Mengen Erdgas in Sibirien ganzjährig zu transportieren, ist der Weg über **Pipelines**. Tausende Kilometer von Stahlröhren mußten verlegt werden. Die Pipeline nach Westeuropa ist sogar über 5000 km lang. Alle 120 km stehen Kompressorstationen, die das Gas durch die Pipelines treiben. Durch die Kompression wird das Erdgas auf 40 °C erwärmt. Dadurch entsteht im Gebiet des Dauerfrostbodens ein neues Problem: Das Gas würde durch die Rohrwände den Dauerfrostboden auftauen. Die Pipelines würden im Schlamm versinken und zerbrechen. Daher muß das Erdgas ständig auf unter 0 °C gekühlt werden.

Anteil Westsibiriens an der GUS-Förderung 1990 (in %)

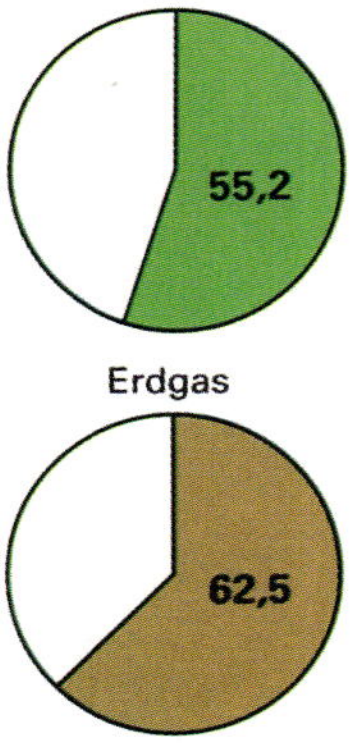

1

3

Erdgasleitungssystem

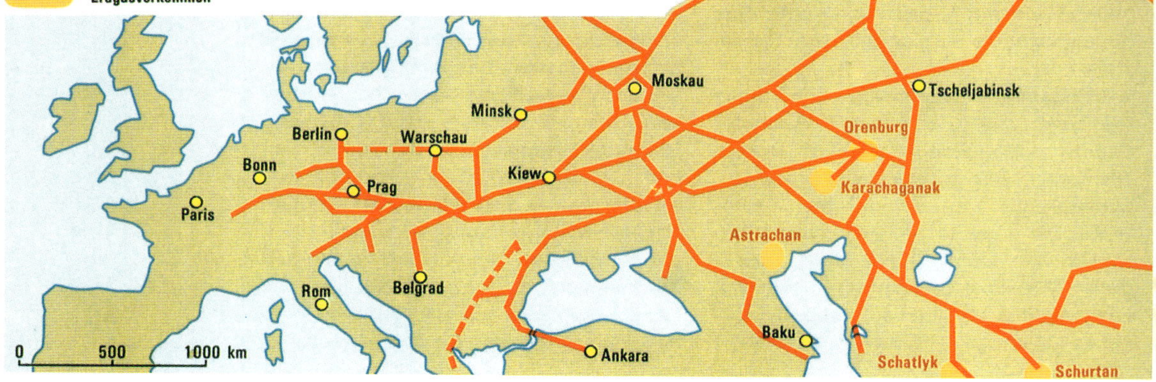

2

3
Eine Erdgas-Pipeline wird verlegt

Auch die Menschen, die im Norden Sibiriens leben und arbeiten, müssen mit den harten Naturverhältnissen zurechtkommen. Sie sind gezwungen, drei Viertel der Zeit in geschlossenen Räumen zu verbringen. Damit möglichst viele Menschen freiwillig nach Sibirien kamen, wurden sie früher mit höheren Löhnen, Sonderzuwendungen und kostenlosem Jahresurlaub angelockt. Heute gibt es in Sibirien erstmals seit sechzig Jahren einen Arbeitskräfteüberschuß anstelle des früheren Arbeitskräftemangels. Die Umstrukturierung der Wirtschaft in Rußland und die damit verbundenen Probleme führen auch hier zur Stillegung von Betrieben. Zudem erfordern die Erschließung neuer Brennstoffvorkommen und die Erhaltung der Altanlagen immer mehr Geld.

Die Kritik im eigenen Land an der Art der Erschließung Westsibiriens wird darüber hinaus immer lauter:

- Viele Pipelines sind nicht sorgfältig gebaut worden und gehen zu Bruch. Die Verluste von Erdgas und Erdöl sind hoch. Die Verschmutzung der Umwelt nimmt zu.
- Baumaschinen und Förderanlagen zerstören die Weidegebiete für Rentiere in der Tundra. Die ursprünglichen Bewohner Nordsibiriens, z. B. die Nenzen, haben hauptsächlich von der Rentierhaltung gelebt.

1 Beschreibe die besonderen Schwierigkeiten, die bei der Erschließung Westsibiriens auftreten.

2 Bestimme mit Hilfe von Karte (2) und Atlas einen möglichen Weg des russischen Erdgases von Urengoy bis nach Berlin.

3 Welche ökologischen Probleme in Westsibirien müssen die Öl- und Gaskonzerne lösen? Nutze auch Text (4).

Ölpest in den Sümpfen Sibiriens.

Die Welt um Nischnewartowsk ist schwarz vom Öl. Tausende Kilometer Pipelines ziehen durch die Sümpfe, hastig verlegt, kaum isoliert. Die meisten hätten längst ausgewechselt werden müssen. Sie rosten und brechen. So sickert Öl in die Sümpfe, nach Schätzungen 160 Millionen Liter pro Tag – das entspricht alle sechs Stunden einem Tankerunglück vom Ausmaß „Exxon Valdez", das einen Teil der Küste Alaskas verseuchte.

Manchmal genügt ein Funke, um die Katastrophe auszulösen. Im vergangenen Sommer etwa war an der großen Pipeline nach Westen wochenlang Öl aus einem Zubringerrohr gesickert. Als ein Jäger eine Zigarettenkippe wegwarf, geriet Öl über mehrere Quadratkilometer in Flammen. Irgendwann explodierte dann die Hauptleitung: Das Feuer schlug 100 Meter hoch.

4
Aus einem Zeitungsbericht Februar 1993

5
Geborstene Pipeline in Sibirien

1
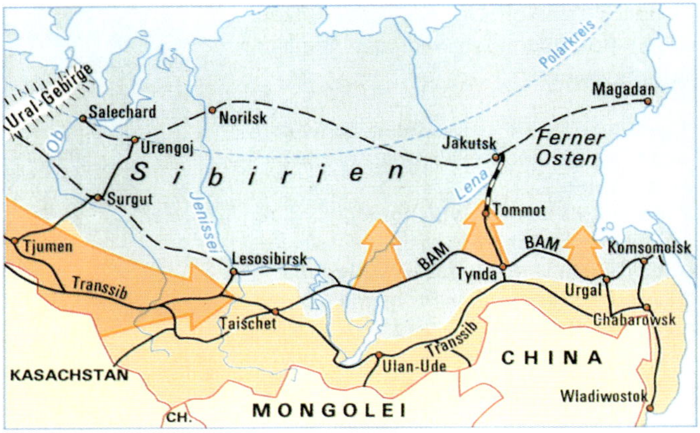

Bahnlinien und Erschließung in Sibirien

- gut erschlossene Gebiete
- weniger gut erschlossene Gebiete
- Richtung der Erschließung
- vorhandene Bahnlinien
- Bahnlinie im Bau
- geplante Bahnlinien

0 500 1000 km

2

Sibirien erschließen – Entfernungen überwinden

Mit der Entdeckung Amerikas durch Kolumbus begann für die Westeuropäer die Neuzeit. Zur gleichen Zeit „entdeckten“ die Osteuropäer, vor allem Russen, Sibirien. Gegen Ende des 16. Jahrhunderts begannen sie, diese „Schatzkammer“ systematisch zu erobern. Die ersten Pioniere beschränkten sich zunächst auf den Handel mit den dort lebenden Volksstämmen, die zum Teil mit den Indianern und Inuit Nordamerikas verwandt sind. Sie kauften von ihnen Pelze und Nahrungsmittel, wie zum Beispiel Honig, Fleisch und Fisch. Später wurden dann vor allem im Ural Salz- und Erzvorkommen abgebaut. Im 17. bis 19. Jahrhundert siedelten sich russische Bauern in den klimatisch begünstigten Räumen Sibiriens an. Sie stärkten damit den Einfluß Rußlands auf Sibirien.

Ende des 19. Jahrhunderts wurde die Transsibirische Eisenbahn von Moskau bis Wladiwostok gebaut. Mit ihr begann die eigentliche Erschließlung Sibiriens vom Westen aus. Entlang der Bahnlinie wurden Siedlungen angelegt. Nahegelegene Rohstofflagerstätten wurden durch Stichbahnen erschlossen. Dort, wo die Transsib große sibirische Flüsse kreuzte, entstanden bedeutende Umschlagplätze. Kurz nach der Gründung der Sowjetunion wurde die weitere Erschließung mit aller Macht vorangetrieben. **Naturressourcen** wurden systematisch gesucht, um sie für den Westen des Landes nutzbar zu machen. Im Gegensatz zu den USA baute man in der Sowjetunion auch in den unwirtlichsten Gegenden Städte auf. Man wollte damit nicht nur den Abbau von Rohstoffen ermöglichen, sondern auch beweisen, daß selbst im Bereich des Dauerfrostbodens Städte errichtet werden können.

Neben den Rohstoffen Kohle, Eisenerz, Buntmetalle und Holz spielte das Energiepotential der großen sibirischen Ströme eine wichtige Rolle. Riesige Stauseen und Wasserkraftwerke entstanden. Bratsk ist ein Beispiel für solch einen Standort. Die dort gewonnene Energie wird zum großen Teil für die Verarbeitung von Holz zu Zellulose und von Bauxit zu Aluminium verwendet. Da Bratsk nicht unmittelbar an der Transsib liegt, mußte die Stadt zunächst durch eine Stichbahn angeschlossen werden. Später baute man diese Strecke

1582: Beginn der Eroberung Sibiriens unter Führung des Russen Jermak im Auftrag der Kaufmannsfamilie Stroganow.
1587: Gründung von Tobolsk, um von dort aus Westsibirien zu verwalten und zu besiedeln.
1891: Baubeginn der Transsib.
1974: Baubeginn der BAM.

2
Baikal-Amur-Magistrale (BAM)

weiter bis nach Sowjetskaja Gawan am Pazifik. Diese, nördlich der Transsib verlaufende Linie, erhielt den Namen BAM (Baikal-Amur-Magistrale).
Entlang dieser Bahnlinie sollten weitere Gebiete erschlossen werden. Doch die klimatischen Bedingungen in diesem Raum sind nicht besonders günstig. Deshalb konnten trotz hoher Löhne und anderer Vergünstigungen nicht genug Menschen gewonnen werden, die sich dort ansiedeln wollten. Außerdem ist der gebirgige Raum verkehrstechnisch sehr schwer zu erschließen. Zahlreiche Erdbeben gefährden zudem Gebäude, Brücken- und Tunnelbauten. Viele Pläne mußten deshalb aufgegeben werden.
Trotzdem wird der Osten Sibiriens als „Schatzkammer" auch für die Industrien Japans und Chinas an Bedeutung gewinnen.

1 Ein großer Teil Sibiriens sollte durch die BAM erschlossen werden.
a) Beschreibe Besonderheiten des Naturraums, die seine Erschließung erschweren.
b) Gib weitere Gründe an, warum es bisher nicht gelungen ist, das BAM-Projekt zu verwirklichen.

2 „Sibirien hat Zukunft": Belege diese Aussage mit Beispielen (Karte 3 und Atlas).

Grundbegriffe
Dauerfrostboden
Naturressource
Neuland-programm
Pipeline
Planwirtschaft
Vielvölkerstaat

1 Die Karte (1) enthält zahlreiche Ziffern und Buchstaben. Schreibe mit Hilfe des Atlasses auf:

a) Staaten: A =
b) Städte: 1 =
c) Flüsse und Seen: *b* =
d) Gebirge und Bergländer: ① =
e) Angrenzende Meere: Ⓐ =

2 Eine Fahrt auf der Transsib und der BAM (aus einem Reiseprospekt):

„Sicher haben Sie auch schon als Kind davon geträumt, mit der Transsibirischen Eisenbahn zu fahren. Jetzt werden Ihre Träume wahr. Nehmen Sie die Gelegenheit wahr, mitzuerleben, wie sich das größte Land der Erde verändert: 1. Tag: Hinflug nach Moskau, 2. Tag: Moskau, 3. Tag: Ural, 4. Tag: Nowosibirsk, 5. Tag: Nowosibirsk, 6. Tag: Irkutsk, 7. Tag: Baikalsee, 8. Tag: Ulan Ude, 9. Tag: Tschita, 10. Tag: Tynda, 11. Tag: Komsomolsk, 12. Tag: Chabarowsk, 13. Tag: Wladiwostok, 14. Tag: Rückflug."

a) Bei welcher Stadt verläßt der Zug Europa?
b) Bei welchen Städten werden die Flüsse Irtysch, Ob und Jenissej überquert?
c) Welche Strecke fährt der Zug auf der BAM?
d) Welche Entfernung wird von Moskau bis Wladiwostok zurückgelegt?

3 Rätsel: a) Sechs Balken sind so zu vertauschen, daß du waagrecht Reihe für Reihe von links nach rechts den Geheimauftrag lesen kannst.

SU	GE	DD	CH	IR	TW
KL	ER	ST	EI	TE	NS
TD	AA		ER	S.	GU

b) Fünf Buchstaben des Alphabets fehlen hier. Wenn du sie richtig ordnest, erfährst du das Heimatgebirge des Yeti, jenes geheimnisvollen Schneemenschen.

E	B	K	D	S	V	X
J	C	G	L	U	Y	F
N	O	H	Q	T	W	Z

1

Produktion der Industrie in Rußland

		1990	1991	1992	1993
Erdöl	Mill. t	516	462	400	352
Kohle	Mill. t	395	353	335	305
Stahl	Mill. t	89,6	77,1	67,0	58,3

2

Produktion der Landwirtschaft in Rußland

		1990	1991	1992	1993
Getreide	Mill. t	117	89	107	99
Kartoffeln	Mill. t	31	34	38	38
Fleisch	Mill. t	10,1	9,4	12,7	11,8

3

4 Ausgewählte Produktionsdaten Rußlands:

a) Setze die Daten in der Tabelle (2) als Kurvendiagramm um. Verfahre ebenso mit den Zahlen in Tabelle (3).
b) Beschreibe die Entwicklung in der Industrie sowie in der Landwirtschaft Rußlands. Suche eine Erklärung.

Schon gewußt?

- Das russische Weihnachtsfest wird nach dem orthodoxen Kalender am 7. Januar gefeiert. Kerzen, Geschenke und Festtafel gehören ebenso wie der geschmückte Tannenbaum, die Jolka, dazu. Das Neujahrsfest kommt in Rußland also vor der Heiligen Nacht.

- Matrjoschkas, so heißen die Puppen in der Puppe.
- In Rußland reicht man den Gästen Brot und Salz als Willkommensgruß.
- Der erste Satellit wurde 1957 vom Raumfahrtzentrum Baikonur aus in den Weltraum geschossen.
- Der Baikalsee, der tiefste Süßwassersee der Welt, enthält mehr Wasser als die gesamte Erdatmosphäre.
- Bei wiederholtem Gefrieren und Auftauen der Oberflächenschichten im Dauerfrostboden entstehen Frostmusterböden.

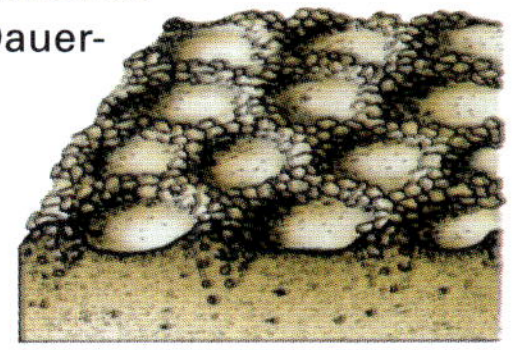

Altai – die Perle Sibiriens

Einzigartig ist die Natur im Altai-Gebiet, das im Südwesten Sibiriens liegt. So finden sich im Bergaltai neben einer vielfältigen Tier- und Pflanzenwelt mehr als 20 000 Wasserfälle, etwa 7000 Binnenseen sowie 1330 Gletscher. Auch zeichnen sich die Berggebiete durch besonders reine Luft und viele Sonnenstunden pro Jahr aus.

In der Republik Altai befindet sich die einzige Ökologische Wirtschaftszone Rußlands. Sie wurde geschaffen, um das Gleichgewicht zwischen Natur und Mensch zu wahren, die traditionelle Kultur wiederzubeleben und um die Ansiedlung von Wirtschaftsbetrieben zu fördern.

4 **Im Bergaltai**

1
Blick auf den Fudschijama

Japan

Nippon, „Land der aufgehenden Sonne“, so nannten die Chinesen die Inselgruppe über dem Meer. Heute blicken auch wir auf dieses Land im Osten, das uns manches voraus hat, nicht nur die acht Stunden in der Uhrzeit.
Alltäglich begegnen wir den Produkten des High-Tech-Landes, den Autos, Recordern und Chips – zuweilen beunruhigt, oft aber auch die Leistung anerkennend, die sich hinter diesen Produkten

2
Sumo-Ringer

3
Bevölkerungsverteilung in Japan

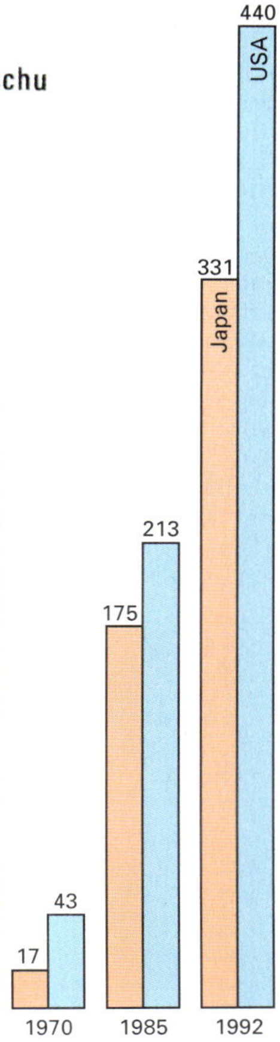

5

verbirgt. Manchmal fragen wir uns: Wie machen das die Japaner nur?
Der Fudschijama, der heilige Berg, ist zum Symbol Japans geworden, zum Symbol der Tradition und des Fortschritts. Ihn zu besteigen, um den Göttern nahe zu sein, ist der Wunsch aller Japaner. „Fuji" ist aber auch zum Symbol für Industriegüter des modernen Japans geworden, sozusagen als Garant für Qualität und Zuverlässigkeit.

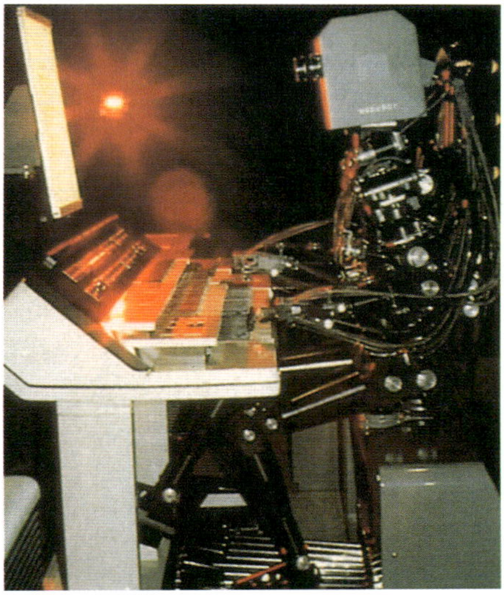

4
Pianospielender Roboter „Wabot"

Naturgefahren in Japan

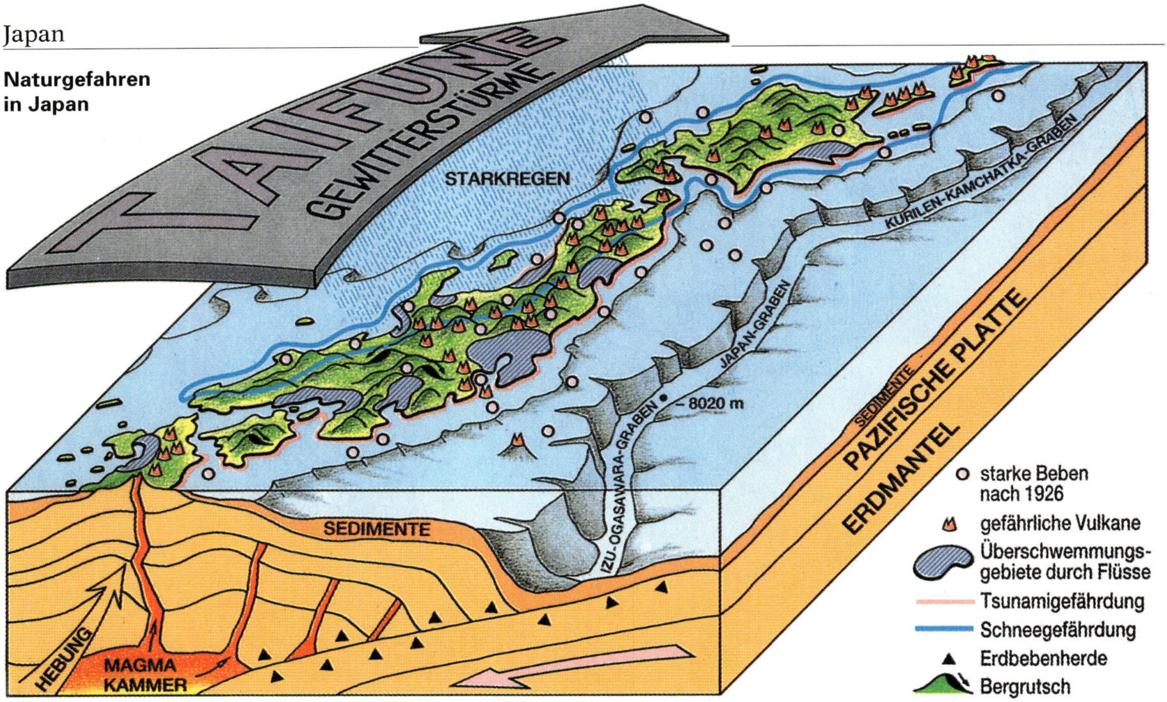

1

Taifun
Orkanartiger Wirbelsturm, der seinen Ausgangspunkt über dem Meer im tropischen Bereich Südostasiens hat. Er verursacht Sturmschäden und Überschwemmungen.
Tsunami
Bis zu 35 m hohe Flutwellen des Pazifiks, die meist durch Seebeben ausgelöst werden. Sie können ganze Küstenabschnitte zerstören.

Vergleich	J	D
Einwohnerzahl in Mio	124	81
Fläche in 1000 km²	378	357
Bevölk.-dichte in E/km²	330	226
LF (Anteil in % an der Gesamtfläche)	14	48

2

Japans Naturraum

Am Beispiel Japans läßt sich gut erkennen, wie natürliche Bedingungen das Leben und die Wirtschaft eines ganzen Volkes beeinflussen. Kaum ein anderes Land wird so oft von Naturkatastrophen heimgesucht. Wenn du den Naturraum Japans genauer untersuchst, kannst du Ursachen und Zusammenhänge aufdecken. Werte hierzu die Materialien dieser Doppelseite aus. Nutze aber auch deinen Atlas und ein Lexikon. Die folgenden Aufgaben sollen dir dabei helfen.

Der Naturraum unter der Lupe

1 Beschreibe zunächst die Lage Japans auf der Erde und die topographischen Besonderheiten des Landes.

2 a) Benenne mit Hilfe des Blockbildes (1) die Naturgefahren, von denen Japan betroffen ist, und beschreibe jeweils die Lage der gefährdeten Region.
b) Erstelle eine Tabelle zu den Naturgefahren wie folgt:

Naturgefahr	Ursache	Auswirkung
Taifun	Wirbelsturm aus dem tropischen Südostasien	Sturmschäden und Überschwemmungen an der Küste

3 **Das Klima Japans:**
a) Trage in eine Kartenskizze Japans ein:
- die Breitenlage der vier Hauptinseln,
- alle Klimazonen, an denen Japan Anteil hat,
- Meeresströmungen, die Japan umgeben,
- sturmgefährdete Küsten.

b) Vergleiche die Klimadiagramme (6) und (7), und begründe die Unterschiede.
c) Vergleiche ebenso die Klimadaten der Stationen Tokyo und Kanazawa im Anhang, und begründe auch hier die Unterschiede.
d) Welche Besonderheiten fallen dir auf, wenn du das Klima Japans mit dem von Europa vergleichst?

4 Welche Zusammenhänge bestehen zwischen der Bevölkerungsverteilung (Karte 3 auf S. 111) und dem Naturraum in Japan?

5 Beschreibe und erkläre das Foto (8).

6 Erläutere die Tabelle (5).

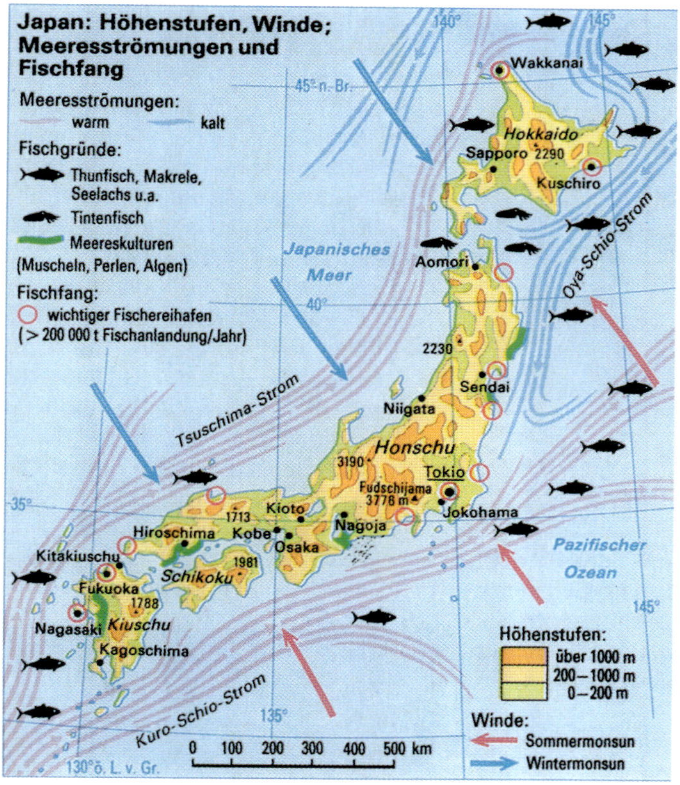

3

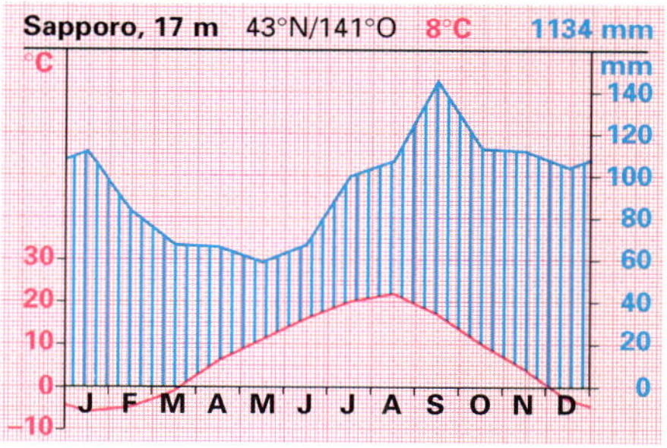

6

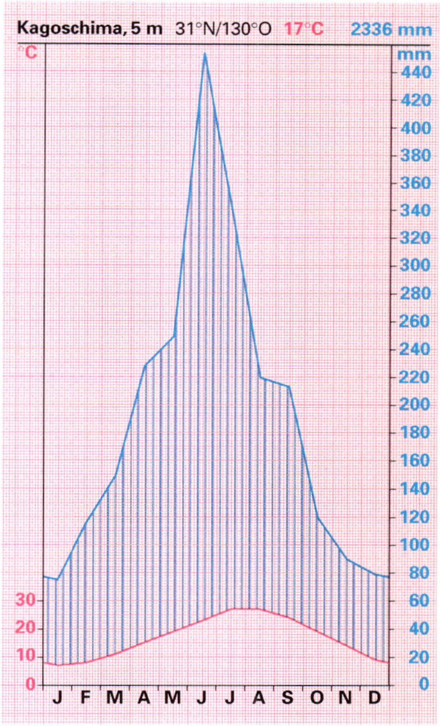

7

„Bambus im Schnee"

Mit diesem Ausspruch lassen sich Besonderheiten des japanischen Klimas kennzeichnen: starke jahreszeitliche Gegensätze und Niederschlagsreichtum. Tropische Pflanzen, wie Bambus, wachsen im Süden Japans, wo die Sommer fast so heiß sind, wie in äquatornahen Gebieten. Im Winter kommt es dort vereinzelt zu Schneefällen. An der Westküste von Honschu, bei 38° N (!), gibt es durchschnittlich 82 Tage Schneefall im Jahr. Zwei jahreszeitlich wechselnde Winde, die Monsune, sind eine Ursache dafür. Der Wintermonsun bringt kontinentale Polarluft aus Nordwesten, die über dem Japanischen Meer Feuchtigkeit aufgenommen hat, heran. Der Norden hat daher kalte und schneereiche Winter. Der Sommermonsun beeinflußt das Klima mit warmer und feuchter Tropikluft aus Südosten.

4

Rohstoffimportabhängigkeit Japans (in Prozent)

Bauxit	100,0
Eisenerz	100,0
Nickel	100,0
Zinn	99,8
Erdöl	99,8
Kupfer	97,3
Erdgas	94,8
Kohle	88,9
Blei	87,2
Energie	81,5
Zink	76,1

5

8

Raumnot macht erfinderisch: Kapselhotel in Osaka

1

Bei den Nakamuras

Sicher gibt es sie nicht, die typische japanische Familie. Aber so wie Familie Nakamura, in deren Wohnzimmer wir nun sitzen – bei Gebäck und grünem Tee und ohne Schuhe natürlich –, so leben hier in Japan viele.

Herr Nakamura ist Ingenieur in der Entwicklungsabteilung von Toyota, einer großen Autofirma. Er verdient nicht schlecht, vor allem wegen der Extrazahlungen, die es regelmäßig gibt, solange die Ertragslage der Firma gut ist.

Mit drei Kindern sind die Nakamuras eine für japanische Verhältnisse recht große Familie. Ihre Wohnung ist sehr geräumig: 90 m², das ist mehr, als im Durchschnitt einer japanischen Familie zur Verfügung steht. Die Küche ist modern eingerichtet. In den Schlafzimmern gibt es Betten und nicht nur „tatamis", die Matten, die in traditionsbewußten japanischen Familien üblich sind. Die Wohnung ist preiswert, denn es ist eine Firmenwohnung.

Überhaupt spielt im Leben der Nakamuras die Firma eine große Rolle. „Yoshi ist unser Toyota-Baby", scherzt Frau Nakamura. Warum? Weil das kleine Mädchen mit dem schicken Haarschnitt im Krankenhaus der Firma zur Welt kam und im firmeneigenen Kindergarten gut aufgehoben ist. Tetsuko, Yoshis älterer Bruder, geht gerne ins Schwimmbad des großen Sportzentrums der Firma, und Sano, der älteste Bruder, übt dort Judo. „Die Firma sorgt gut für uns", meint Herr Nakamura und zählt eine Reihe von Vergünstigungen auf, die japanische Großbetriebe Mitarbeitern und deren Familien zur Verfügung stellen.

Und wie verbringen die Nakamuras ihre Tage? Der Vater lebt ganz für die Firma, die ihn voll in Anspruch nimmt. Als „salary-man", so nennt man in Japan die Büroangestellten, ist es für ihn selbstverständlich, daß er abends länger arbeitet oder mit Geschäftsfreunden oder Kollegen ausgeht. Mehr Urlaub oder eine Arbeitszeitverkürzung sind für ihn kein Thema. „Unser Betrieb ist wie eine große Familie", meint er lachend.

2

Auch für die Mutter ist der Tag sehr ausgefüllt. Täglich kauft Frau Nakamura im firmeneigenen Supermarkt ein, und täglich wird auch gewaschen. Das Essenkochen macht viel Arbeit, denn die in Japan üblichen Reis- und Fischgerichte mit Sojabohnensuppe werden frisch zubereitet. Das Frühstück dagegen geht schneller. Es besteht vielfach, wie bei uns, aus vorgefertigter Nahrung.

Der späte Nachmittag gehört dann den Kindern. Japanische Mütter sind ehrgeizig. Scherzhaft bezeichnet man sie als

3

Im Klassenzimmer einer japanischen Oberschule – die Eltern der Schüler können in regelmäßigen Abständen den Unterricht besuchen.

„Erziehungsmamas“, so sehr widmen sie sich der Erziehung ihrer Kinder. Schon die Veranstaltungen des Kindergartens werden vorbereitet. Und die Hausaufgaben für die Schule werden sorgfältig überwacht. Häufig unterhält sich Frau Nakamura darüber mit anderen Müttern.

Frau Nakamura verwaltet auch das Geld der Familie und kümmert sich um alle finanziellen Dinge. Zur Zeit plant sie den nächsten Jahresurlaub. Nach Thailand soll es gehen. Nur vierzehn Tage natürlich, obwohl Herrn Nakamura 20 Tage Urlaub zustehen. „Den ganzen Urlaub nehmen, das macht man bei uns nicht“, meint Frau Nakamura zu diesem Thema.

Eine Schulkarriere in Japan

Wer es in Japan zu etwas bringen und wie Herr Nakamura zu einer angesehenen Universität gehen will, der muß sich schon früh anstrengen.

Mit 3 Jahren: Eintritt in einen privaten Kindergarten nach bestandener Aufnahmeprüfung. Man hat sich schließlich zu Hause gut vorbereitet.

Mit 6 Jahren: Beginn der offiziellen Schulzeit. Niemand bleibt sitzen. Schulschluß: 16 Uhr. Nachmittags Hausarbeiten und nebenbei Klavierunterricht (für die Mädchen) oder Judo (für die Jungen). Nach der Grundschule Bewerbung für eine Mittelschule. Vorbereitung dafür in einer Nachhilfeschule, der „dschuku“. In der Mittelschule ist die Schuluniform üblich.

Mit 15 Jahren: Übergang in eine möglichst gute Oberschule. Natürlich erst nach bestandener Aufnahmeprüfung – dank „dschuku“ und viel Fleiß. Im Unterricht: Der Lehrer trägt vor, die Schüler machen Notizen... In Technischen Oberschulen steht auch praktische Arbeit auf dem Lehrplan, denn Berufsschulen gibt es nicht.

Mit 18 Jahren: Das Ziel ist erreicht! Fast 40 % der jungen Leute beginnen ein Studium. Leider ist der Andrang bei guten Hochschulen groß, und bei der Aufnahmeprüfung fallen viele durch. Wer später im Beruf mehr Chancen haben will, wird sich also bestens vorbereiten.

5

„Dschuku“-Schüler nach bestandener Aufnahmeprüfung. Stolz zeigen sie Votivfähnchen, auf denen ihre Lernziele stehen.

4

1 Beschreibe die Fotos (1) und (2) aus der japanischen Familie, und vergleiche mit deiner Lebenssituation.

2 a) Die Firma Toyota begegnet Familie Nakamura im Alltag sehr oft durch „betriebliche Sonderleistungen“. Belege dies durch fünf Beispiele.

b) Von Herrn Nakamura fordert die Firma hohen Einsatz. Belege dies durch drei Beispiele.

3 Beschreibe die Fotos (3) und (4) aus dem Schulalltag. Was fällt dir besonders auf?

4 Schule in Japan – Schule in Deutschland: Benutze Text (5), und notiere wesentliche Unterschiede.

Verdichtungsraum Tokio

Das Ruhrgebiet mal sechs: So viele Menschen leben in Tokio und Umgebung. In der Stadt selbst sind es „nur“ 8,3 Millionen, aber wer die Stadtgrenze überschreitet, ist noch lange nicht auf dem Land. Die angrenzenden Präfekturen sind mit Tokio längst zu einem großen Verdichtungsraum zusammengewachsen. Im Umkreis von 50 km um den Kaiserpalast in der Mitte von Tokio leben über 29 Millionen Japaner: ein Viertel der gesamten Bevölkerung auf einem Fünfzigstel der Fläche! Und nach Westen zu bis Kobe schließen sich zwei weitere große Verdichtungsräume an. Alle drei sind inzwischen zu einer Riesenstadt, einer **Megalopolis**, zusammengewachsen.

Tokio ist das unbestrittene Zentrum Japans. Hier ist der Sitz der Regierung mit den wichtigen Ministerien für Finanzen und für Industrie und Handel, dem Miti. Ohne Finanzministerium und Miti läuft in Japans Wirtschaft fast nichts. Staat und Industrie arbeiten nämlich eng zusammen. In Tokio haben zwei Drittel aller japanischen Weltfirmen ihren Sitz, ebenso fast alle in Japan vertretenen ausländischen Firmen. Hier ist die größte Börse der Welt. Ein Drittel des Geldes in Japan wird in der Hauptstadt verdient. Tokio, das ist die Lokomotive, die das ganze Land voranzieht.

1 **Am Bahnhof Shibuja in Tokio**

Für fünf Zimmer 20 000 Mark Miete

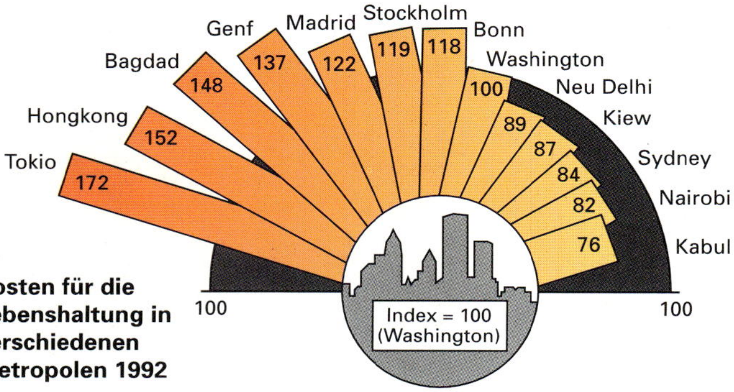

Kosten für die Lebenshaltung in verschiedenen
2 **Metropolen 1992**

Kritiker sehen diese Entwicklung nicht so positiv. Sie verweisen auf die großen Probleme der Stadt. Die Raumnot treibt die Grundstückspreise in die Höhe. Im Zentrum kostet heute ein Quadratmeter bis zu mehreren hunderttausend Mark. Deshalb wachsen die Häuser dort in die Höhe und in die Tiefe. An den Knotenpunkten der U-Bahn sind unterirdische Einkaufsstätten entstanden, und auf den Dächern von Hochhäusern werden Möglichkeiten zum Tennis- oder Golfspielen geschaffen.

Die Raumnot hat Auswirkungen für die Menschen, die hier arbeiten und wohnen wollen. Viele Japaner wünschen sich ein kleines Haus mit Garten, und sei er noch so winzig. Dort würden sie lieber leben als in den „Wohn-Danchis“, wie die großen Wohnblöcke genannt werden, die immer mehr zunehmen. Aber ein Häuschen in der Innenstadt, in der Nähe des Arbeitsplatzes, das ist unerschwinglich. Deshalb siedeln sich viele Japaner immer weiter draußen im Umland an und nehmen lange Pendelwege in Kauf. Die Häuser dieser Vorstädte sind meist ein- oder zweistöckig und oft so eng aneinandergebaut, daß kaum Platz für das Auto bleibt. Von hier draußen aus ist man trotz moderner

Nahverkehrsmittel oft Stunden zum Arbeitsplatz in der Stadtmitte unterwegs. Mit dem Auto geht es noch langsamer, wenn man überhaupt einen Parkplatz findet.

Planer schlagen vor, Tokio durch den Ausbau von Nebenzentren besser zu strukturieren. Einige wollen auch große Einrichtungen und bedeutende Arbeitgeber aus der Stadt in andere Regionen verlagern, also dezentralisieren. Sogar die Verlegung der ganzen Hauptstadt wird diskutiert, aber mit wenig Aussicht auf Erfolg. Denn trotz aller Probleme, Tokios Wachstum scheint unaufhaltsam zu sein. Hier sind nun einmal die Behörden und Firmen mit den gutbezahlten Jobs, hier sind die besten Universitäten und Krankenhäuser, hier sind die vielseitigsten Arbeitskräfte und hier kommt man am schnellsten an wichtige Informationen.

Bevölkerungsentwicklung im Verdichtungsraum von Tokio (im Umkreis von 50 km)

1960	15,8 Mio. Ew.
1965	18,9 Mio. Ew.
1970	22,0 Mio. Ew.
1975	24,8 Mio. Ew.
1980	26,3 Mio. Ew.
1985	27,8 Mio. Ew.
1990	29,2 Mio. Ew.

4

1 Welche Millionenstädte gehören zum Städteband zwischen Tokio und Kobe (Atlasarbeit)?

2 Eine Rechenaufgabe: Wenn rund 29 Mio. Menschen auf einer Fläche von 7600 km² leben, wie viele sind es dann auf einem Quadratkilometer? (Vergleiche mit deinem Schulort.)

3 Vergleiche die Lebenshaltungskosten in den verschiedenen Metropolen. Welcher Zusammenhang läßt sich ablesen?

4 Beschreibe Foto (3). Vergleiche mit einer Vorortsiedlung bei uns.

5 a) Erläutere das Modell der Nebenzentren (5) im Verdichtungsraum Tokio.
b) Wie kann man in einem Modell die Dezentralisierung darstellen?
c) Übertrage die Entfernungen zwischen den geplanten Nebenzentren auf deinen Schulort.

6 Warum sind Überlegungen zu einer Dezentralisierung in Japan schwer umzusetzen?

Einfamilienhäuser am Stadtrand

5

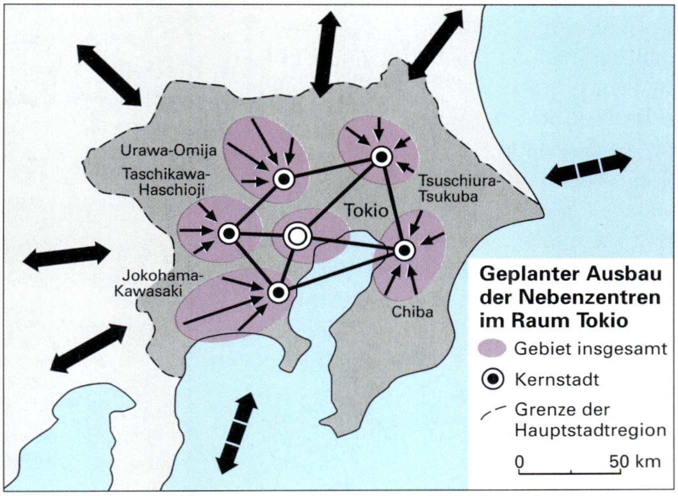

Geplanter Ausbau der Nebenzentren im Raum Tokio

1 

Gehöft mit Reisfeldern

Nahrung für 120 Millionen Menschen

Land ist knapp. Mehr als 80 Prozent der gesamten Landfläche Japans wird von Gebirge eingenommen. Nur wenige niedrig gelegene Beckenlandschaften und Küstenstreifen sind so eben, daß man sie für den Ackerbau nutzen kann. Doch selbst diese wenigen Flächen muß sich die Landwirtschaft mit den Städten und Dörfern, den Industriebetrieben und Verkehrswegen teilen. Kein Wunder also, daß jedes mögliche Fleckchen Erde intensiv genutzt wird. An Berghängen legt man Terrassen für den Reisanbau an; Gemüse wird unter Plastikfolien oder in Gewächshäusern angebaut, die bis an den Rand der Städte reichen.

Die meisten japanischen Landwirte besitzen so wenig Land, daß die Einkünfte nicht einmal ausreichen, um ihre Familien zu ernähren. Nur 1,8 Hektar beträgt die durchschnittliche Betriebsgröße (in Deutschland 28,2 Hektar). Wie sollen die Bauern auf solch kleinen Flächen auch noch Überschüsse erwirtschaften zur Versorgung der wachsenden Stadtbevölkerung?

Sie haben es weitgehend geschafft. Dies war möglich durch den vermehrten Einsatz von Kunstdünger und Schädlingsbekämpfungsmitteln sowie durch den Anbau neu gezüchteter Sorten, die dem Klima besser angepaßt sind und höhere Erträge bringen.

Besonders große Fortschritte konnten die Japaner bei ihrem Hauptnahrungsmittel erzielen, dem Reis. Heute kann das Land sich selbst mit Reis versorgen und ist nicht mehr auf Einfuhren angewiesen wie bei Weizen, Fleisch oder Futtermitteln für das Vieh. Dieser erstaunliche Erfolg war nur möglich, weil die Regierung die Reisbauern mit **Subventionen** unterstützt. Sie zahlt ihnen Zuschüsse, so daß sie einen höheren Preis für den Reis bekommen, als der Kunde im Geschäft zahlen muß.

Dennoch: Trotz der Steigerung der Erträge und trotz der Subventionen reichen die Einkommen der meisten Landwirte für ihren Lebensunterhalt nicht aus. Viele Bauern sind auf zusätzliche Einkünfte angewiesen. So betreiben heute 70 Prozent aller Betriebe ihre Landwirtschaft im **Nebenerwerb.** Das Haupteinkommen stammt nicht mehr aus der Landwirtschaft, sondern aus einer Tätigkeit in der Industrie, im Handel oder einem anderen Gewerbe. Der kleine Hof wird nach Feierabend oder am Wochenende und oft auch von den Frauen und älteren Menschen bewirtschaftet. In Zukunft wird wohl der „Industriebauer", der in der Stadt arbeitet, das Bild auf dem Land bestimmen.

Landnutzung in Japan 1991

2 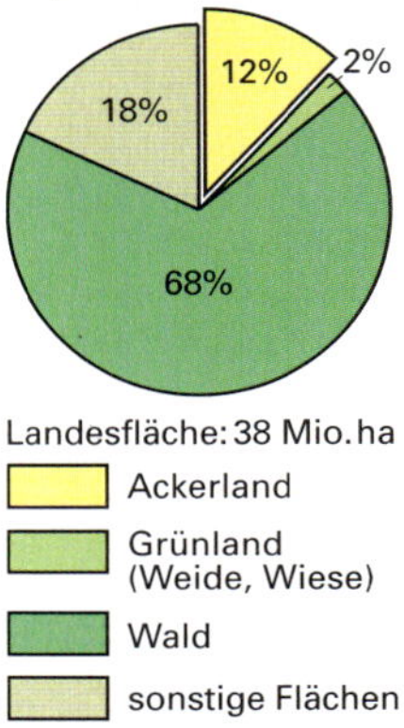

Zahl der landwirtschaftlichen Betriebe (in Tausend)

3 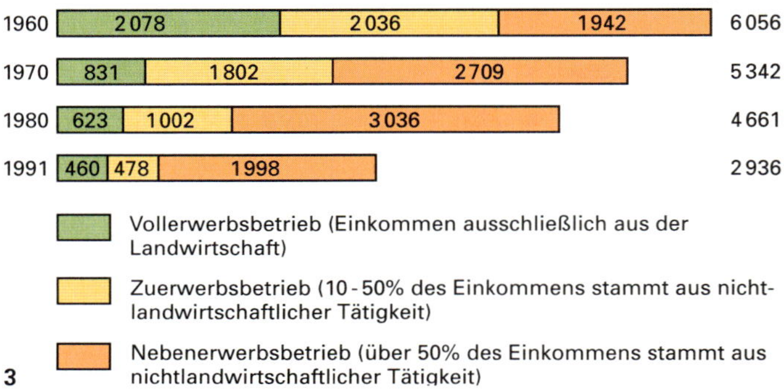

Für die Ernährung der Japaner ist die **Fischerei** von besonderer Bedeutung, denn Fisch und andere „Meeresfrüchte“, wie Muscheln, Krebse und Algen sind die wichtigsten Eiweißlieferanten. Mit einer Fangmenge von 8,5 Millionen Tonnen im Jahr nimmt Japan den zweiten Rang unter den Fischereinationen der Welt ein.

Die Voraussetzungen sind günstig, da das Land von fischreichen Meeren umgeben ist. Im warmen Kuro-Schio-Strom, der von Süden kommt, leben vor allem Thunfische, Schwertfische, Sardinen und Makrelen. Der von Norden kommende kalte Oya-Schio-Strom ist reich an Kabeljau, Heringen und Lachsforellen. Wo sich die Wasser der beiden Meeresströme mischen, gibt es besonders viel Plankton, von dem sich große Fischschwärme ernähren.

Doch auch die Fischerei hat mit Problemen zu kämpfen. Da fast alle Nachbarstaaten ihre Fischerei-Schutzzonen ausgedehnt haben, vermindern sich die Fangmöglichkeiten der japanischen Fischereiflotten mehr und mehr. Dies und auch die Verschmutzung der Küstengewässer durch die Industrie zwingen die Fischer, in weit entfernte Fanggebiete auszuweichen.

Inzwischen ist jedoch die Aufzucht von Fischen, Muscheln, Garnelen, Austern und Algen in „Farmen“ möglich. Diese **Aquakulturen** werden in abgezäunten Buchten oder mit Hilfe riesiger Käfige in flachen Küstengewässern betrieben. Dadurch haben sich die Fangergebnisse der Küstenfischerei in den letzten Jahren wieder deutlich verbessert.

Fisch- und Fleischverbrauch je Einwohner (1991, in kg)

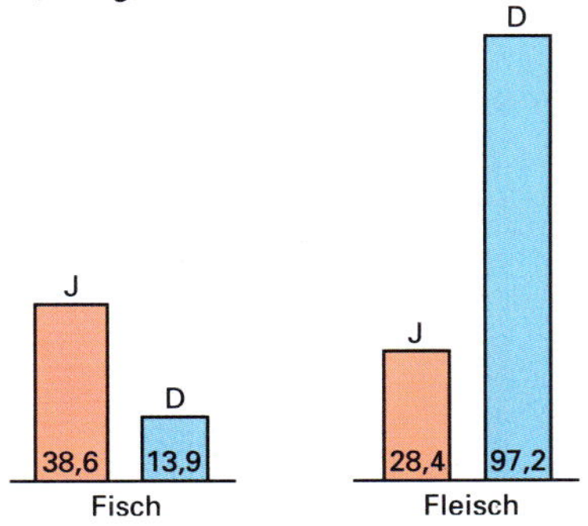

4

5

Aquakulturen

[1] a) Vergleiche die Landnutzung in Japan (Diagramm 2) und in Deutschland (Ackerland 33,8%, Grünland 15,3%, Wald 29,7%, sonstige Flächen 21,2%).
b) Nenne Gründe für die Unterschiede.

[2] Wie ist es den japanischen Reisbauern gelungen, ihre Produktion so zu steigern, daß das Land heute nicht mehr auf Reisimporte angewiesen ist?

[3] Diskutiert in der Klasse, welche positiven und negativen Folgen Subventionen der Regierung für die Landwirtschaft haben können.

[4] Erläutere anhand des Diagramms (3) die Entwicklung der landwirtschaftlichen Betriebe.

[5] Welche Informationen gibt dir der Text über die Gunst- und Ungunstfaktoren der japanischen Fischerei?

Fischerei-Fangmengen (in Mio. t)

	1981	1992
China	4,4	15,0
Japan	10,7	8,5
Peru	2,7	6,9
Chile	3,4	6,5
USA	3,8	5,6

6

1 **Gymnastik zur Entspannung** – die Tafeln mit den Zahlen zeigen die Arbeitsleistung an: Am linken Band sind 1400 Einheiten das Tagesziel, 966 Einheiten sollten bis jetzt geschafft worden sein, tatsächlich sind es sogar 983.

Japans Industrie wächst weiter

Im eleganten „Kö-Karree" in Düsseldorf, dort wo die Mieten besonders teuer sind, hat die „Jetro" ihren Sitz, die japanische Außenhandelsgesellschaft. Ihre Aufgabe ist die Kontaktpflege zwischen der japanischen Industrie und den deutschen Kunden. Überhaupt sind sie in Düsseldorfs City nicht mehr zu übersehen – die japanischen Firmen und die japanischen Geschäftsleute. Denn Japan ist bestrebt, seine **Wirtschaftsmacht** weiter auszubauen. Überall in der Welt, auch bei uns in Deutschland, werden japanische Zweigniederlassungen errichtet.

Wie ist es möglich, daß ein Land, dessen industrielle Entwicklung erst spät begann, heute zu den führenden Wirtschaftsmächten gehört? Noch vor etwa zehn Jahren schien die Erklärung einfach zu sein: Damals hieß es, die Japaner kopieren ausländische Waren und ausländisches Know-how, sie erhalten niedrigere Löhne und weniger Urlaub, arbeiten mehr und… Heute müssen wir nach anderen Erklärungen suchen.

- Die Japaner sind inzwischen tonangebend bei der Entwicklung neuer Produkte. Denken wir nur an den Walkman oder den Camcorder. Manche behaupten sogar, daß die schnelle Umsetzung von Forschungsergebnissen das Geheimnis des japanischen Erfolges sei.
- Wer den Erfolg der Japaner erklären will, darf es sich nicht so leicht machen. Fragen wir doch direkt einen Japaner, etwa Herrn Morita, den Präsidenten der Elektronikfirma Sony, die weltweit rund 100 000 Mitarbeiter beschäftigt: „Im Westen", meint er, „wechseln die Manager zu häufig. Ein Neuer muß beweisen, daß er sein Geld wert ist. Kann er nicht schnell Ergebnisse vorzeigen, muß er wieder gehen. Bei uns bleiben alle wichtigen Mitarbeiter auf Dauer in der Firma. Sie sind mit ihr verwachsen!"
- Auf eine weitere Erklärung stößt man in den Gassen von Ohta-ku, einem Stadtbezirk von Tokio. Hier, wie auch

Kraftfahrzeugproduktion (PKW und LKW)

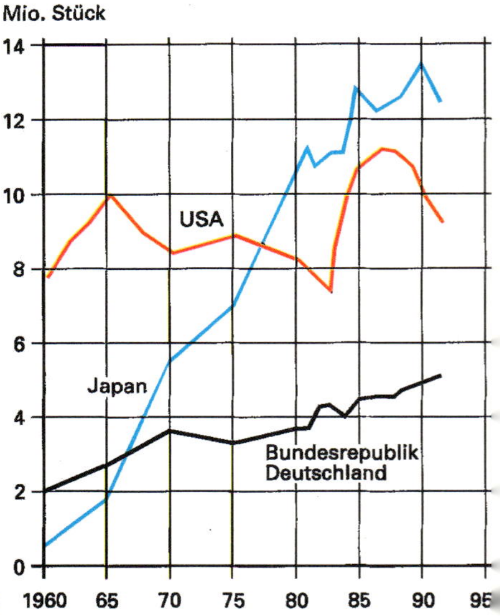

2

anderswo in Japan, gibt es Tausende von **Kleinst-** und **Kleinbetrieben** mit nur wenigen Beschäftigten. Man findet sie in Hinterhöfen und Nebengebäuden. Sie produzieren zum Teil mit einfachsten technischen Geräten und vor allem sehr preisgünstig. Einer von ihnen gehört Herrn Tanaka. Sein Betrieb ist ein sogenannter „shitauke“, ein **Zulieferbetrieb** für eine große Autofirma, die über 40 000 solcher Zulieferer hat.

• Herr Tanaka fertigt mit seinen drei Mitarbeitern Tachometerdosen. Je mehr sie am Tag schaffen, desto höher ist ihr Lohn. Doch so hart auch gearbeitet wird, an seinen früheren Verdienst kommt Herr Tanaka nicht heran. Er war etwa doppelt so hoch. Außerdem hat er fast keine Sozialversicherung und keinen Urlaub. Herr Tanaka war zuvor in einem **Großbetrieb** tätig und mußte, wie es vielfach üblich ist, mit 55 Jahren in Pension gehen. Zwar mit einer guten Abfindung, aber eine Rente erhält er erst ab dem 65. Lebensjahr. So arbeitet er weiter, wie viele ältere Japaner, nur zu schlechteren Bedingungen.

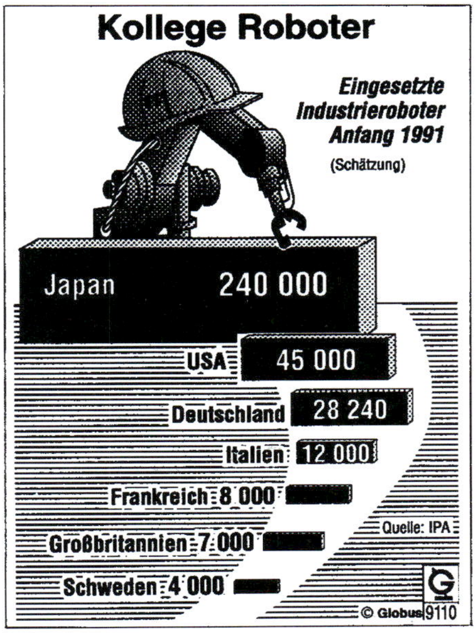

4

Kleinbetrieb in einer Seitenstraße – aus Altmetall werden Metallbarren gegossen, die später an Großbetriebe verkauft werden.

1 Diagramm (2): Vergleiche die Entwicklung der Kraftfahrzeugproduktion zwischen Japan, USA und Deutschland.

2 Der wirtschaftliche Aufstieg Japans wird auch als „Wirtschaftswunder“ bezeichnet. Erarbeite eine Aufstellung:

a) Welche Erklärungen geben der Text und das Foto (4)?

b) Welche Ursachen sind den Schaubildern (3) und (5) zu entnehmen?

c) Findest du auch in Foto (1) Ursachen?

3 Könnte ein weiterer Grund im japanischen Schulsystem liegen? Prüfe anhand von Text (5) auf Seite 115.

4 Vergleiche die Arbeit im Großbetrieb mit der im Kleinbetrieb.

5 Erstelle zu Diagramm (6) eine Tabelle wie folgt:

	Anteile in Prozent	
	Betriebe	Beschäftigte
unter 10	…	…
usw.		

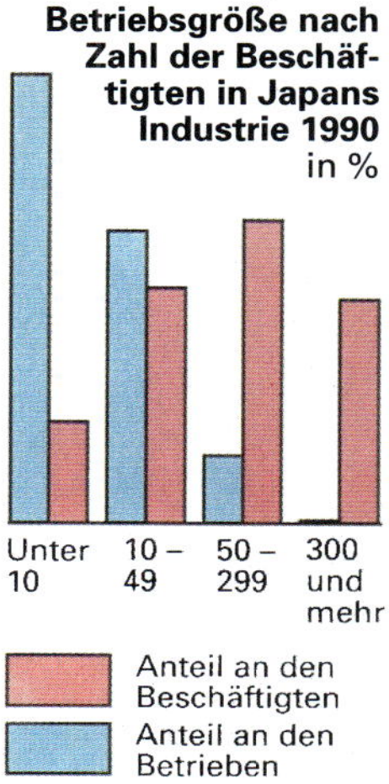

6

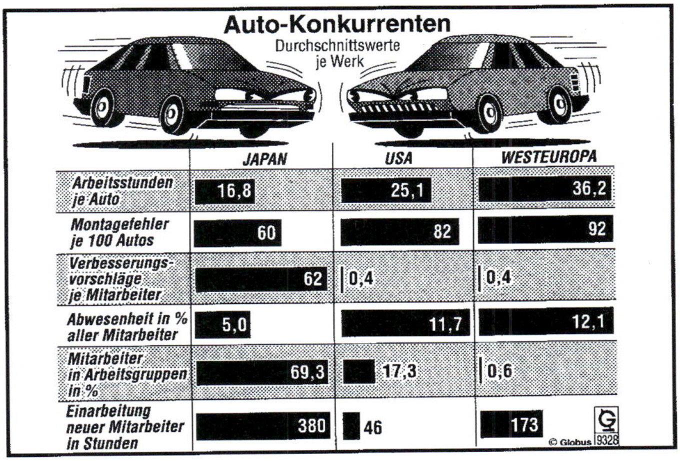

5

1
Neuland im Hafen von Kobe

Japans Industrie braucht Platz

Das starke Wirtschaftswachstum Japans verursacht einen immer größeren Flächenbedarf. Schon heute aber sind einem weiteren Ausbau der Industrie in Japan räumliche Grenzen gesetzt. Neue Fabrikanlagen, Verkehrswege, Siedlungsflächen und Häfen brauchen Platz. Der aber ist knapp und teuer auf dem schmalen Küstensaum am Pazifischen Ozean, wo sich ohnehin schon alles konzentriert.
Soll man nun ins Landesinnere ausweichen? Dafür sind die japanischen Inseln viel zu gebirgig. Ebene Flächen für die Ansiedlung von Industriebetrieben gibt es dort kaum.
Schon werden Projekte ausgearbeitet, die beispielsweise vorschlagen, Gewerbeflächen in den Ballungsräumen in Tiefgeschossen bis weit unter die Erdoberfläche anzulegen.
Eine weitere Möglichkeit, der Raumenge entgegenzuwirken, ist das Schaffen von **Neulandflächen** in Küstennähe. In seichten Küstenabschnitten werden zunächst bestimmte Areale mit Betonwänden eingegrenzt. Die dabei entstandenen Becken schüttet man dann mit Gesteinsmaterial aus nahe gelegenen Hügeln auf. Die Japaner bezeichnen dieses Verfahren als doppelte Landgewinnung, denn einerseits gewinnt man zusätzliches Land vor der Küste, andererseits werden durch das Abtragen und Einebnen der Hügelketten in Küstennähe weitere Flächen geschaffen. Das so gewonnene Neuland ist ideal für den Bau von neuen Industriebetrieben und Hafenanlagen. Hier kann der Import von Rohstoffen und der Export von Produkten wegen der minimalen Transportkosten günstig abgewickelt werden.

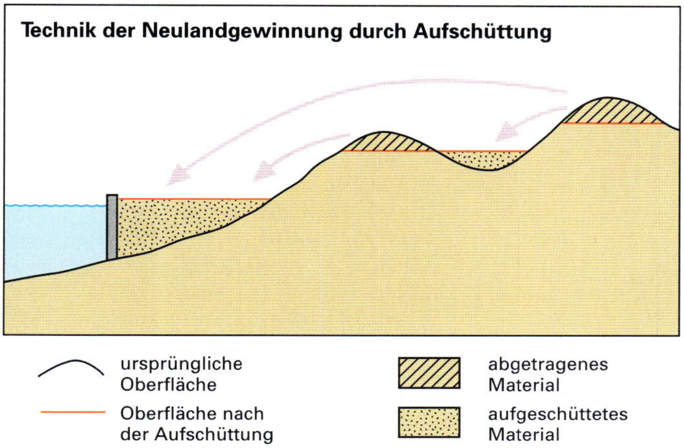

2

1 a) Erläutere, wofür Japans Industrie soviel Platz benötigt.
b) Übertrage die Zeichnung (2) in dein Heft, und beschreibe den Vorgang der Neulandgewinnung.

2 Das Flächenproblem in den Ballungsräumen soll auch mit Hilfe des „Technopolis-Plans" gelöst werden.
a) Erläutere den Plan.
b) Nenne die Ausstattungsmerkmale einer Technopolis (4).
c) Beschreibe die Lage der Technopolen anhand der Karte (3).

3 Durch diese Verlagerungen versucht die Regierung, nicht nur das Platzproblem der Industrie in den Ballungsgebieten, sondern auch andere Probleme zu lösen. Nimm Stellung.

Immer enger wird es auch in Japans Ballungsgebieten. Deshalb entstehen in Randlagen zu den Ballungszentren neue Forschungs- und Industriestädte höchster Zukunftstechnologie wie z. B. Computer- und Roboterproduktion oder Biotechnologie. In diesen **Technopolen** sollen Arbeitsplätze, Wohnungen und Betriebe aus den Ballungsräumen verlagert werden. Der Technopolis-Plan von 1983 verfolgt also das Ziel der Dezentralisierung der High-Tech-Industrie. Insgesamt sind 26 solche Technopolen vorgesehen. Es sind auf dem Reißbrett geplante Städte mit bestimmten Ausstattungsmerkmalen.

4

Wichtige Merkmale einer Technopolis

- modernste Forschungs- und Produktionsstätten;
- attraktive Wohnanlagen und Freizeiteinrichtungen für die Angestellten;
- Nähe zu sogenannten Mutterstädten, in denen die Versorgung mit höherwertigen Gütern gewährleistet wird;
- Flughafen, der den Abtransport der hochwertigen High-Tech-Produkte ermöglicht.

3

Grundbegriffe
Aquakultur
Megalopolis
Neulandgewinnung
Taifun
Technopolis
Tsunami

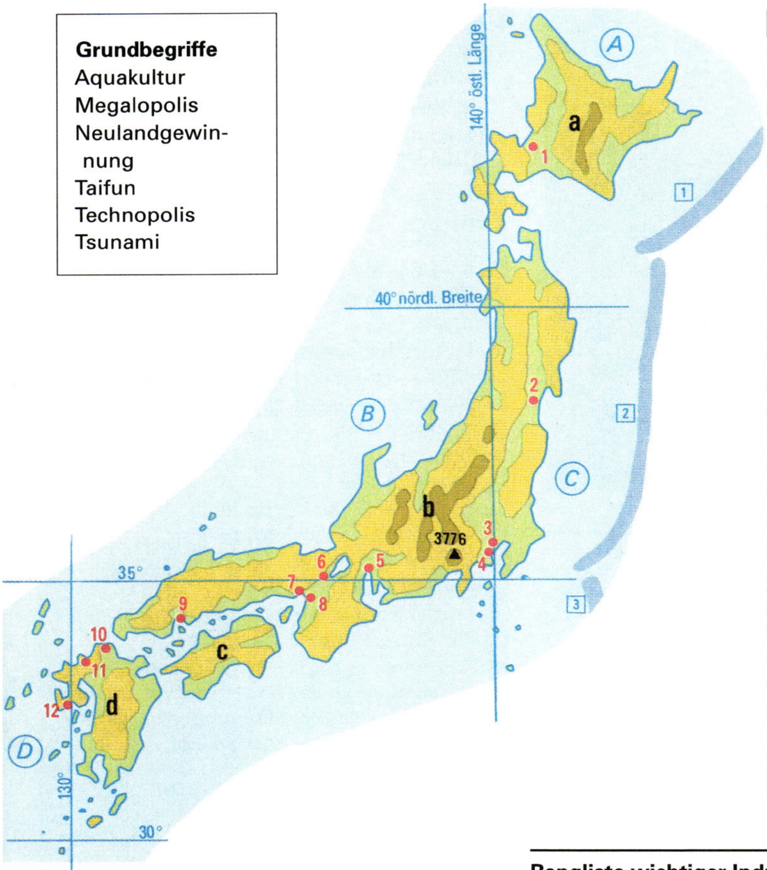

1

1 Die Karte (1) enthält zahlreiche Ziffern und Buchstaben. Schreibe mit Hilfe des Atlas auf:
a) Städte: 1 =
b) Inseln: a =
c) Angrenzende Meere: *A* =
d) Tiefseegräben: 1 =

2 Übertrage den Umriß Japans in eine Karte von Europa, und zwar so, daß Tokio auf dem 35. Breitenkreis liegt. Beschreibe die Nord-Süd-Erstreckung.

3 Weißt du Bescheid? Die den Zahlen entsprechenden Buchstaben bezeichnen einen großen Kontinent.
a) Hafenstadt in der Bucht von Tokio: 6
b) Millionenstadt im Süden von Honschu, die 1945 durch die Atombombe zerstört wurde: 5
c) Grundnahrungsmittel der Japaner: 3
d) Name für den Kaiser von Japan: 2
e) Schnellster Zug Japans: 4

4 Wer findet den richtigen Begriff?
a) Tokio ist eine ...
b) Der Ausbau von Nebenzentren dient der ...
c) Die großen japanischen Konzerne beziehen viele Teile von ...

5 Bei der Versorgung der Bevölkerung mit Nahrungsmitteln hat die japanische Land-

Landwirtschaftliche Nutzfläche je Einwohner (1991)

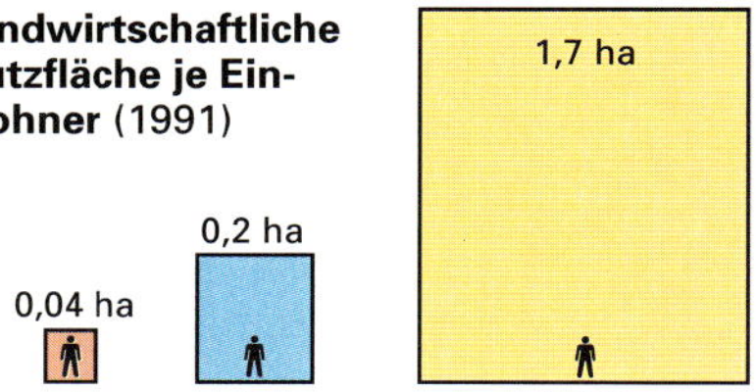

2

Rangliste wichtiger Industrieländer 1992
(*Daten von 1991 oder früher)

Industrie-beschäftigte	China 124 Mio.*	USA 29 Mio.	Rußland 28 Mio.*	J 22 Mio.	D 14 Mio.
Industrieproduktion					
Rohstahl Mio. t	J 98	USA 84	China 80	Rußland 77*	D 40
Elektrizität Mrd. kWh	USA 2797	Rußland 1009	J 785	China 739	D 536
Schiffbau Mio. BRT	J 8,6	Südkorea 5,5	D 0,9	DK 0,6	E 0,6
Pkw Mio. Stück	J 9,4	USA 5,7	D 4,9	F 3,3	E 1,8
Lkw u. Busse Mio. Stück	USA 4,0	J 3,1	Kanada 0,9	China 0,9	Rußland 0,7
Kunststoffe Mio. t	USA 19*	J 11	D 11	Südkorea 5	F 4
Zeitungspapier Mio. t	Kanada 8,9	USA 6,4	J 3,3	S 2,1	SF 1,3
Fernsehgeräte Mio. Stück	China 28	Südkorea 15	USA 13*	J 12	GB 3

3

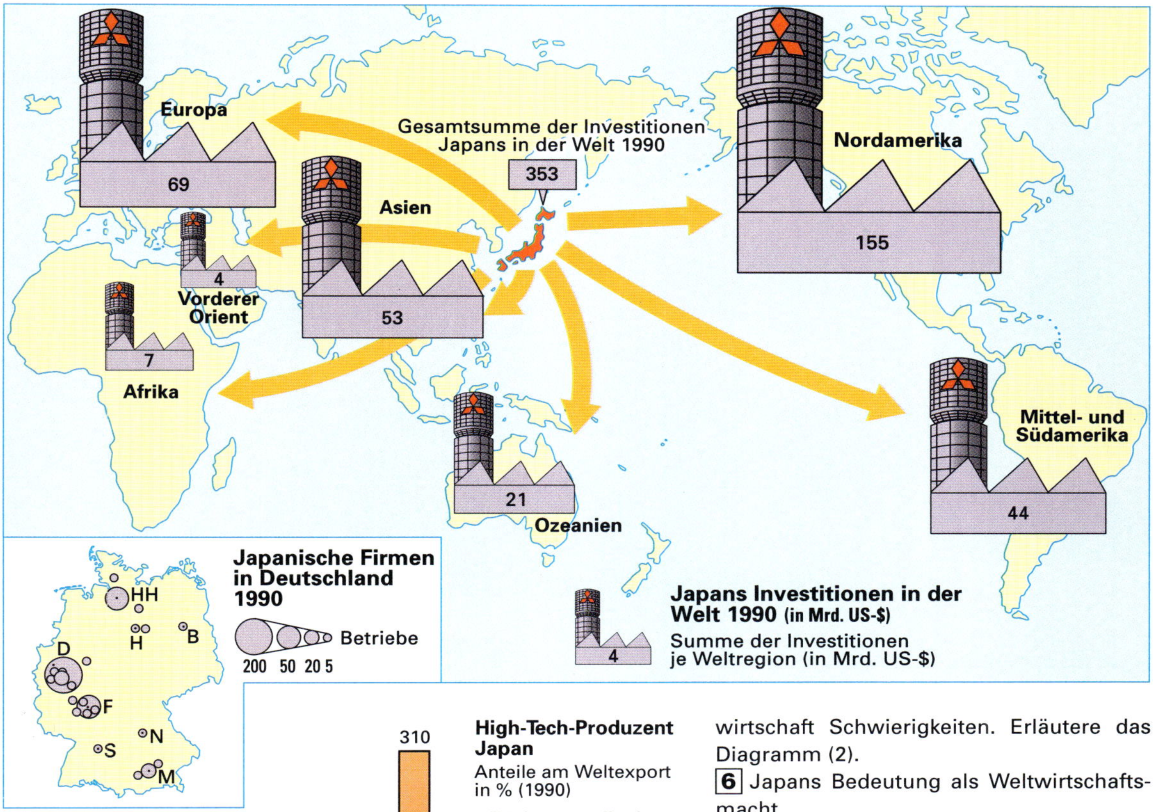

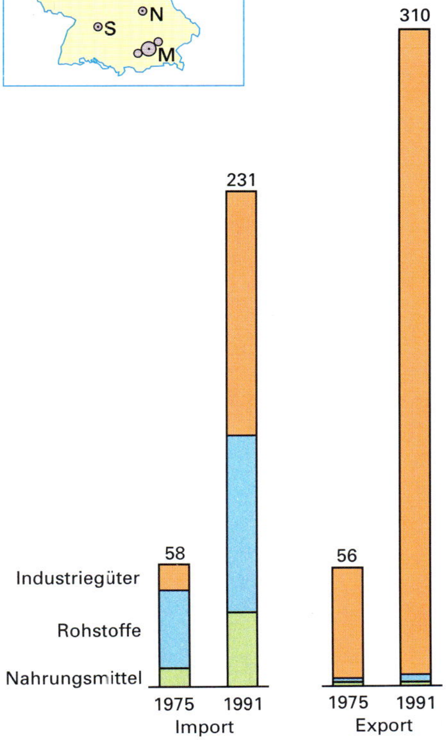

Japans Außenhandel (in Mrd. $)

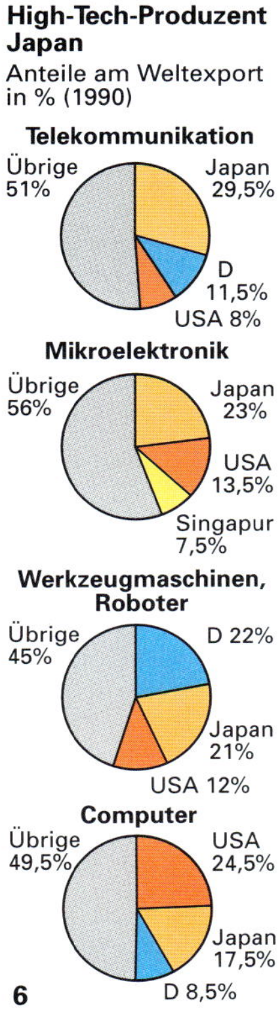

6

wirtschaft Schwierigkeiten. Erläutere das Diagramm (2).

6 Japans Bedeutung als Weltwirtschaftsmacht.

a) Beschreibe die „Weltrangliste" wichtiger Industrieländer (Tabelle 3).

b) Welche Faktoren können die Höhe der Industrieproduktion beeinflussen?

c) Erläutere die Stellung Japans beim Export von High-Tech-Gütern (Diagramm 6).

d) Begründe die Unterschiede in der Ein- und Ausfuhr Japans (Diagramm 5).

7 Die Karte (4) zeigt eine andere Seite der japanischen Wirtschaftsmacht.

a) Erläutere, was dargestellt ist.

b) Wo liegen die Schwerpunkte japanischer Investitionen im Ausland?

c) Nenne Beispiele für japanische Unternehmen, die sich auch in Europa angesiedelt haben.

d) In welchem Gebiet Deutschlands konzentrieren sich die meisten japanischen Betriebsstätten?

e) Welche Vorteile hat ein Unternehmen davon, wenn es Betriebsstätten in einem fremden Land errichtet?

Blick auf Sydney

1

3

Australien und

Australiens trockene Mitte mit Blick auf die Olgas (in der Aborigines-Sprache Katjatjuta = viele Köpfe)

2

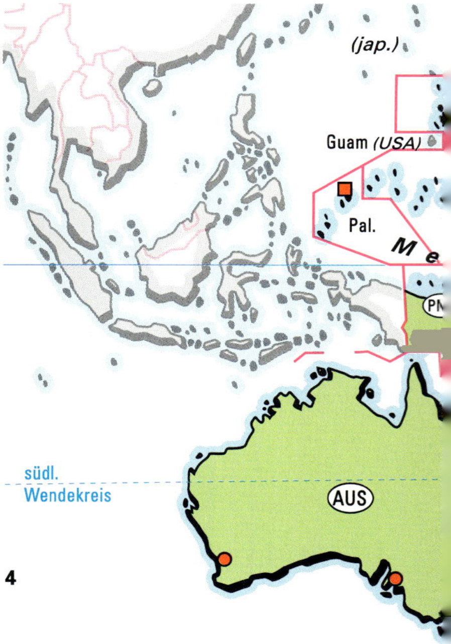

4

Insel Moorea, Polynesien

Ozeanien

Australien und Ozeanien bilden einen eigenen Kulturerdteil.

Australien, das Land „down under", ist der einzige Staat der Erde, der einen ganzen Kontinent umfaßt. Die kulturelle Entwicklung wurde, wie die des benachbarten Neeseeland, vor allem durch britische Einwanderer geprägt. Diese kamen ab dem 18. Jahrhundert ins Land und drängten die einheimischen Aborigines völlig zurück. Heute gehört Australien mit 7,7 Millionen km² zu den flächengrößten Staaten der Erde. Es hat aber nur 17,6 Millionen Einwohner, die zu fast 90 Prozent in den zehn größten Städten der dichtbesiedelten Küstenzone leben. Australien ist damit das am stärksten verstädterte Land der Erde. Der Rest der Bevölkerung lebt weit verstreut im Outback, dem riesigen, fast menschenleeren Binnenraum. Vor allem die isolierte Lage auf der Südhalbkugel sowie die Entfernungen zu den übrigen Ländern bestimmen die Entwicklung Australiens ebenso wie die „tyranny of distance" im eigenen Land.

Die Inselwelt Ozeaniens wurde jahrhundertelang von der Kultur der Polynesier, Melanesier und Mikronesier geprägt. Sie hatten von Südostasien aus den riesigen Pazifik erkundet und seine Inseln besiedelt. Ab dem 18. Jahrhundert geriet Ozeanien unter den Einfluß fremder Kolonialmächte. Die einheimische Kultur wurde weitgehend zerstört. Heute sind viele Inselgruppen zu selbständigen Staaten geworden. Doch Abgelegenheit und Kleinheit behindern ihre unabhängige Entwicklung. So besteht Tonga bei 700 km² Gesamtfläche aus 169 Inseln, Fidschi bei 18 300 km² sogar aus 800 Inseln.

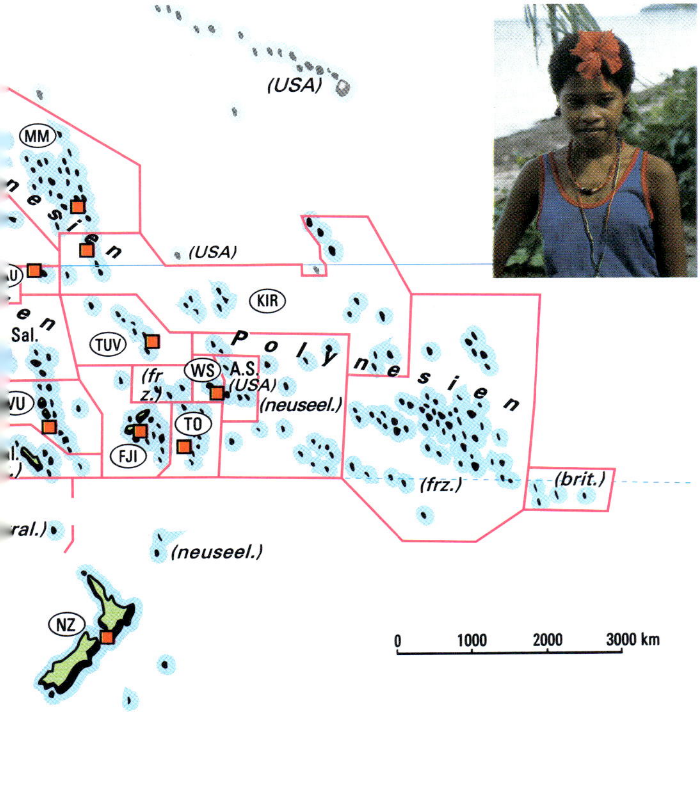

6

1 **Sydney, City Skyline**

Australien – Kontinent der Einwanderer

Aborigines (lat. aborigine = von Anfang an)

Anläßlich der Zweihundertjahrfeier Australiens im Jahre 1988 sagte Minister Hawke: „Wir sind für unsere Größe wohl eine der vielfältigsten Nationen auf der Erde. Unsere Bevölkerung stammt aus 137 verschiedenen Ländern." Australien sieht sich heute als **Einwanderungsland**.

Australien Bevölkerungsdichte

10 – 50 Einw./km²
1 – 10 Einw./km²
unter 1 Einw./km²
1143 Einwohner (in Tsd.)
Eingeborenenreservat
Grenze der Bundesstaaten
A.C.T. Australisches Haupt-stadt-Territorium

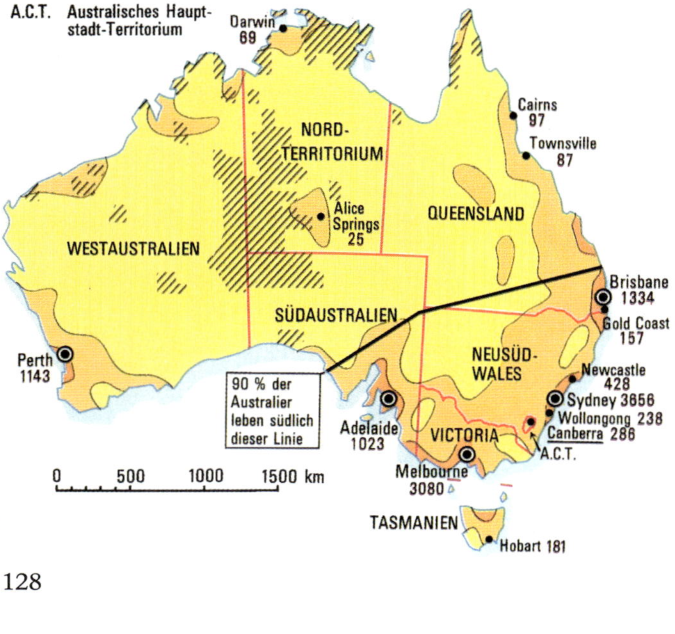

2

Die Einwanderung der Weißen begann im Jahre 1788. Damit setzte die Verdrängung der **Aborigines,** der Ureinwohner Australiens, ein, die hier schon seit über 40 000 Jahren lebten. Sie hatten sich über den ganzen Kontinent verbreitet und ihr Leben den oft widrigen Naturbedingungen aufs beste angepaßt. So konnten sie als nomadisierende Jäger und Sammler selbst in den lebensfeindlichsten Gebieten Inneraustraliens überleben.

Die vorwiegend von Briten und Iren begonnene Besiedlung Australiens ging von den Küsten aus. Hier entstanden die ersten Sträflingskolonien, denn an einer anderweitigen Nutzung hatte zunächst niemand Interesse. Hier ließen sich später auch die ersten freien Siedler aus Großbritannien nieder. Die großen Hafenstädte waren von Anfang an die Verwaltungszentren der Kolonien. Sie ermöglichten die Verbindungen mit dem Mutterland und wurden schließlich auch zu Mittelpunkten des kulturellen und wirtschaftlichen Lebens. Und sie ziehen bis heute, zusammen mit anderen, inzwischen neu entstandenen Küstenstädten, die meisten Einwanderer an.

3

Noch vor wenigen Jahrzehnten war Australien eine „weiße", vorwiegend anglo-irische Gesellschaft, die nicht einmal ihren Ureinwohnern die Bürgerrechte zuerkannte und durch strenge

Bei Ankunft der britischen Einwanderer gab es in Australien zwischen 300 000 und 700 000 Ureinwohner. Ihre geistig komplizierte, für die Europäer unverständliche Kultur wurde von diesen als minderwertig betrachtet. Sie wurden aus ihren Lebensräumen vertrieben, verfolgt und durch Krankheiten dezimiert. 1947 schätzte man ihre Zahl nur noch auf 80 000. Viele Aborigines wurden in abgelegene, für Weiße uninteressante Reservate eingewiesen. Man verweigerte ihnen die Bürgerrechte, und erst 1960 wurden sie als australische Staatsbürger anerkannt.
Heute gibt es wieder rund 257 000 Ureinwohner. Über die Hälfte von ihnen lebt in den Armenvierteln der Städte. Einige arbeiten auf Viehfarmen für geringen Lohn. In den letzten Jahren hat sich ihre Situation etwas gebessert. Manche Stämme haben sogar Teile ihres Landes zurückbekommen. Ihre Eingliederung in die Gesellschaft ist aber bis heute noch nicht gelungen.

Einwanderungsgesetze den Zustrom unerwünschter Immigranten abblockte. Nach dem Zweiten Weltkrieg wurde diese Abschottung aufgegeben. Nun wanderten verstärkt auch Südeuropäer und Asiaten ein. Das Ergebnis ist eine neue kulturelle Vielfalt, die zwar noch nicht reibungslos funktioniert, in der aber jede Gruppe ihr Bestes für eine gemeinsame Zukunft Australiens geben soll.

6

1 Beschreibe die Vergangenheit und Gegenwart australischer Städte mit Hilfe von Foto (1).

2 a) Erläutere die Verteilung der Bevölkerung anhand der Karte (2).
b) Begründe die Lage der großen Städte.
c) Die Hauptstadt Canberra wurde erst 1927 gegründet. Was spricht für ihre Lage?
d) Berechne den Anteil von Sydney und Melbourne an der Gesamtbevölkerung.
e) Australien, der am stärksten verstädterte Kontinent der Erde: erkläre.

3 a) Berichte in Stichworten über die Einwanderung nach Australien. Werte dazu auch die Fotos (3), (5) und (7) sowie den Text (4) aus.
b) Welche Probleme können sich bei der Eingliederung der Einwanderer ergeben?

4 Foto (6): Erläutere, wie die Aborigines ihren Platz in der neuen Gesellschaft Australiens beurteilen.

7

Zur Geschichte Australiens.
Ab 40 000 v. Chr.: Aborigines wandern ein.
1770: Der britische Seefahrer James Cook erkundet die Ostküste Australiens.
1788: Die „First Fleet" bringt über 700 Sträflinge in die Bucht von Sydney. Hier wird die erste britische Kolonie gegründet.
1793: Die ersten freien Siedler landen.
1838: Erste deutsche Einwanderer.
1851: Erster Goldrausch. In zehn Jahren wächst die Bevölkerung von 405 000 auf 1 154 000 Menschen an.
1901: Die sechs britischen Kolonien schließen sich zum „Commonwealth of Australia" zusammen.
1960: Aborigines werden vor dem Gesetz als australische Staatsbürger anerkannt.

Aus einer Aborigines-Legende:
In Australien gibt es „Bäume für Opossums und Koalas, Wüsten und Grasländer für Känguruhs, weiche Erde zum Eingraben für Wombats und Flüsse für Schnabeltiere".

Der einzigartige Kontinent

Australien ist der flachste, gebirgs- und flußärmste Kontinent. Er läßt sich in drei Großräume gliedern:
Das Westaustralische Tafelland ist weitgehend eingeebnet und wird nur von wenigen Bergzügen überragt. Durch die lange Abtragung wurden hier älteste Gesteine freigelegt. Sie enthalten reiche Bodenschätze, die sich im Tagebau gewinnen lassen.
Das Große Australische Becken ist durch zahlreiche abflußlose Becken und Salzseen gekennzeichnet. Hier liegt das größte unterirdische Wasservorkommen der Erde. Wo es angebohrt wird, tritt **artesisches Wasser** in über 10 000 Brunnen unter Druck zutage.
Das Ostaustralische Bergland bildet die höchsten Erhebungen Australiens.

Naturlandschaften in Australien

- Wald
- Savanne
- Halbwüste und Wüste
- Grasland
- periodisch wasserführender Fluß
- trockenes Flußbett (Wadi)

0 500 km

1

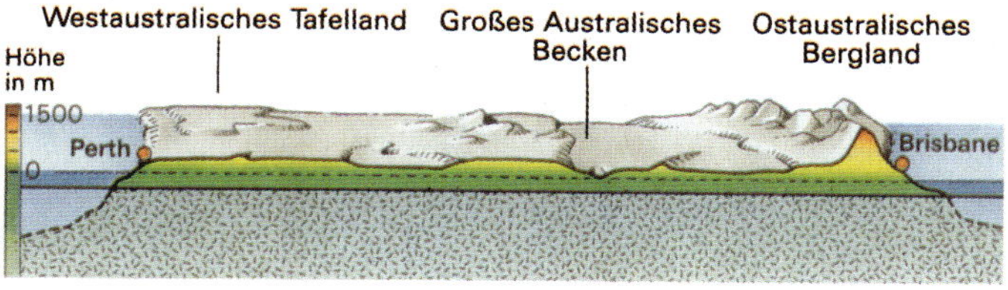

2

3

4

Australien weist noch weitere Besonderheiten auf: Hier leben Tiere, die nirgendwo sonst auf der Welt vorkommen: Beuteltiere wie Känguruhs, Koalas und Wombats, dazu Emus und sogar eierlegende Säugetiere wie Schnabeltier oder Ameisenigel.
Einzigartig ist auch die Pflanzenwelt: Da gibt es Grasbäume und Affenbrotbäume (Baobabs) sowie mehr als 700 verschiedene Eukalypten, vom kleinen Busch bis zum Baumriesen. Die Karri-Eukalypten Südwestaustraliens gehören mit

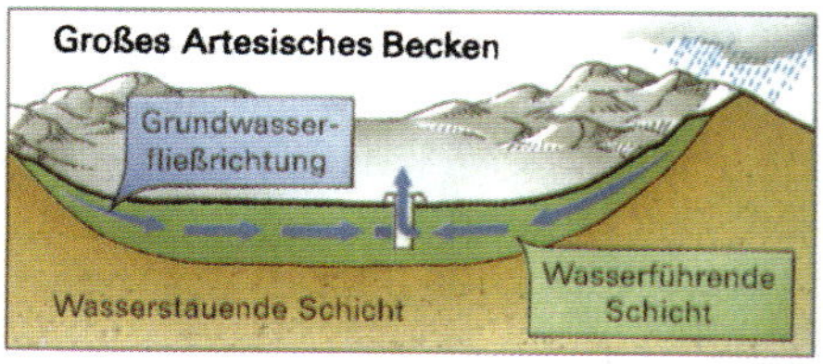

5

8

10

11

9

über 90 Metern zu den höchsten Bäumen der Welt. Insgesamt sind vier Fünftel aller Pflanzenarten des Kontinents in Australien heimisch.

Die Ursache für diese einzigartige Pflanzen- und Tierwelt ist die lange Isolation des Kontinents. Nach der Trennung Australiens vom alten Südkontinent Gondwana vor etwa 135 Millionen Jahren konnten sich hier Tiere und Pflanzen über einen langen Zeitraum völlig unbeeinflußt entwickeln und an die besonderen Bedingungen anpassen. Die Isolation auf der „Arche" Australien sicherte auch das Überleben anderswo ausgestorbener Tierarten.

Die Aborigines verstanden es, sich den über Jahrmillionen entstandenen Ökosystemen anzupassen, ohne diese zu zerstören. Dagegen haben ihnen die europäischen Einwanderer in nur 200 Jahren schwere Schäden zugefügt: durch Raubbau an den Wäldern, durch Überweidung oder durch eingeführte Tiere wie Ziegen, Esel oder Kaninchen, die sich ohne natürliche Feinde unkontrolliert vermehrten, verwilderten und zur Gefahr für viele einheimische Arten wurden.

1 Beschreibe die Fotos (3), (4) und (6) bis (11). Welche Naturlandschaften aus Karte (1) erkennst du?

2 Erläutere und begründe Besonderheiten der Tier- und Pflanzenwelt (Text und Fotos).

3 Fluß-Eukalyptus, Sumpf-Eukalyptus, Schnee-Eukalyptus: Was sagt dir dies?

4 Die Einfuhr von Pflanzen und Tieren nach Australien ist streng verboten. Begründe.

3
Grasbäume wachsen wenige Millimeter im Jahr, nach Feuer bis fünfmal rascher

4
Schnabeltier

6
Spinifex-Gras und Kasuarinen („desert oaks"), dem Trockenklima angepaßt

7
Sommergrünes Grasland mit lichtem Baumbestand und Termitenhügeln

8
Immergrüner Eukalyptuswald. Viele Arten brauchen Feuer zur Vermehrung

9
Känguruh (bei Geburt nur 25 mm groß) wächst im Beutel der Mutter auf

10
Eukalyptusblüte

11
Affenbrotbaum (Baobab), speichert Flüssigkeit im Stamm

1 **Am Ayers Rock im Outback Zentralaustraliens**

Der trockene Kontinent

2 **Carnarvon – Westaustralien, 1. 3. 94**
Der Gascoyne-River fließt wieder, zum erstenmal seit September 1992

„Das ist Australien: ein Kontinent von der Sonne geröstet, ein Land ohne Wasser!“ So heißt es oft „down under“. Australien ist nach der Antarktis der trockenste Kontinent der Erde. Über 50 % des Landes erhalten weniger als 300 mm Niederschlag pro Jahr, nur knapp vier Prozent mehr als 1200 mm.
Doch innerhalb des Kontinents gibt es deutliche Unterschiede. Der Norden Australiens erhält im Sommer durch Monsunregen ergiebige Niederschläge. Im Winter herrscht Trockenheit. Der sommertrockene Süden gerät dagegen in dieser Zeit unter den Einfluß der regenbringenden Westwinde. Besonders begünstigt sind Südwestaustralien und Teile Südaustraliens, die ein warmgemäßigtes mediterranes Klima haben.
Der größte Teil des Kontinents liegt im Bereich des Passatklimas. Er wird durch heiße, trockene Luftmassen beeinflußt. Im Landesinneren sind mehrwöchige Hitzeperioden keine Seltenheit. Die jährliche Sonnenscheindauer kann durchschnittlich bis zu 9,6 Stunden pro Tag erreichen, bei uns lediglich 3,3. Die Niederschläge sind sehr niedrig. Die Ausläufer des Monsuns werden nur selten wirksam. Und das Ostaustralische Bergland (Great Dividing Range) schirmt das Innere vor dem Südostpassat ab, der an der Ostküste ganzjährig Niederschläge bringt.
Wegen der ungünstigen Klimabedingungen sind zwei Drittel Australiens für den Ackerbau nicht geeignet. Die übrigen Gebiete leiden unter extremen Niederschlagsschwankungen. Häufig kommt es zu verheerenden Dürren, aber auch zu Überschwemmungen, die durch Starkregen oder tropische Wirbelstürme

4

Im Schaf- und Weizengürtel

3

ausgelöst werden und ganze Landstriche wochenlang von der Außenwelt abschneiden.

Die besten Bedingungen für die Landwirtschaft bietet der Küstensaum. Hier werden sogar zahlreiche Sonderkulturen angebaut. Landeinwärts schließt sich halbkreisförmig die Zone des Ackerbaus und der Viehhaltung an. Großflächige, stark mechanisierte Betriebe produzieren dort Weizen und Wolle im Überschuß. Sie bilden das Rückgrat der exportorientierten australischen Landwirtschaft. In dieser Zone liegen auch große Bewässerungsprojekte, so das Gebiet am Murray, dem größten Flußsystem Australiens.

Das Innere des Kontinents, der Outback, liegt jenseits der Trockengrenze des Ackerbaus. Auf 80 Prozent der Gesamtfläche Australiens leben hier nur 3 % der Bevölkerung. Landnutzung ist nur noch mit hohem ökologischen und wirtschaftlichen Risiko möglich. Sie beschränkt sich auf extensive Weidewirtschaft in riesigen Farmen. „Wer hier überleben will, braucht die drei Segnungen des Outback: Schatten, Wasser und Benzin“, sagen die Leute in den Outstations.

1 An welchen Klimazonen hat Australien Anteil? Nutze die Klimakarte im vorderen Umschlag.

2 a) Vergleiche die Klimawerte (Anhang) von Darwin, Alice Springs, Adelaide und Sydney.

b) Erkläre die Niederschlagsverteilung.

c) Zu welchen Klimazonen gehören die Stationen?

3 Aus welchen Klimazonen stammen die Fotos (1) und (3)?

4 Erläutere Zusammenhänge zwischen Klima und Landnutzung anhand der Karten (5) und (6).

5 Australiens Farmer leiden unter extremen Klimabedingungen. Nenne Beispiele.

6 „Hohe Transportkosten belasten die australische Landwirtschaft.“ Erkläre.

Australiens Agrarexporte

Umfang: 1/4 aller Exporte

Wert: 15,6 Mrd. A$

Australien ist größter Exporteur von:
- Wolle
- Rindfleisch
- lebenden Schafen

zweitgrößter von
- Schaffleisch

drittgrößter von
- Zucker

viertgrößter von
- Weizen

7

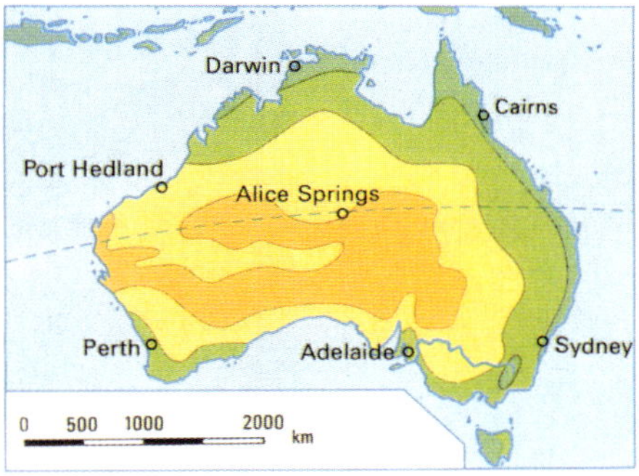

6

Jahresniederschlag
- 100– 250 mm
- 250– 500 mm
- 500–1000 mm
- 1000–2000 mm
- 2000–3000 mm
- über 3000 mm

4
Bei Carnarvon, Westaustralien

1

Eisenerz aus Australien

Überall rote Berge, rote Erde, roter Staub, dazu gelbes, hartes Stachelschweingras und einige Eukalyptus-Bäume – das ist die Pilbara-Region in Westaustralien.
In Paraburdoo empfängt uns Mr. Bill Newman, Ingenieur bei der Bergbaugesellschaft Hamersley Iron. „Wir haben in der Pilbara eines der größten Eisenerzlager der Erde. Das hochwertige Erz hat einen Eisengehalt von 64 Prozent. Es wird hier im Tagebau gewonnen. Pro Jahr fördern wir hier und in Tom Price fast 50 Millionen Tonnen Erz. Obwohl wir mit modernsten Maschinen arbeiten, ist die Arbeit sehr hart. Von Oktober bis März sind Temperaturen über 40 °C ganz normal. Immer wieder gibt es Wirbelstürme mit heftigen Regenfällen, die Häuser, Förderanlagen und Verkehrswege zerstören.

2

1
Erztagebau Paraburdoo
2
John Willock
3
Siedlung Tom Price
4
Aufbereitungsanlage Paraburdoo

Als das Eisenerz vor etwa 30 Jahren entdeckt wurde, gab es in der abgelegenen, menschenfeindlichen Region keine Straße, keine Eisenbahn, keine einzige größere Siedlung. Heute wirken Paraburdoo und Tom Price wie grüne Oasen

4

in der Wildnis. Insgesamt leben schon über 60 000 Menschen in der Region.“
Vor der Aufbereitungsanlage erzählt Mr. Willock: „Mein Truck transportiert 200 Tonnen Erz. Wenn es zerkleinert ist, wird es mit Transportbändern zur Erzbahn gebracht. Jeder Zug ist zwei Kilo-

3

meter lang, hat 200 Waggons und wird von drei Lokomotiven gezogen. Pro Tag schicken wir mehrere Züge zum Verladehafen Dampier. Jede dieser Zugladungen ergibt genug Stahl für 15 000 Pkw." Am Abend sind wir bei Mr. Newman eingeladen. „Ohne Klimaanlage geht hier nichts! Anfangs wollte niemand in der Pilbara arbeiten. Nur mit Spitzenlöhnen konnte man junge Leute für kurze Zeit herlocken. Inzwischen leben hier viele Familien. Sie haben die Häuser von der Bergbaugesellschaft gekauft. Es gibt Einkaufszentren, Schulen, Krankenhäuser sowie Sport- und Erholungseinrichtungen aller Art."

1 Suche die Pilbara-Region im Atlas:
a) Beschreibe ihre Lage.
b) Miß die Entfernung nach Perth.

2 Die Menschen in der Region sagen: „Du kannst mich nicht mit der Hölle schrecken, ich arbeite in der Pilbara!" Sie nennen sich selbst „die Pioniere mit den Klimaanlagen".
a) Erläutere die Aussagen.
b) Wie hat sich die Region nach der Entdeckung des Eisenerzes verändert?

3 Schreibe einen Kurzbericht über den Weg des Erzes. Benutze dazu folgende Begriffe: Aufbereitungsanlage, Bergbaustadt, Binnenschiff, Erzbahn, Erzfrachter, Hochofen, Hüttenwerk, Tagebau, Verladehafen, Zielhafen (Abbildungen 1 bis 7).

4 Werte die Tabelle (8) aus. Welchen Anteil hat Australien an der Weltförderung?

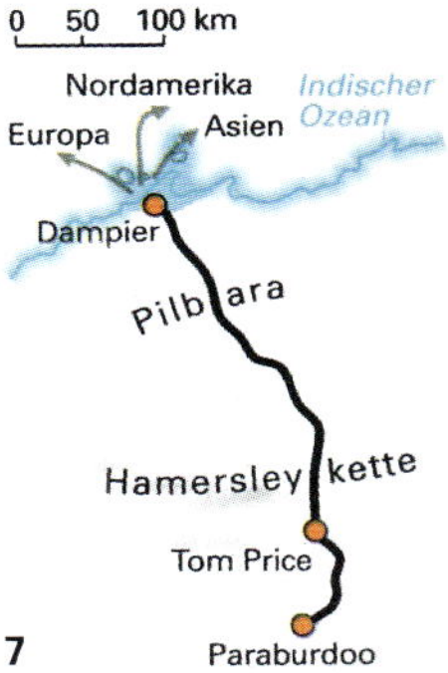

7

Förderung von Eisenerz 1992 in Mio. Tonnen

VR China	196
GUS	175
Brasilien	146
Australien	117
Indien	55
USA	55
Kanada	35
Südafrika	28
Schweden	19
Venezuela	18
Welt	844

8

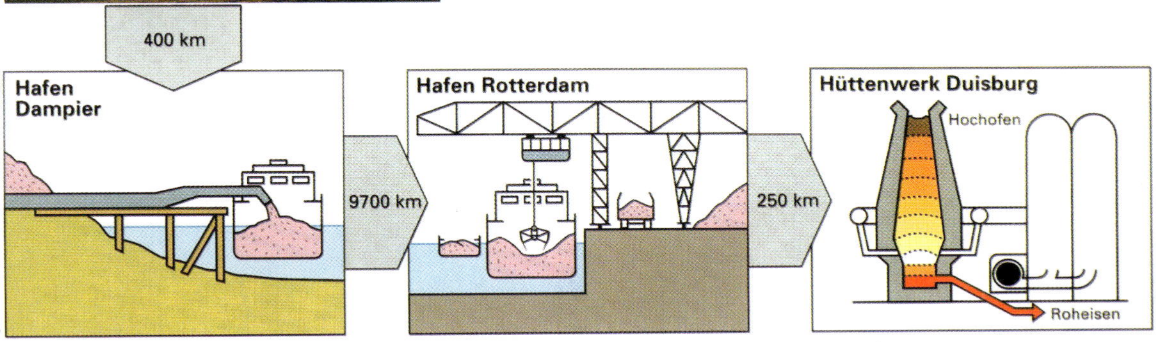

Im Hafen lagern große Erzvorräte. Über Förderbänder gelangt das Erz in den Erzfrachter.

Im Erzhafen wird das Erz gelagert oder gleich in Binnenschiffe und Eisenbahnzüge umgeladen.

Am Rhein stehen die Hochöfen. Darin sind Eisenerz, Koks und Kalkgestein. Der Koks verbrennt, das Erz schmilzt und flüssiges Roheisen entsteht.

1
Bora-Bora

Vulkaninseln und Koralleninseln

Ozeanien:
Meeresfläche:
etwa 70 Mio. km²,
Landfläche der Inseln:
etwa 1,25 Mio. km²,
ohne Neuguinea und Neuseeland nur etwa 250 000 km²

Die ethnisch und kulturell vielfältige Inselwelt Polynesiens, Melanesiens und Mikronesiens besteht aus über 30 000 Inseln unterschiedlicher Größe. Zu den großen Inseln gehören Neuguinea, Neuseeland und einige andere Inseln, die der australischen Platte aufsitzen. Sie verfügen meist über abbauwürdige Bodenschätze. Die innerpazifischen Inseln sind viel kleiner. Ihre isolierte Lage, geringe Einwohnerzahlen und begrenzte Anbauflächen bieten weniger günstige Entwicklungsmöglichkeiten.

Nach Gestalt und Entstehung lassen sich diese Inseln in Vulkan- und Koralleninseln oder in Hoch- und Flachinseln einteilen.

Die **Vulkaninseln** ragen als Spitzen untermeerischer Vulkane steil aus dem Meer empor. Ihre mit tropischem Regenwald bedeckten Gipfel erreichen beachtliche Höhen. Um den vulkanischen Inselkern erstreckt sich eine fruchtbare, intensiv genutzte Küstenebene, an die sich meerwärts ein Korallenriff anschließt.

Die aus Kalk aufgebauten **Koralleninseln** erheben sich nur wenige Meter über den Meeresspiegel. Sie sind häufig als **Atolle** ausgebildet. Daneben gibt es

Korallenriff
Ein Riff besteht aus Korallenpolypen. Sie sondern Kalk ab und bauen so Korallenstöcke auf.
Korallen brauchen für ihr Wachstum Wassertemperaturen über 20 °C und klares, sauerstoffhaltiges Wasser. Sie gedeihen nur bei reichlich Lichteinfall. Bestes Wachstum in einer Tiefe von 5–25 m.

Aufbau und Entwicklung der Koralleninseln

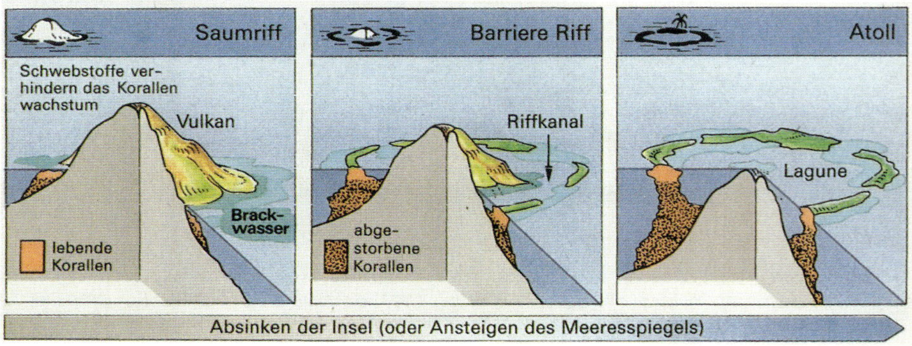

2

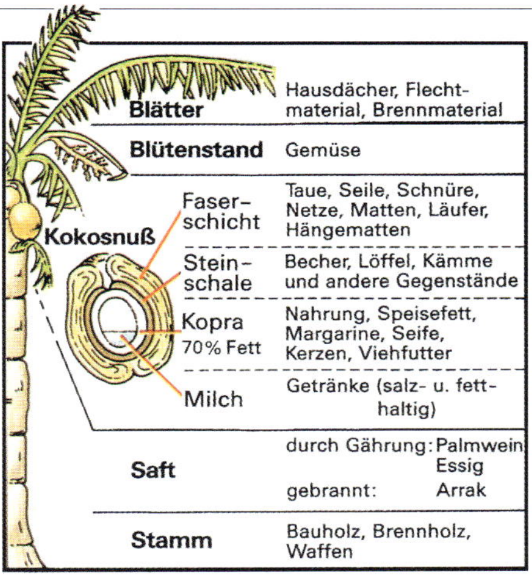

3

6

Haus in Western Samoa

4

gehobene Koralleninseln, die bis zu 30 Meter Höhe erreichen. Koralleninseln sind durch Wassermangel sowie wenig fruchtbare Böden gekennzeichnet und bei Wirbelstürmen oder Tsunamis extrem gefährdet.

Die begrenzten Möglichkeiten zwingen die Inselbewohner zur allseitigen Nutzung der Natur. Die Häuser, viele Gebrauchsgüter sowie die Auslegerboote werden aus lokalen Materialien hergestellt. Hierbei wird wie beim Anbau oder beim Fischfang ein sorgsamer Umgang mit der Natur beachtet. Sie wird oft noch durch Tabu-Gesetze geschützt. Als Grundnahrungsmittel dienen Knollenfrüchte wie Taro, Yams und Batate. Besonders wichtig sind die „von Kopf bis Fuß" nutzbare Kokospalme, die Banane und der Brotfruchtbaum. Hinzu kommen Fische aus den Lagunen und dem Meer. Auf größeren Inseln gibt es außerdem Plantagen, die Kakao, Kaffee und Kopra für den Export erzeugen.

1 Beschreibe das Foto (1). Verwende die Begriffe Vulkan-, Koralleninsel, Lagune, Riff.

2 Ordne das Foto (1) der Grafik (2) zu, und erläutere sie.

3 Erkläre die Entstehung eines Atolls.

4 Informiere dich über Taro und Yams (Foto 4, Randspalte und Lexikon).

5 Die Kokospalme gilt als Baum des Lebens. Im Notfall kann der Mensch mit ihr allein überleben. Erläutere Zeichnung (3).

6 Eine Koralleninsel ist ein anfälliges Ökosystem. Zeige dies an der Zeichnung (5).

7 Wie kann der Mensch dieses Ökosystem schützen? Beachte dabei auch Text (7).

4
Tarofeld

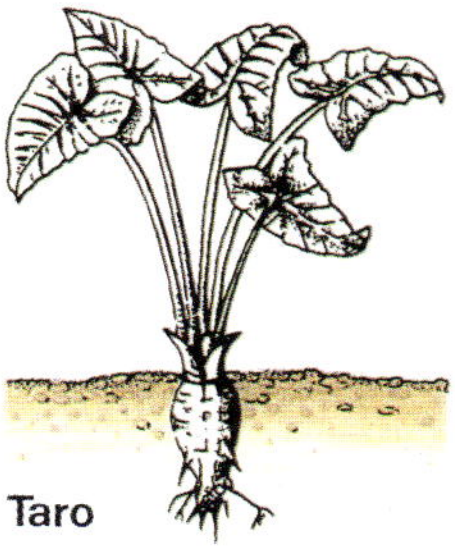
Taro

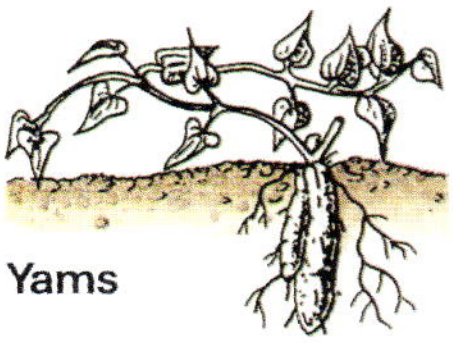
Yams

Querschnitt durch eine Koralleninsel

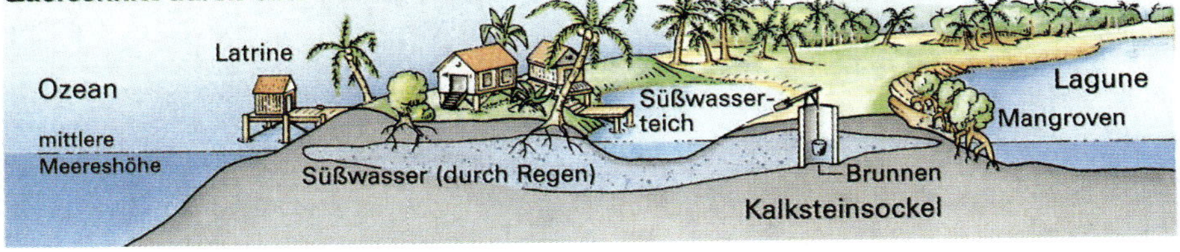

5

tabu (polynesisch tapu = „verboten")
„Tapu ist wie ein Stoppschild. Das Jahr über standen mal der Wald, mal der Strand, der Fluß oder das Ackerland, mal der Teich oder der Fischgrund unter dem Schutz des Tapu-Gesetzes, damit neue Nahrung nachwachsen kann." 7

1

3

Paradies Südsee?

In Reiseprospekten wird die tropische Inselwelt Ozeaniens als Südseeparadies dargestellt: Weiße, palmengesäumte Traumstrände auf einsamen Inseln, tiefblaue Lagunen mit kristallklarem Wasser und schäumenden Korallenriffen, lachende Menschen in bunter Kleidung bei farbenfrohen Tänzen ...
Doch stimmen diese Bilder mit der Realität überein? Nein, Ozeanien ist kein Südseeparadies, und ist es auch nie gewesen! Es gibt hier zwar einzigartige Landschaften. Und je entfernter und isolierter eine Insel liegt, desto ursprünglicher ist die Lebensweise ihrer Bewohner geblieben. Doch die meisten Inseln wurden durch den Kontakt mit der Außenwelt mehr oder weniger stark verändert.

2

1 Die Fotos informieren über traditionelle Lebensart sowie Ursachen und Ergebnisse des Wandels in Ozeanien.
a) Notiere in Stichworten, was die einzelnen Fotos (1) bis (8) zeigen.
b) Ordne die Texte A bis E in Kasten (9) den Bildern zu. Überlege dir jeweils eine Bildlegende.
c) Diskutiert über Ursachen und Folgen des Wandels. Berücksichtigt dabei auch den Wert traditioneller Verhaltensweisen.

4

5

8

6

7

A Besonders in Melanesien haben sich viele alte Sitten und Gebräuche erhalten. Andernorts werden sie wieder neu belebt. Bemalung und Kopfbedeckung sowie die Tänze der Huli auf Papua-Neuguinea sind noch immer Statussymbol und Teil ihrer Lebensart.

B Die Bewohner der Trobriand-Inseln haben den Verlockungen der modernen Welt widerstanden. Dies zeigt sich beim Hausbau, beim Fischfang und bei der Nutzung der Yamsgärten, deren Ertrag über das Ansehen des „Gärtners" entscheidet. Die Yamsspeicher sind die wichtigsten Gebäude im Dorf.

C Früher wurde in Ozeanien die Nahrung im Erdofen auf heißen, mit Bananenblättern abgedeckten Steinen gegart. Auf vielen Inseln gibt es diese gesunde und schmackhafte Nahrungszubereitung noch heute.

D Pago-Pago auf Amerikanisch Samoa, ist einer der besten Naturhäfen des Pazifiks. Er wird von modernen Containerschiffen angelaufen. Zwei Fischkonservenfabriken verarbeiten Fisch. Die Insel ist ein Beispiel für amerikanischen Lebensstil im Südpazifik: Kleidung, Straßenkreuzer, Fernsehen und Müll, der kaum bewältigt werden kann.

E Papeete, die Hauptstadt von Tahiti, ist Verwaltungs- und Wirtschaftszentrum von Französisch Polynesien und Ausgangspunkt für den Tourismus.

9

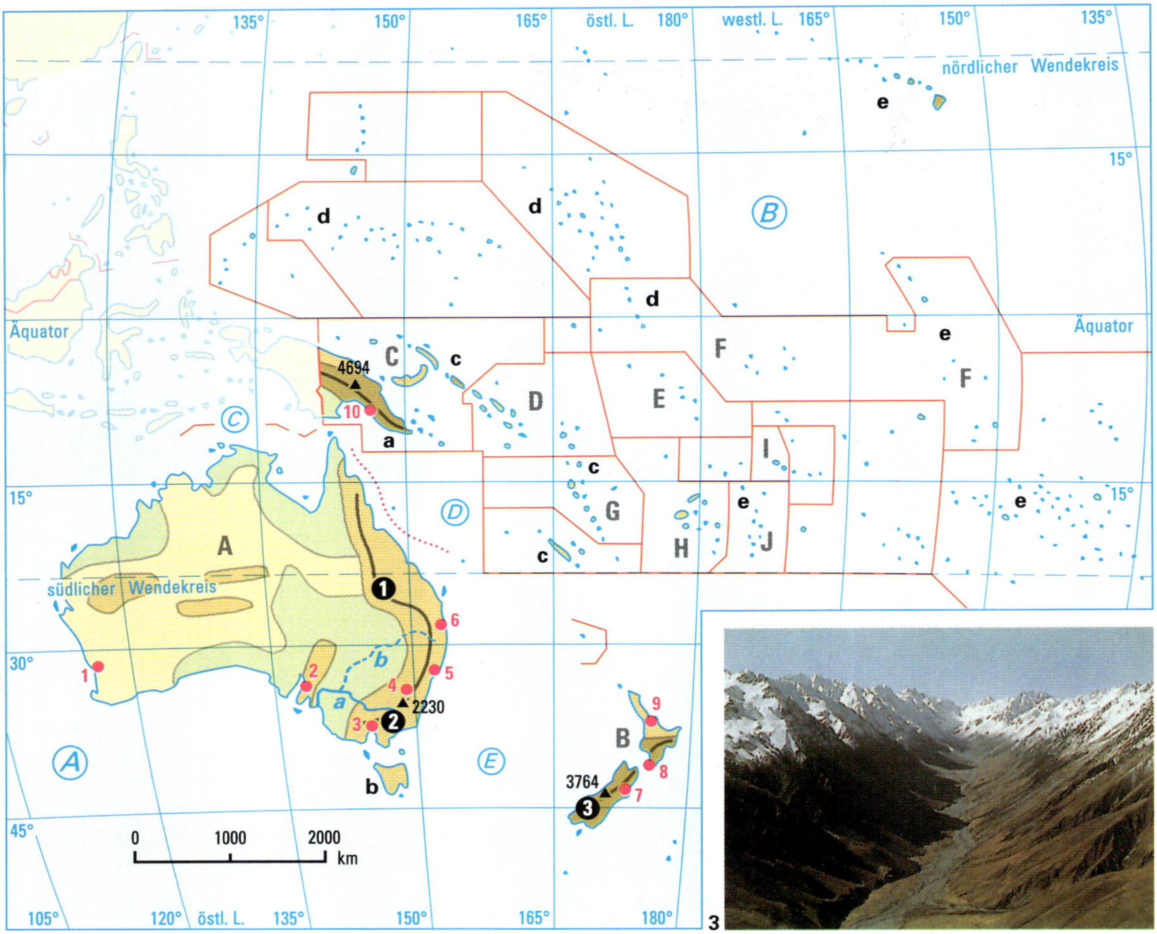
135°
150°
165°
östl. L.
180°
westl. L.
165°
150°
135°
nördlicher Wendekreis
15°
Äquator
südlicher Wendekreis
30°
45°
A
B
C
D
E
F
G
H
I
J
a
b
c
d
e
4694
2230
3764
0
1000
2000
km
105°
120°
östl. L.
135°
150°
165°
180°

1

3

TE HEU HEU
15c
New Zealand
8 sene
MANGO Mangifera indica
SAMOA
MILLEPORA ALCICORNIS
2c
Cook Islands
Tonga
Swainsonia casta
$2
OFFICIAL
TUVALU
15c
COOK ISLANDS
RF
2F
POSTES
UA POU
POLYNESIE FRANÇAISE
Papua New Guinea
BASILAKI MILNE BAY
70t
2c
PENRHYN
NORTHERN COOK ISLANDS

2

4

5

1 Arbeite mit Karte (1):

a) Notiere die Staaten: A = ...

b) Schreibe die Städte auf: 1 = ...

c) Nenne die angrenzenden Meere: Ⓐ = ...

d) Nenne den längsten Fluß Australiens, und beschreibe seinen Verlauf.

e) Die Flüsse Nordaustraliens führen nur in ihrem Unterlauf ganzjährig Wasser. Wie ist dies zu erklären?

f) Vor der Ostküste Australiens liegt das längste Korallenriff der Welt. Wie heißt es? Miß die Nord-Süd-Erstreckung.

2 Drei Tage und drei Nächte dauert die Fahrt mit dem Indian-Pacific von Perth nach Sydney. Eine besondere Attraktion: die mit 478 km längste geradlinige Eisenbahnstrecke der Welt.

a) Verfolge die Strecke in der Skizze und im Atlas.

b) Wie lang ist die Gesamtstrecke, und durch welche Landschaften fährt der Zug?

c) Erkläre den Namen des Zuges.

d) Wie heißt die Stadt in Foto (4)? Sie ist mit dem Goldrausch verbunden und hat 1993 ihr hundertjähriges Jubiläum gefeiert.

3 Australien ist sowohl hinsichtlich seiner Bodenschätze als auch seiner Gesamtwirtschaft auf den Export angewiesen. Werte die Diagramme (6) bis (8) aus.

4 Schneebedeckte Berge mit Gletschern (Foto 3): Wo in Ozeanien könnten sie liegen?

5 Neuseeland, Hawaii und die Osterinsel bilden die Ecken des sogenannten Polynesischen Dreiecks. Miß die Entfernungen. Welche größeren Inselgruppen liegen im „Dreieck"?

6 Die Briefmarkensammlung (2) verrät viel über Ozeanien: Selbständige und abhängige Staaten? Lebensbedingungen, Kultur, Anbau ...?

Australiens Anteil an der Weltförderung (1990)

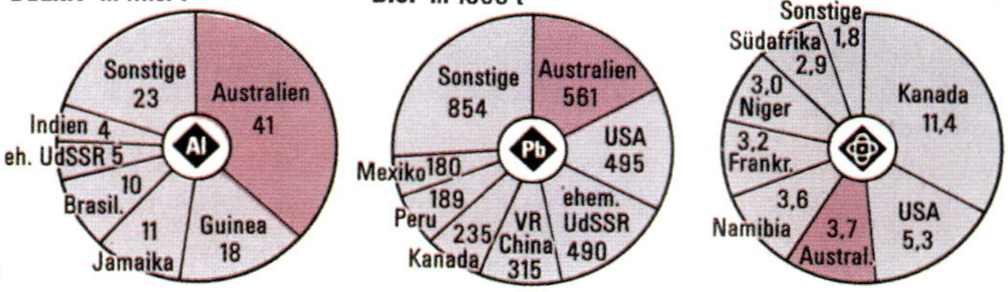

6

Anteile am Export australischer Produkte (wertmäßig)

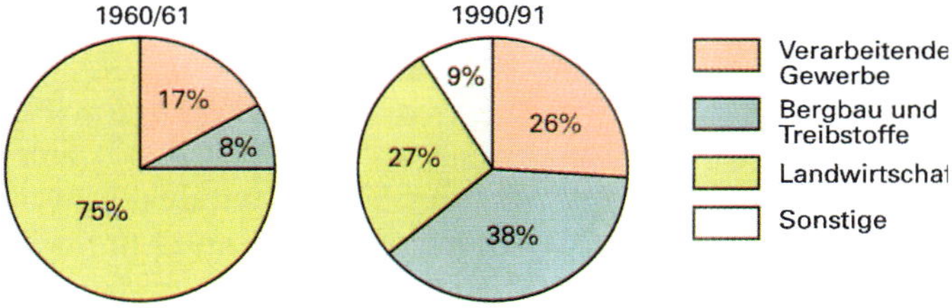

7

Verteilung der Exporte australischer Bergbauprodukte (wertmäßig)

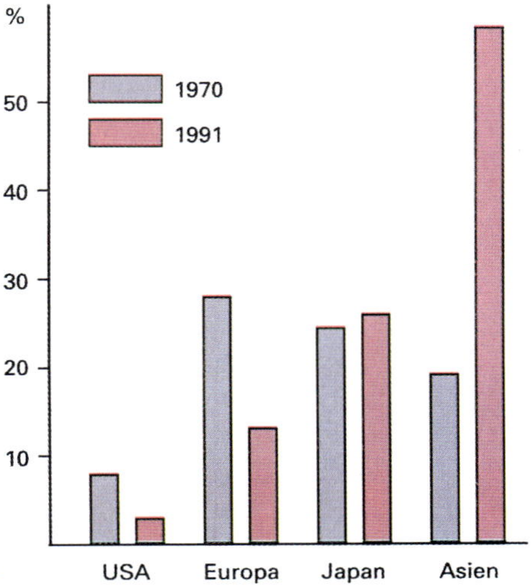

8

Grundbegriffe
Aborigines
artesisches Wasser
Atoll
Einwanderungsland
Koralleninsel
Vulkaninsel

5
„Ranger Mine" in Arnhem-Land, größte Uranmine der Welt

Arktis und Antarktis

2

1

Die Polargebiete gehören zu den unwirtlichsten und am schwersten zugänglichen Räumen der Erde. Deshalb ist es erst im 20. Jahrhundert mutigen Forschern gelungen, die Pole der Erde zu erreichen. Als besonders beschwerlich hat sich der Weg zum Südpol erwiesen. Die beiden Fotos, zwischen denen fast

acht Jahrzehnte liegen, zeigen, daß sich daran kaum etwas geändert hat. Sowohl Roald Amundsen und seine Begleiter (1910–1912) als auch Reinhold Messner und Arved Fuchs (1989/90) waren bei ihren Expeditionen zum Südpol harten äußeren Bedingungen ausgesetzt.

Heute wird die Erkundung der Polargebiete durch zahlreiche Forschungsstationen, die in diesen Gebieten errichtet wurden, betrieben.

Inzwischen wurden die Polarregionen auch für den Tourismus entdeckt. Mit dem Zustrom von Menschen wächst jedoch die Gefahr, daß auch hier die Natur zerstört wird.

1 

Fridtjof Nansen
1861–1930
(1922 Friedensnobelpreis)

2 

Robert E. Peary
1856–1920

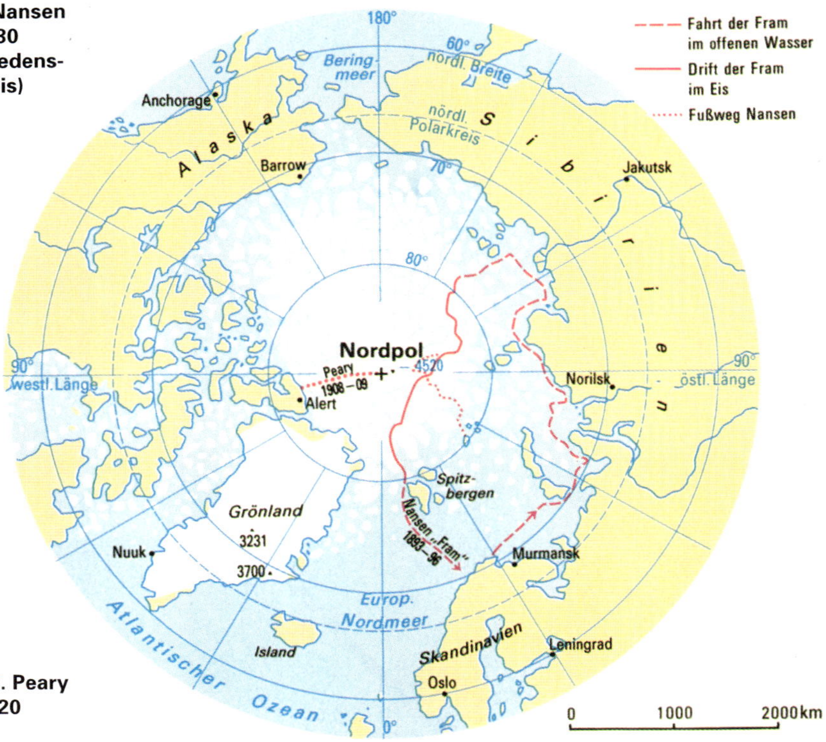

3

Wettlauf zu den Polen

Hatte das den Norweger Fridtjof Nansen auf die Idee gebracht?
1881 war das Schiff JEANETTE bei den Neusibirischen Inseln vom **Packeis** zerdrückt worden und gesunken. Drei Jahre später fand man Trümmer des Schiffes auf Eisschollen an der Küste Grönlands, mehrere tausend Kilometer entfernt, auf der gegenüberliegenden Seite des Nordpolarmeeres!
Nansen läßt die FRAM bauen, ein Holzschiff mit besonders dicken, schrägen Bordwänden. Im Juli 1893 beginnt seine Forschungsreise, Ziel ist der **Nordpol**. An Bord sind 13 Männer, Ausrüstung und Verpflegung für fünf Jahre. Im September steuert Nansen bei den Neusibirischen Inseln nach Norden tief ins Packeis. Bald sitzt die FRAM fest – die Drift im Eis beginnt. Nach einem Jahr wird ihm klar, daß sie am Nordpol vorbeidriften werden. Mit einem Begleiter verläßt er das Schiff und stößt mit Hundeschlitten weiter nach Norden vor – noch 660 km sind es bis zum Pol.
Sie schaffen es nicht. Der Weg ist beschwerlich, und das Eis treibt nach Süden. Im April 1895 kehren sie um, 437 km vor dem Pol. Sie schlagen sich durch bis Franz-Josef-Land. Die FRAM kommt im Sommer 1896 bei Spitzbergen aus dem Eis frei und nimmt Kurs auf Tromsö.
Robert E. Peary ist Experte für das Reisen im Eis. 20 Jahre lang hat er in der Arktis Erfahrungen gesammelt und ist 1906 schon bis auf 270 km an den Pol herangekommen. Das ist nämlich sein einziges Ziel. Und er will der Erste sein! Im Gegensatz zu seinen Vorgängern ist er der Ansicht, der arktische Winter sei die beste Zeit für das Unternehmen, besser als der Sommer, wenn die Oberfläche des Packeises antaut und das Gehen beschwerlich macht. Außerdem startet er vom Land aus und vertraut

Packeis: zusammengeschobene Eisschollen. Mehr zum Thema Packeis erfährst du auf Seite 146.

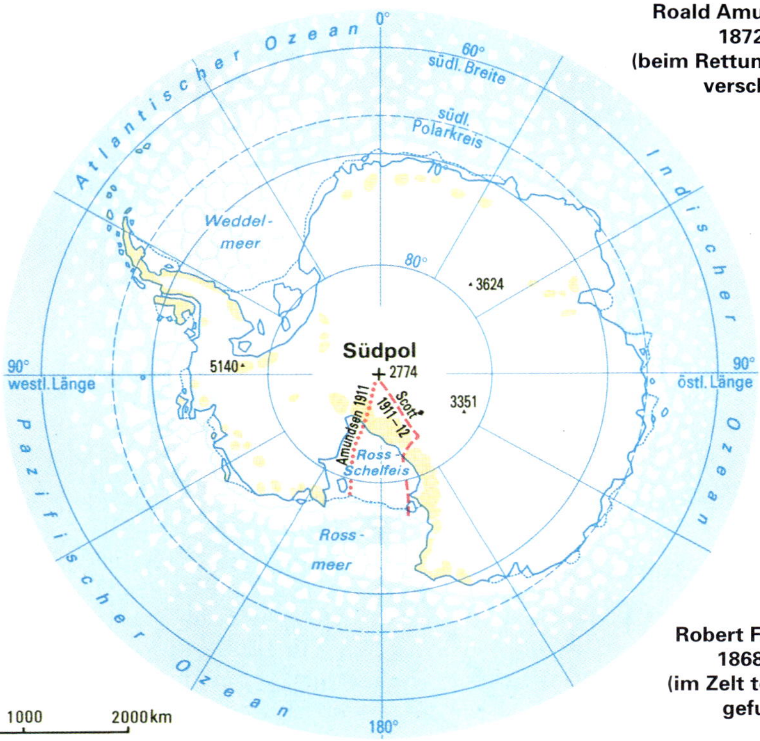

4

Roald Amundsen
1872–1928
(beim Rettungsflug verschollen)

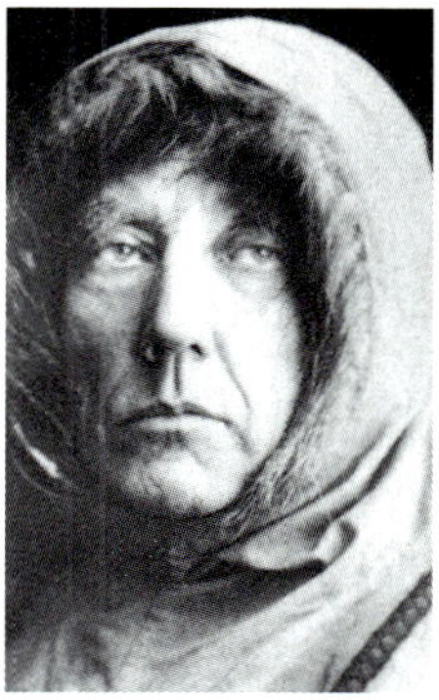
6

7

Robert F. Scott
1868–1912
(im Zelt tot aufgefunden)

dem, was er bei den Inuit kennengelernt hat: Hundeschlitten und Fellkleidung. Die Expedition soll zwar leicht beladen sein, dennoch alle nötige Nahrung selbst mit sich führen.

6. April 1909 – Pearys Triumph! Er erreicht als Erster den Nordpol.

Ein Jahr später in der Antarktis: Zwei Expeditionen sind gleichzeitig auf dem Weg zum **Südpol**: die des Briten Scott und die Gruppe unter dem Norweger Amundsen.

Amundsen setzt ganz auf Schlittenhund und Ski. Am 14.12.1911 weht am Südpol die norwegische Fahne. Sie schaffen die Strecke – 1400 km hin und 1400 km zurück – in 90 Tagen.

Scott dagegen verläßt sich auf Motorschlitten und Ponys. In der Kälte fallen jedoch die Motoren aus, und die Tiere werden krank. Nun müssen die Männer die Schlitten selbst ziehen. Gequält von Hunger und Erfrierungen werden sie von Schneestürmen tagelang im Zelt festgehalten. Am 17.1.1912 erreichen sie völlig erschöpft und enttäuscht Amundsens Zelt am Südpol. Keiner der fünf schafft den Weg zurück.

5

1 a) Vergleiche Nansens und Pearys Vorgehensweisen, den Nordpol zu entdecken.
b) Begründe Nansens Scheitern.
c) Warum wurde die FRAM nicht zerdrückt?

2 a) Vergleiche das Vorgehen von Scott und Amundsen.
b) Gib Gründe für Scotts Scheitern an.

3 Fertige mit Hilfe des Atlasses / des Lexikons eine Übersicht mit Expeditionen zu den Polen an. Gliedere wie folgt:

Jahr	Name	Nationalität	Ziel	Transportmittel	Erfolg	Bemerkung

1 **Tafeleisberg**

Eisberge und Schiffahrt

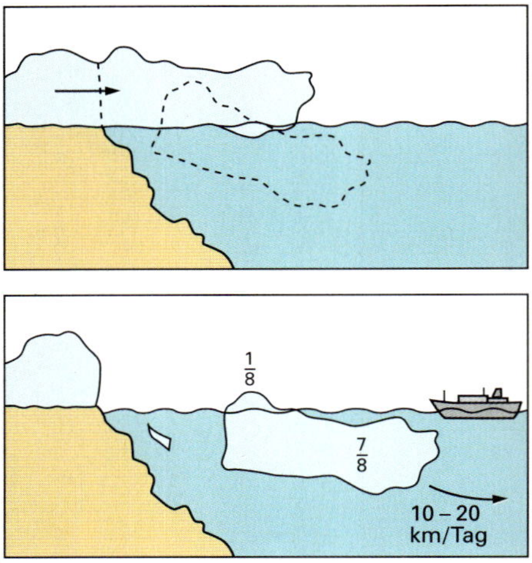

3

Arktis und Antarktis – ein Vergleich

Satellitenbilder der Polarregionen zeigen, daß sich dort große, eisbedeckte Gebiete befinden. Obwohl die Polkappen aus dem All betrachtet ähnlich aussehen, sind die Unterschiede dieser Eisregionen doch gewaltig: Die Arktis umfast ein von Kontinenten eingeschlossenes Meeresbecken. Die Antarktis dagegen ist ein hoher Kontinent, den die Ozeane umgeben. Die Meere der hohen Breiten sind weitgehend von driftendem Eis bedeckt. Einem Gürtel aus einzelnen Eisschollen, dem **Treibeis**, schließt sich polwärts die zusammengeschobene Decke aus **Packeis** an. Im Gegensatz zu jenem Meereis bestehen **Eisberge** immer aus Süßwasser. Sie entstehen, wenn Gletscher ins Meer abbrechen. An den Rändern des antarktischen **Schelfeises** „kalben" sogar riesige **Tafeleisberge,** die über 100 km Durchmesser erreichen können. Je nach Drift und Größe bleiben sie drei bis 30 Jahre erhalten. Besonders im Nordatlantik gefährden meist bizarr geformte **Gipfeleisberge** die Schiffahrt.

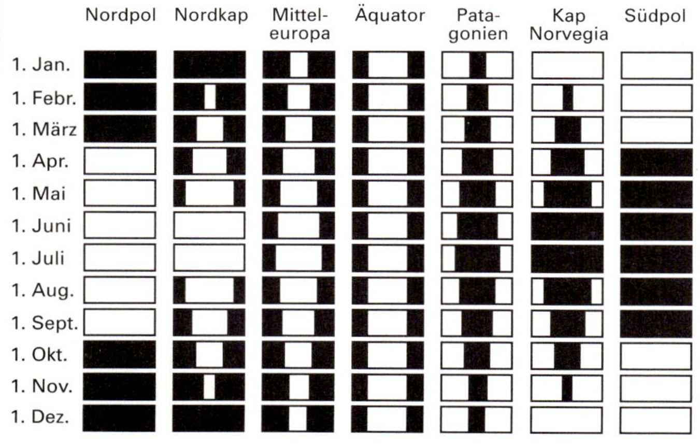

2

Da die Erde bei ihrer Wanderung um die Sonne im Laufe eines Jahres die Neigung ihrer Achse beibehält, gibt es jeweils auf einer Seite der Erde Mitternachtssonne und auf der anderen die **Polarnacht**. Vom Äquator zu den Polen nehmen die Unterschiede in den Tageslängen zu. Die Polarkreise markieren die Grenze, an denen die Sonne am längsten Tag des Jahres – im Norden der 21. Juni, im Süden der 21. Dezember – nicht untergeht. Polwärts dieser Kreise dauert der **Polartag** länger, am Pol selbst genau ein halbes Jahr. Doch dann folgt dort eine halbjährige Dunkelheit.

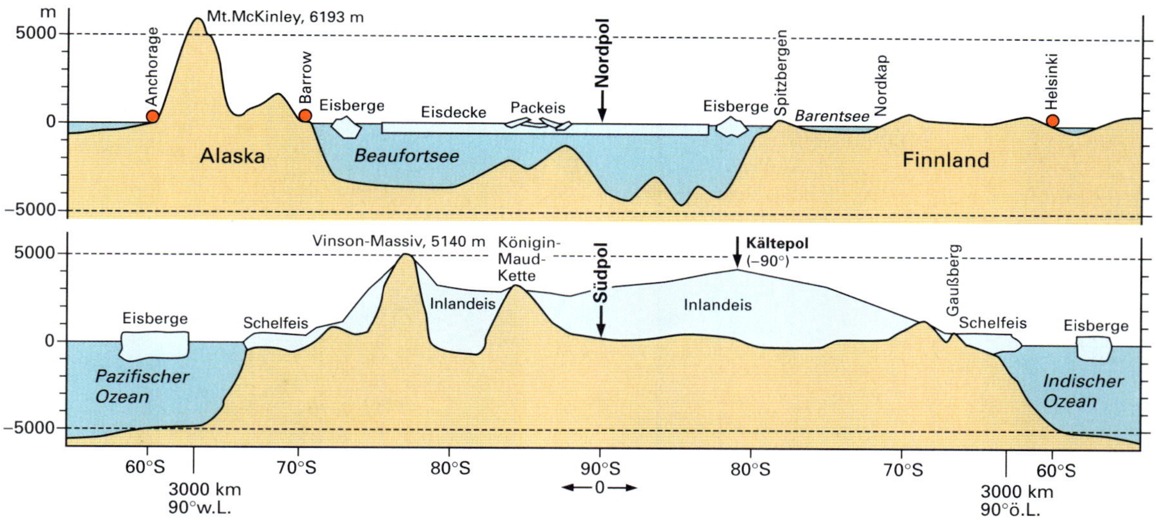

4

Polare Räume sind **Eiswüsten,** das heißt vegetationsarm. Der Mangel an Wärme und geringe Niederschläge sind die Ursachen dafür. Weil kalte Polarluft nur wenig Feuchtigkeit aufnehmen kann, fallen nur 100 bis 200 mm Niederschlag im Jahr. Das **Inlandeis** kann wegen der niedrigen Temperaturen (Jahresmitteltemperatur unter 0 °C) und geringen Verdunstung auch im Sommer nicht abschmelzen.

1 Graphik (2): Erkläre die wechselnden Beleuchtungsverhältnisse in den Polarregionen.

2 a) Liste verschiedene Arten von Eis und deren Eigenschaften auf.
b) Erläutere die Behinderung oder Gefährdung für die Schiffahrt (Zeichnung 3).

3 Lege nach dem Muster (5) einen **Vergleich** zwischen Arktis und Antarktis an. Benutze dafür die Seiten 146 bis 149, den Atlas und die Klimastationen im Anhang.

Arktis: Gebiet um den Nordpol
Antarktika: südpolarer Kontinent
Antarktis: jener Kontinent mit den umliegenden antarktischen Gewässern

Kriterien	Arktis	Antarktis
Geographische Lage	?	südlich des 60. Breitengrades Süd
Physische Gestalt	?	gebirgiger Kontinent (größte Höhe: Vinsonmassiv 5140 m)
Höhenlage des Poles	2 m (Meeresboden: –4000 m)	?
Jahresmitteltemperatur	?	?
Vereisung	?	Inlandeis, Schelfeis, Packeis bis über 4300 m Eisdicke
Entdeckung	?	?
Tierwelt (Fauna)	Eisbären, Robben, Karibus, Wale	?
Pflanzenwelt (Flora)	Zwergsträucher, Gräser, Flechten, Moose	?
Rohstoffe	?	zahlreiche Bodenschätze
Nutzung	?	Tourismus, Walfang, Fischfang
Politische Zugehörigkeit	Anrainerstaaten	?
Besiedlung	?	keine Besiedlung
Stationen	?	nur Forschungsstationen

5

Forschungsstation McMurdo; hier leben im Sommer 1200 Menschen

2

Antarktis in Gefahr?

Über Jahrtausende war die Antarktis der einsamste Kontinent. Die Polarnacht, eisige Kälte und mörderische Schneestürme schreckten die Menschen. Von den frühen Entdeckern sind viele auf immer im ewigen Eis geblieben.
Heute werden in der Antarktis mit Hilfe modernster Technik zahlreiche Forschungsstationen betrieben. Eine davon ist die ganzjährig besetzte Georg-von-Neumayer-Station. Eine wichtige Aufgabe der Wissenschaftlerinnen und Wissenschaftler sind Beobachtungen des Wetters und Eisuntersuchungen. Nirgendwo sonst auf der Erde gibt es dafür so gute Voraussetzungen. In der Antarktis herrschen Verhältnisse wie in einem „Reinluftlabor“. Dort sind Luftverunreinigungen weitgehend unbekannt. Besonders aufschlußreich waren die CO_2-Messungen, denn von diesem Gas hängt es ab, wie sich das Klima der Erde erwärmt. Außerdem wurden die Glet-

Georg-von-Neumayer-Station

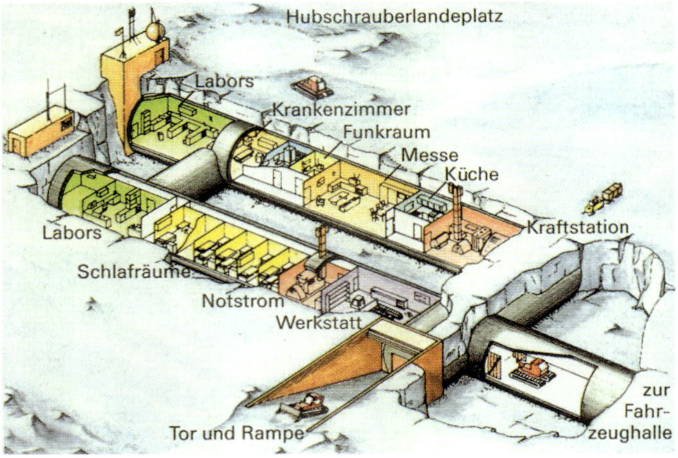

1

Forschung in der Antarktis:
- Biologen erforschen die Anpassung der Pflanzen und Tiere an die Kälte. Sie beobachten die Fische und den Krill im Meer, um herauszufinden, ob sie als Nahrungsquelle dienen können.
- Geologen untersuchen die Gesteine, forschen nach Bodenschätzen und suchen nach Hinweisen für die Bewegung der Kontinente.
- Gletscherforscher studieren das Eis. Sie messen Bewegungen der Gletscher und verfolgen die Entstehung von Eisbergen.
Meeresforscher untersuchen die Temperaturen und den Salzgehalt des Meerwassers. Sie beobachten die Strömungen, die kalte Wassermassen bis zum Äquator transportieren.
- Ingenieure prüfen Baumaterialien und Maschinen auf ihre Einsatzfähigkeit unter extremen Klimabedingungen.

3

scher angebohrt. Das Eis enthält Luftblasen, die Tausende von Jahren alt sind. So kann man die früheren Klimaverhältnisse feststellen und Schwankungen bestimmen. Das Eis der Antarktis dient damit als „Klimaarchiv".

1959 wurde der Antarktisvertrag beschlossen, dem inzwischen 40 Staaten beigetreten sind. Er verbietet die militärische Nutzung, untersagt den Abbau von Bodenschätzen und empfiehlt Maßnahmen zum Umweltschutz. Den Umweltschützern ist das nicht genug. Sie verlangen die Gründung eines „**Weltparks Antarktis**".

GREENPEACE-Forderungen für den „Weltpark Antarktis":

1. Die Antarktis soll ein Kontinent des Friedens bleiben. Auf jede Art von militärischer Nutzung muß weiterhin verzichtet werden.
2. Es darf keine Ausbeutung der Rohstoffvorkommen geben.
3. Alle Tiere und Pflanzen der Antarktis und ihrer Meere genießen uneingeschränkten Schutz.
4. Die Forschung soll fortgesetzt werden, soweit sie ökologisch vertretbar ist.
5. Die Antarktis soll in ihrer Gesamtheit unter Schutz stehen.

4

5

Touristen in einer Pinguin-Kolonie

6

Protest gegen die Anlage einer Flugpiste

Inzwischen droht eine neue Gefahr: Die Antarktis ist für den Tourismus entdeckt worden. Mehrere tausend Reisende besuchen jedes Jahr die wenigen eisfreien Küstenzonen, wo auch die meisten Tiere leben. Mit Schlauchbooten gelangen sie sogar zu abgelegenen Tierkolonien. Scheinbar zeigen sich die Vögel unbeeindruckt, aber Biologen wissen, daß Pinguine selbst bei kleineren Störungen leicht ihr Brutgeschäft aufgeben.

Schon kleinste Verletzungen der Natur heilen hier unendlich langsam: Eine Fußspur im Moos verschwindet erst nach Jahren. Was wird, wenn sich immer mehr Menschen die Fahrt zum Südpol leisten können?

1 Inwiefern ist die Georg-von-Neumayer-Station (1) für die Lebensbedingungen in der Antarktis besonders ausgerüstet?

2 Trotz ihrer Größe drohen der Antarktis Gefahren durch menschliche Aktivitäten. Liste auf und begründe.

Aktivitäten	Gefährdung

3 Urlaubsfahrten in die Antarktis (5) und Greenpeace-Forderungen (4) – ein Widerspruch? Diskutiert darüber in der Klasse.

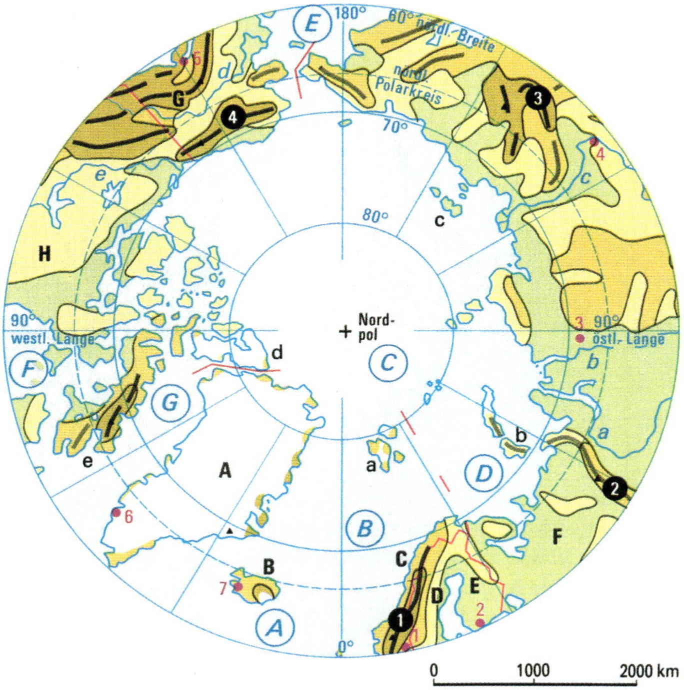

1

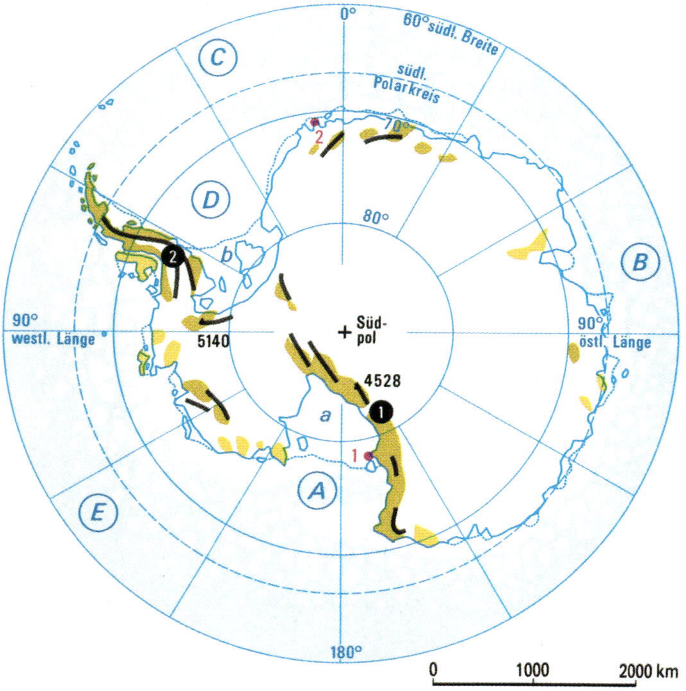

2

Arktis (und Randgebiete)

1 Die großen Buchstaben bezeichnen Staaten. Schreibe auf: A = ...

2 1 = Oslo. Suche die anderen Städte auf der Karte.

3 Inseln und Halbinseln, z.B.: a = Spitzbergen. Fahre fort.

4 Große Buchstaben im Kreis bezeichnen Meere und Meeresteile. Schreibe auf: *A* = Atlantischer Ozean ...

5 Suche die großen Gebirge der umgebenden Kontinente.
1 = Skandinavisches Gebirge ...

6 Flüsse tragen kleine blaue Buchstaben. Notiere: *a* = ...

3

Antarktis

7 *A* = Rossmeer. Schreibe die anderen Meere und Buchten auf.

8 Große Schelfeisflächen: *a* = ...
Suche im Atlas.

9 Gebirge in der Antarktis? 1 = ...

10 Zwei Forschungsstationen von vielen: 1 = ... (USA), 2 = ... (D)

11 Am 14. April 1912 wurde das Passagierschiff „Titanic" vor Neufundland durch einen Eisberg so schwer beschädigt, daß es unterging. Erkläre, um welche Eisbergart es sich dabei gehandelt haben muß.

12 Bestimme den Punkt der Erde, für den folgendes gilt: Wenn man zuerst 7 km nach Norden, dann 7 km nach Westen und schließlich 7 km nach Süden geht, gelangt man zu seinem Ausgangspunkt zurück.

13 Erkläre, warum es in der Arktis Städte, in der Antarktis dagegen nur Forschungsstationen gibt.

14 Erläutere einige Festlegungen des Antarktisvertrages.

15 Nenne jeweils die erste deutsche Arktis- und Antarktisstation, und begründe ihre Namen.

Deutsche Polarforschung

Deutschland gehört zwar weder zu den ersten noch zu den bedeutendsten Ländern, die Polarforschung betreiben, kann aber auf bemerkenswerte Forschungsbeiträge verweisen.

Schwerpunkt der deutschen Arktisforschung wurde Grönland. Die von Karl Koldewey geführte erste und zweite deutsche Nordpolarexpedition 1868 bis 1870 mit den Schiffen „Germania“ und „Hansa“, hat zur Erkundung der grönländischen Ostküste beigetragen. Weitere deutsche Expeditionen führten 1891 bis 1893 unter Leitung von Erich von Drygalski nach Westgrönland. Alfred Wegener erforschte vor allem das grönländische Inlandeis. Er starb 1930 bei seiner vierten Grönlandexpedition.

Die deutsche Antarktisforschung wurde von Georg von Neumayer begründet, nachdem er von einem mehrjährigen Aufenthalt in Australien zurückgekehrt war. Als Vorsitzender der Internationalen Polarkommission war er maßgeblich am Zustandekommen des I. Internationalen Polarjahres 1882/83 und des Antarktischen Jahres 1901 beteiligt. Eine deutsche Expedition nahm mit dem Forschungsschiff „Gauß“ am Antarktischen Jahr teil. Unter der Leitung von Drygalskis wurden wertvolle Forschungsergebnisse erzielt. Die Deutsche Antarktisexpedition 1938/39 erkundete vom Forschungsschiff „Schwabenland“ aus küstennahe Teile der Ostantarktis, die die Bezeichnung „Neuschwabenland“ erhielten.

Nachdem die Bundesrepublik Deutschland 1979 den Antarktisvertrag unterzeichnet hatte, wurde die deutsche Polarforschung stark erweitert und vertieft. Als organisatorisches Zentrum gründete man 1980 das Alfred-Wegener-Institut für Polar- und Meeresforschung in Bremerhaven. 1981 entstand auf dem Schelfeis im Norden von Neuschwabenland die Georg-von-Neumayer-Station, die erste ständige Forschungsstation der Bundesrepublik Deutschland in den Polargebieten. 1982 hat das deutsche Forschungsschiff „Polarstern“ seine Arbeit aufgenommen. Und 1991 wurde auf Spitzbergen mit der Karl-Koldewey-Station die erste ständige deutsche Arktisstation errichtet. Somit werden die Traditionen deutscher Polarforschung im Sinne der ausschließlich wissenschaftlichen Nutzung der Polargebiete fortgesetzt.

4

Forschungsschiff Schwabenland mit Schwimmflugzeug

Kaum zu glauben! – Kurioses aus dem Eisschrank der Erde

- Neun Zehntel allen Eises der Erde liegen in der Antarktis, bis zu einer Dicke von 4776 Metern. Der Eispanzer hat weite Teile des Felsuntergrundes unter Meeresniveau gedrückt.
- Ein Abschmelzen der polaren Eiskappe hätte einen Meeresspiegelanstieg von 60 bis 70 Metern zur Folge.
- Das Antarktiseis ist mit über 160 000 Jahren Alter ein Klimaarchiv.
- Die Rekordtemperatur der Antarktis wurde bei der sowjetischen Station Wostok gemessen: –88,3 °C. Auf der hohen Kuppel des Inlandeises mit über 4 000 m ist es noch kälter. Der Kältepol der Nordhalbkugel liegt bei Workuta mit dem Minimum von –67,8 °C.
- Vom Schelfeis reißen sich manchmal Tafeleisberge los, 400 Meter dick und doppelt so groß wie Luxemburg.
- Ein vier Zentimeter hoher, bleistiftdicker „Stamm“ einer Polarweide kommt leicht auf 400 Jahresringe, ein kuchentellergroßer Stammquerschnitt einer mitteleuropäischen Buche auch nur auf 400!

Grundbegriffe
Antarktis
Arktis
Eisberg
Forschungsstation
Gipfeleisberg
Inlandeis
Packeis
Schelfeis
Tafeleisberg
Treibeis

Weltmeere

Der Wind hat gedreht, und die Flut kommt herein,
Dunkelgrau mit einem silbrigen Schein,
Und über die Mole, da fliegt schon die Gischt,
Wenn die Welle aufläuft und die Brise auffrischt.
Mit einem Mal füll'n sich die Priele im Sand,
Und über den kahlen, verlassenen Strand
Treibt der Wind trock'ne Algen und Schaum vor sich her.
Es ist da, das gewaltige, ewige Meer.

Auf hellem Türkis tanzen glitzernde Lichter,
Auf teerschwarzer Brandung weißschäumde Wut.
Es hat tausend Farben und tausend Gesichter
Im ewigen Wechsel von Ebbe und Flut.
Erfüllt von Geschichten aus uralten Tagen,
Beladen mit Spuk und Spökenkiekerei'n,
Umwoben von Märchen, Legenden und Sagen.
Wie viele Geheimnisse schließt es wohl ein?

Wie vielen bedeutet es Leben und Brot?
Ein paar starke Arme, ein Netz und ein Boot.
Das braucht's, damit keiner je Not leiden muß.
Das Meer schenkt uns Nahrung im Überfluß.
Wie vielen bedeutet es Arbeit und Lohn,
Handwerk überliefert vom Vater zum Sohn,
Wie viele Seeleute haben ihr Geschick
Auf Gedeih und Verderb mit dem Meer verstrickt?

Wie viele Boote und Schiffe mag es wohl tragen,
Zu dieser Stunde auf dem Erdenrund?
Und wie viele schlafen, von Stürmen zerschlagen,
Mit Schätzen beladen tief auf seinem Grund?
Es ist Kommen und Gehn, es ist Nehmen und Geben,
Und wie die Gezeiten, unstet wie der Wind.
Es ist zärtlich und grausam, ist Tod und ist Leben,
Und es läßt uns erahnen, wie winzig wir sind.

Wir bringen ihm einen erbärmlichen Dank.
Die Pflanzen zerstört und das Seegetier krank,
Was da kreuchte und fleuchte verendet im Teer,
Wir verseuchen das Meer und mißhandeln es schwer.
Die Ufer verpestet und übel schimpfiert,
Von Zimmervermietern zubetoniert.
Von Pissbuden und Imbißständen gesäumt,
Doch es kommt eine Flut, die das alles wegräumt.

Und tobend und tosend schlägt es an die Klippen
Mit ungebrochener Urgewalt.
Ich schmecke den salzigen Staub auf den Lippen.
Nein, das Meer, das ergibt sich uns wohl nicht so bald!
Wie wir es vergiften, mißachten und schänden,
Wir stören nicht lange sein Gleichgewicht.
Es wird uns nur abschütteln von seinen Stränden,
Wir brauchen das Meer, doch das Meer braucht uns
nicht! (Text von Reinhard Mey)

Ozeane beeinflussen das Klima der Erde

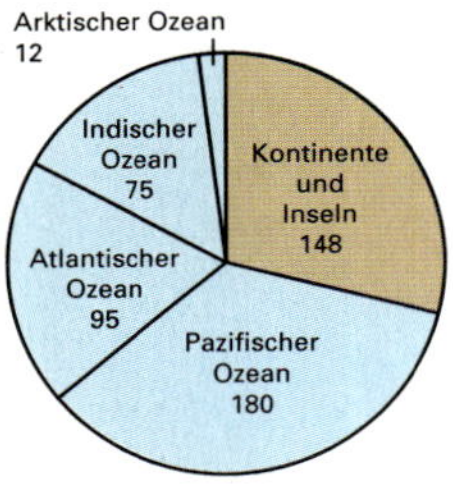

1 **Anteile von Ozeanen und Festländern an der Erdoberfläche** (in Mio. km²)

Eigentlich ist unsere Erde ein Wasserplanet, denn von rund 510 Millionen km² Erdoberfläche sind 362 Millionen km² von einem zusammenhängenden Weltmeer bedeckt. Ohne diese gewaltigen Wassermassen hätte die Erde ein völlig anderes Klima. Es sind die besonderen Eigenschaften des Wassers, die unser Klima beeinflussen:
Wasser hat von allen Stoffen die höchste spezifische Wärme, das heißt, es braucht zur Erwärmung viel mehr Energie als etwa Gesteine. Aufgrund dieser Eigenschaft erwärmen sich Meeresflächen viel langsamer als Festlandsbereiche, kühlen aber auch weniger rasch ab. In gleicher Breitenlage sind die Sommertemperaturen in Küstennähe deshalb niedriger als im Innern der Kontinente, im Winter ist es genau umgekehrt.

Auf der Erde werden große Wassermengen vom Meer zum Festland und wieder zurück transportiert. Diese ständige Verlagerung des Wassers bezeichnet man als **Wasserkreislauf.** Der Motor für den Wasserkreislauf ist die Sonnenenergie. Wie dieser funktioniert kannst du in Abbildung (2) erkennen. Der Wasserkreislauf gilt als eine Riesenklimaanlage der Erde, weil mit dem Wasser auch Wärmeenergie transportiert wird.
Für jedes Gebiet der Erdoberfläche bedeuten Niederschläge einen „Wassergewinn“, Verdunstung und Abfluß zum Meer dagegen „Wasserverluste“. Werden die Größen von Niederschlag, Verdunstung und Abfluß für ein Gebiet gemessen oder berechnet, spricht man vom **Wasserhaushalt** dieses Gebietes. Mit Hilfe der einfachen Gleichung: N = A + V, läßt sich der Wasserhaushalt begrenzter Festlandsgebiete berechnen.

Schema des Wasserkreislaufes der Erde
(Werte in 1000 km³ pro Jahr)

2
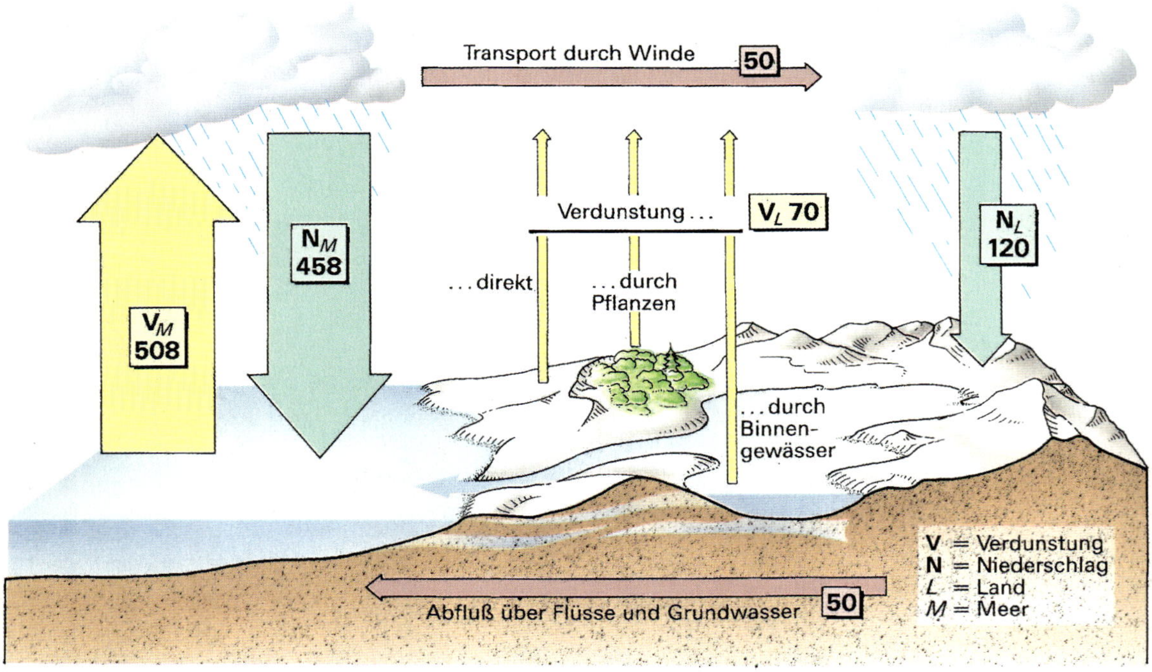

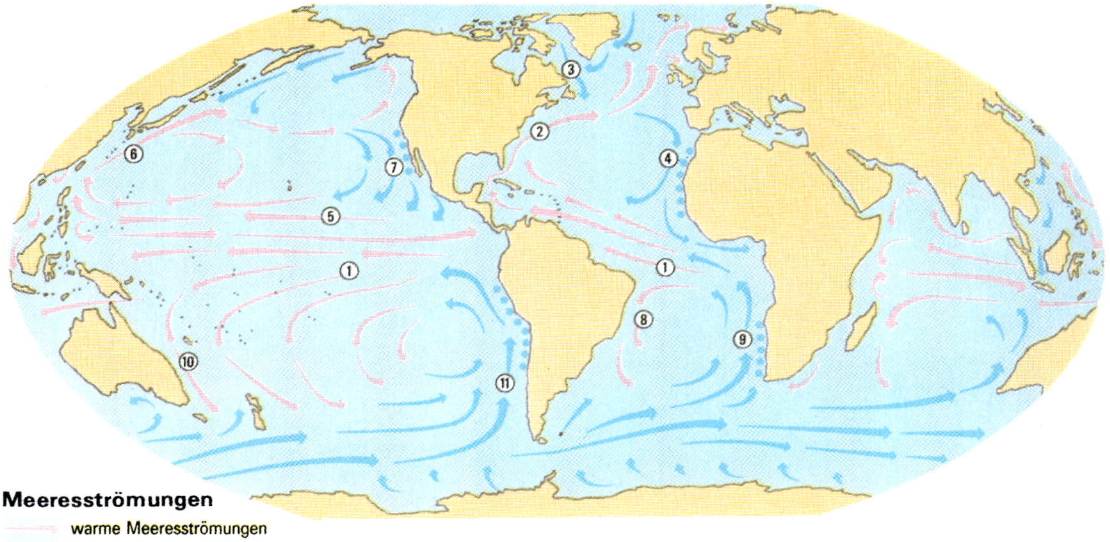

Meeresströmungen
warme Meeresströmungen
kalte Meeresströmungen
kaltes Auftriebswasser

In den Ozeanen werden ständig riesige Wassermengen über große Entfernungen transportiert. Diese **Meeresströmungen** gleichen Dichteunterschiede im Meerwasser aus, die durch die unterschiedliche Erwärmung des Wassers entstehen. Aber auch Winde, die ganzjährig aus einer Richtung wehen, können solche Strömungen hervorrufen. Mit diesen Meeresströmungen sind weitere Wärmetransporte verbunden, die sich ebenfalls auf das Klima der Erde auswirken. Dazu zwei Beispiele:
Der Nordatlantik-Strom ist Teil einer warmen Meeresströmung, die am Äquator vor der Küste Westafrikas ihren Ursprung hat. Diese Strömung beeinflußt das Klima West- und Nordeuropas.
Der Perustrom, auch Humboldtstrom genannt, ist eine kalte Meeresströmung aus den antarktischen Gewässern des Pazifik. Das kalte Auftriebswasser beeinflußt das Klima an der Westküste Südamerikas, so daß zwischen Land und Meer große Temperaturunterschiede entstehen. Die Küstenwüste Atacama ist eine sichtbare Folge.

1 Arbeite mit Abbildung (2):
a) Beschreibe den möglichen „Weg“ eines Wassertropfens zwischen dem Meer und dem Festland.
b) Neben dem großen Wasserkreislauf zwischen Meer und Festland gibt es auch noch kleinere Teilkreisläufe. Erkläre.
c) Welche Bedeutung haben der große und kleinere Wasserkreislauf auf den Wasserhaushalt eines Festlandsgebietes?

2 Erkläre, warum das Weltmeer auf das Klima der Erde ausgleichend wirkt.

3 a) Benenne mit Hilfe der Karte (3) die einzelnen Meeresströme im Atlantischen und im Pazifischen Ozean, und beschreibe ihren Verlauf.
b) Welchen Einfluß haben die Meeresströme auf das Klima? Nutze dazu auch den Atlas.

4 Ohne das Weltmeer wäre das Klima der Erde trockener und kühler. Begründe.

5 a) Vergleiche die Größe der Wasserhaushaltselemente Niederschlag und Verdunstung für Mitteleuropa und die tropischen Wüsten.
b) Welche Auswirkungen ergeben sich für den Abfluß?

1 **Ankunft im Hamburger Hafen**

Pro Jahr in Hamburg ankommende Seeschiffe mit ihrer Ladung:		
1886:	6384 Schiffe mit	3730000 t
1967:	9900 Schiffe mit	35700000 t
1987:	14220 Schiffe mit	54657000 t
1992:	13300 Schiffe mit	58000000 t

4

Welthandelsflotte 1992:

insgesamt 34330 Schiffe
darunter
17165 Stückgutfrachter
6035 Öltanker
4685 Massengut- und Erzfrachter
1273 Containerschiffe
1031 Tankschiffe für Chemikalien
865 Flüssiggastanker
(zum Vergleich: 1970 = 45 403 Schiffe)

5

Schiffe unterwegs

Etwa 36 Frachtschiffe erreichen täglich den Hamburger Hafen. Viele von ihnen werden geschleppt, da sie zu groß und unbeweglich sind, um selbst in den Hafen zu fahren. Und immer größere Mengen werden von immer weniger Schiffen transportiert (Tabelle 4).

Zwei Drittel aller Schiffe auf den Weltmeeren sind **Handelsschiffe.** Fast 34000 Handelsschiffe waren 1992 unterwegs. Die BONN EXPRESS und die LAGENA sind nicht die größten. Die neuesten Containerschiffe fassen schon mehr als 4400 Container, und ein Supertanker kann fast 500000 t Öl laden.

kn (Knoten) bezeichnet die Geschwindigkeit in Seemeilen/Std.
1 Seemeile = 1852 m

1 Wie viele Sattelschlepper (16 m Länge) bräuchte man, um die Container der BONN EXPRESS umzuladen? Wie lang (in km) wäre die Lastwagenschlange? Rechnet entsprechend für den Tanker LAGENA, wenn seine Ladung in Tankwagen umgefüllt würde. Vergleicht auch mit dem Heizöltank zu Hause oder in der Schule.

2 Die Frachtschiffe transportieren die unterschiedlichste Ladung, wie ihr aus Tabelle (5) seht. Was steckt wohl in den Containern, was in den Stückgutfrachtern und was in den Massengutfrachtern?

Abmessungen eines Containers

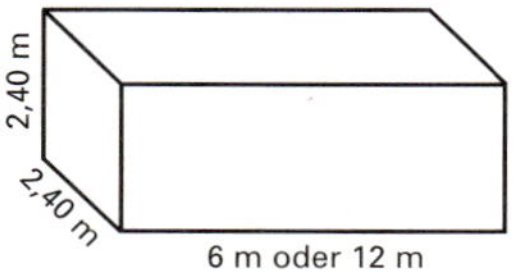

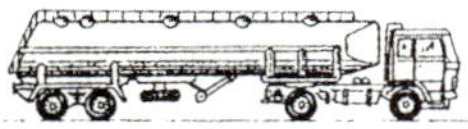

Fassungsvermögen eines Tankwagens 27 t (entspricht 32000 l Öl)

Containerschiff BONN EXPRESS
34800 t Ladung (2100 6 m-Container)
193 m lang, 32 m breit
18,80 m Tiefgang beladen
21,0 kn Geschwindigkeit
16 Mann Besatzung

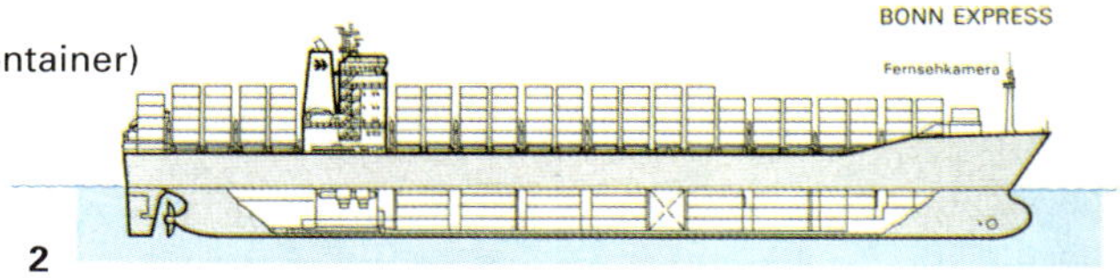

2

Tanker LAGENA
317588 t Ladung (Erdöl)
351 m lang, 55 m breit
22,35 m Tiefgang beladen
15,3 kn Geschwindigkeit
23 Mann Besatzung

3

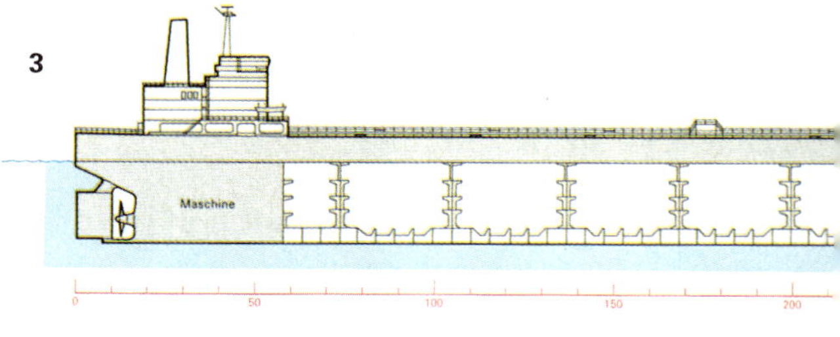

Weltseegüterverkehr 1992
insgesamt: 4,2 Mrd. t

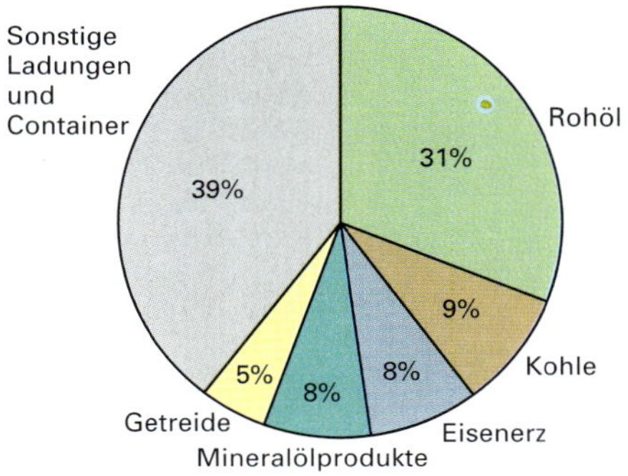

6

Je mehr **Welthandel,** desto mehr **Weltseeverkehr.** Immer größere, schnellere und den besonderen Bedürfnissen angepaßte Schiffe werden eingesetzt. Je größer die Schiffe sind, desto schwerer lassen sie sich bewegen. Der Bremsweg ist lang, schnelle Ausweichmanöver sind nicht möglich. Und die Schiffe sind ständig unterwegs. Laden, Löschen und Liegen im Hafen kosten viel Zeit und Geld. Das Geschäft muß sich lohnen.

Nach geltendem **Seerecht** haben alle Schiffe freie Fahrt auf dem Meer. Und alle Schiffe wählen möglichst den kürzesten Weg. So gibt es bevorzugte Schifffahrtsstraßen. Auf manchen herrscht ein Verkehr „wie auf der Autobahn". Und oft gibt es dazu noch Querverkehr, z. B. in Meerengen wie dem Ärmelkanal. Meldungen von Schiffsunglücken machen uns die Gefahren des Seeverkehrs bewußt. Besonders schlimme Folgen für das Meer und die Küsten haben Unfälle von Tankern, die Erdöl oder Chemikalien geladen haben (Foto 7).

3 Seht euch einmal zu Hause um: Was stammt aus fremden Ländern? Notiert mindestens vier Waren, und beschreibt ihren Weg nach Deutschland. Tragt eure Ergebnisse auf einer Folie ein. Wo verlaufen die Haupthandelswege, wo häuft sich also der Verkehr?

4 Berechne den Anteil der Öltanker an der Welthandelsflotte (Tabelle 5), und vergleiche ihn mit dem Anteil des Rohöls am Welt-Seegüterverkehr (Diagramm 6). Was fällt auf?

5 Sammelt Material über Schiffsunfälle. Ordnet sie ein in das weltweite System der Meeresstraßen. Bildet Gruppen und überprüft die Ursachen und Auswirkungen der Unfälle. Welche geographischen Gegebenheiten sind besondere Gefahrenquellen? Was muß beachtet werden bei der Ausrüstung und Beladung der Schiffe (z. B. Sicherung der Ladung bei starkem Seegang) und bei der Wahl der Wege (z. B. Durchfahrt durch felsige Meerengen, siehe „Braer")? Zu welchen Veränderungen im Meer und im Küstenbereich führen die Unfälle?

Januar 1993. Vor den britischen Shetlandinseln birst die „Braer" – 85 000 Tonnen Öl ergießen sich ins Meer.

7

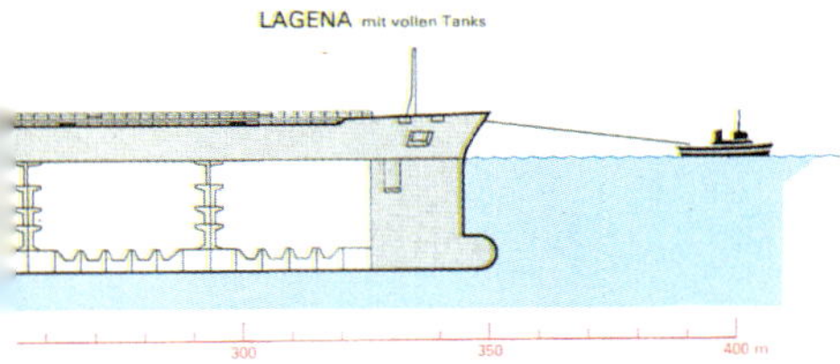

„Boden“schätze aus dem Meer

Erdöl und **Erdgas** sind wichtige Rohstoffe. Lange Zeit kauften die europäischen Industrieländer diese wertvollen Bodenschätze billig aus arabischen Staaten. Als diese aber 1973 ihre Erdölausfuhr drosselten und die Preise drastisch erhöhten, begannen europäische Staaten in den eigenen Küstengewässern, dem **„Offshore“**, Erdöl und Erdgas zu fördern, um unabhängiger zu sein. Der Abbau in der rauhen Nordsee ist besonders schwierig und teuer. Trotzdem steigen die Fördermengen (Tabelle 1). Heute stehen fast 300 Erdöl- und Erdgasförderanlagen in der Nordsee.

4 Auf welchen Wegen gelangen das Erdöl und das Erdgas zum Festland?

5 Ökologische Gefahren drohen der Nordsee durch den Abbau und den Transport der Bodenschätze? Sammelt Beispiele.

6 Suche auf der Karte (2) weitere Offshore-Bereiche mit Erdöl- und Erdgasfeldern.

Gullfaks C
Modernste Plattform Norwegens, 350 m hoch, 175 km vor Norwegens Küste in der 217 m tiefen nördlichen Nordsee. Produktion: bis 250 000 Barrel pro Tag (ein Barrel sind etwa 159 l)

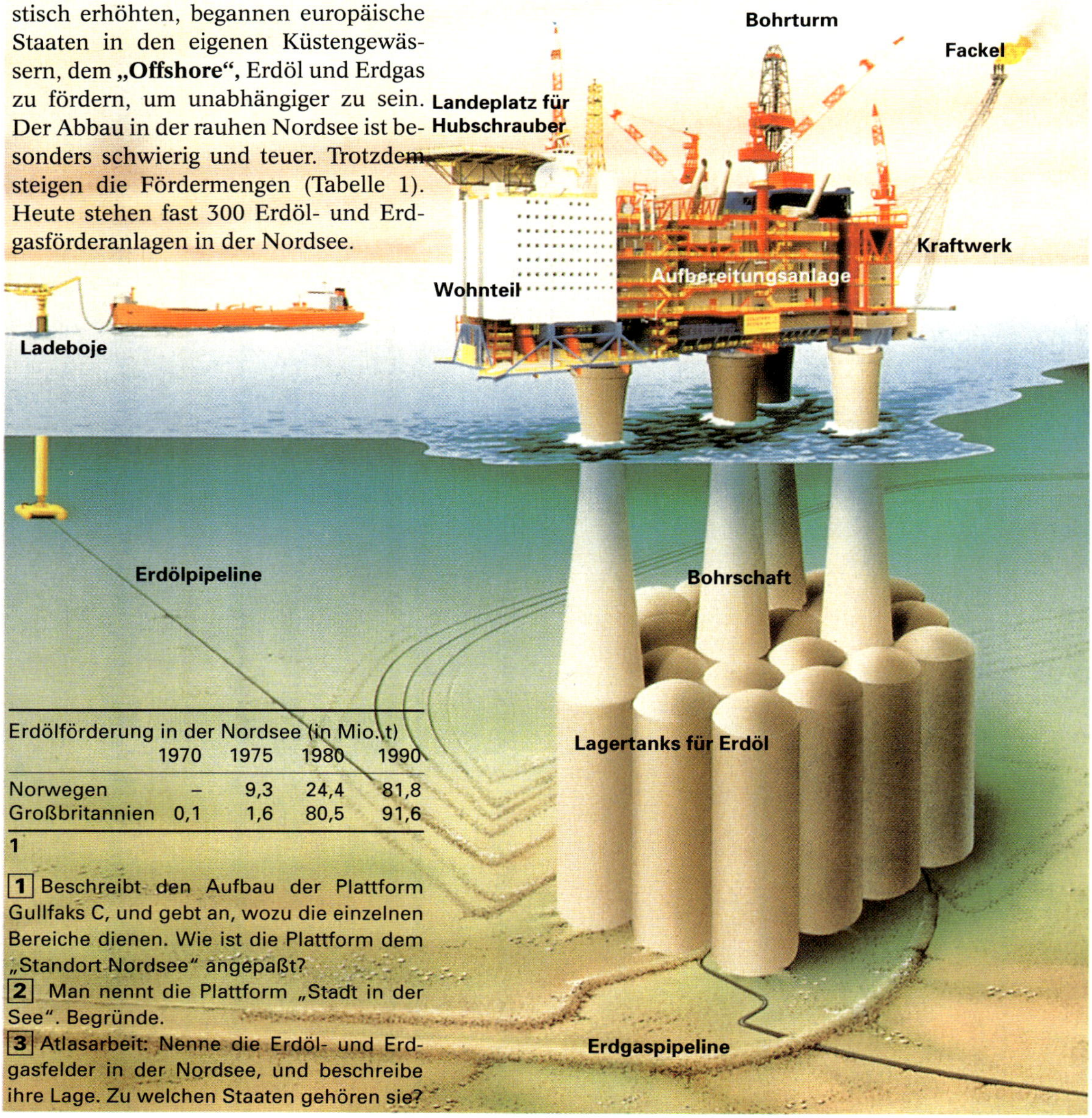

Erdölförderung in der Nordsee (in Mio. t)

	1970	1975	1980	1990
Norwegen	–	9,3	24,4	81,8
Großbritannien	0,1	1,6	80,5	91,6

1

1 Beschreibt den Aufbau der Plattform Gullfaks C, und gebt an, wozu die einzelnen Bereiche dienen. Wie ist die Plattform dem „Standort Nordsee“ angepaßt?

2 Man nennt die Plattform „Stadt in der See“. Begründe.

3 Atlasarbeit: Nenne die Erdöl- und Erdgasfelder in der Nordsee, und beschreibe ihre Lage. Zu welchen Staaten gehören sie?

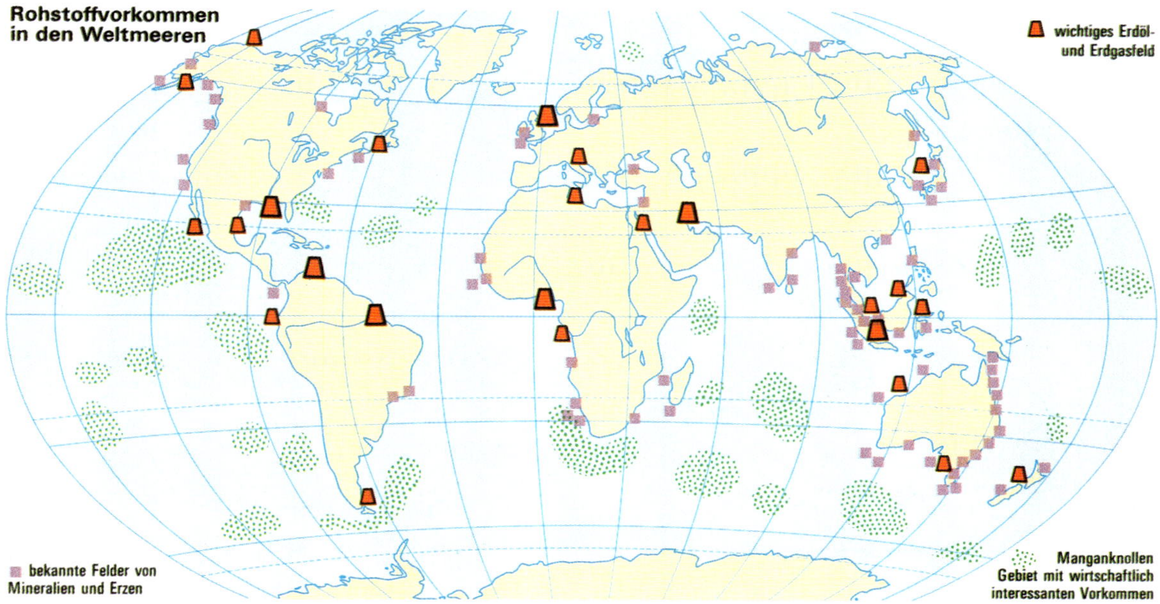

2

Neben Erdöl und Erdgas gibt es noch andere begehrte Bodenschätze im Meer. Als das Forschungsschiff Challenger vor mehr als hundert Jahren kartoffelähnliche schwarze Steine vom Meeresgrund mitbrachte, ahnte noch keiner, was für Schätze sie boten. Heute gelten die **Manganknollen** als wichtige Rohstoffquelle der Zukunft (Tabelle 3). Sie enthalten verschiedene Metalle wie Mangan, Eisen, Nickel und Kupfer. In Millionen von Jahren sind sie langsam auf dem Meeresboden gewachsen und liegen dort weit verstreut. Die größten zusammenhängenden Felder wurden im Pazifik in 5000 bis 6000 m Tiefe entdeckt.

Man hofft, in 15–20 Jahren die Manganknollen mit einer Art „Staubsauger" vom Meeresboden „abernten" zu können. Dies ist eine große technische Herausforderung, denn in der dunklen Tiefsee kann nur mit ferngesteuerten Maschinen gearbeitet werden.

Die ökologischen Gefahren bei der Förderung der Manganknollen sind während eines Probeabbaus schon sichtbar geworden: das aufgewirbelte Bodenmaterial stört oder zerstört das Leben der Organismen in der Tiefsee und in den oberen Meeresschichten.

Noch gehören die Rohstoffe im Tiefseebereich keinem Staat alleine, sie gelten als „gemeinsames Erbe der Menschheit". Ihre Nutzung soll allen Staaten zugute kommen.

Geschätzte Weltvorräte an Nichteisenmetallen in Millionen t:

	Festlandreserven	Manganknollenvorkommen/Pazifik
Mangan	1835	11000
Nickel	82	650
Kobalt	4	111
Kupfer	551	520

3

7 Nenne weitere Gebiete, in denen Manganknollen liegen.

Mangan, Nickel, Kupfer und Eisen sind Metalle.
Mangan und Nickel veredeln andere Metalle,
aus Kupfer werden Leitungen und Rohre gefertigt,
Eisen dient zur Stahlerzeugung.

4

Manganknollen

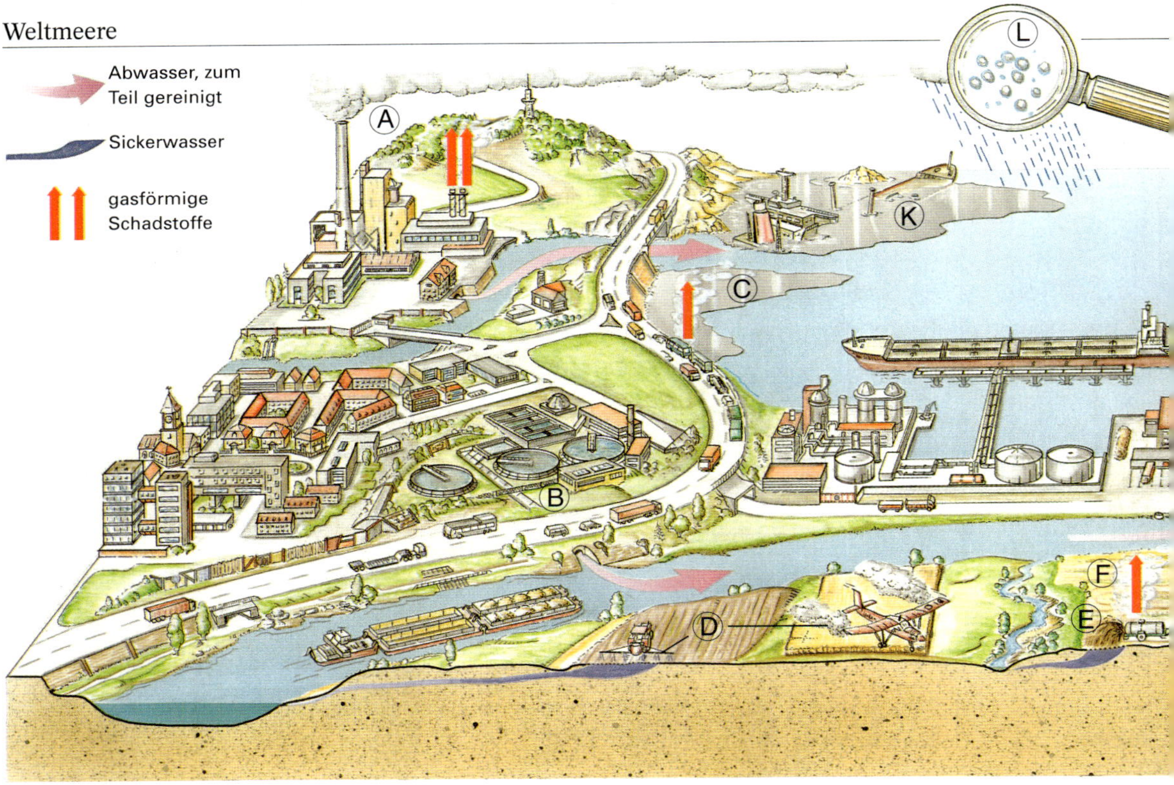

1
Belastung der Meere

Den Meeren geht es dreckig!

Viele Jahrhunderte lang bot das Meer scheinbar die einfachste Möglichkeit, Abfälle aller Art loszuwerden:

- Was auf einem Schiff nicht mehr gebraucht wurde, ging über Bord.
- Flüsse transportierten Abwässer aller Art ins Meer, eine kostenlose „Wasserspülung" für Siedlungen und Industriebetriebe.
- Schädliche Flüssigkeiten, z.B verdünnte Säuren, wurden von Spezialschiffen ins Wasser abgelassen („verklappt"). Gefährlicher Abfall wurde weit draußen auf dem Meer verbrannt. Manche Staaten lassen das heute noch zu.

In den letzten Jahrzehnten aber gab es immer deutlichere Anzeichen für die übermäßige Belastung der Meere. Einige Beispiele aus Europa:

- Tote Seehunde mit offenen Wunden wurden an den Strand getrieben.
- Schaumige Algenmasse bedeckte die Küsten.
- Baden wurde zeitweilig verboten.
- Ausgelaufenes Öl verschmierte Felsen und Sandstrände.
- Fische konnten nicht mehr verkauft werden, weil sie zu viele Schadstoffe im Körper hatten.

1 In der Abbildung (1) sind verschiedene Quellen für die Belastung der Meere mit Buchstaben gekennzeichnet. Stelle sie in einer Übersicht zusammen. Welche Auswirkungen haben die einzelnen Belastungen? Informationen dazu findest du rechts.

2 Du kannst sicher nicht dafür sorgen, daß kein Öltanker mehr auf einen Felsen aufläuft. Aber du kannst einige einfache Maßnahmen überlegen, damit das Meer weniger belastet wird. Und wenn sehr viele Menschen auch im Binnenland sich nur ein wenig anders verhielten, dann würden auch dadurch Auswirkungen spürbar.

2

4

3

5

Seehundsterben: 1988 starben im Bereich der Nordsee und des Skagerraks über 20000 Tiere an einer Lungenentzündung. Die natürliche Abwehr der Krankheitserreger war im Körper der Tiere durch das Zusammenwirken von vielen Giftstoffen im Wasser beeinträchtigt. Auch die Wunden und Geschwüre am Körper der Tiere wiesen darauf hin.

Algenwachstum: Künstlicher Dünger gelangt von Feldern in Bäche, Flüsse, dann ins Meer. Auch das Abwasser aus Klärwerken enthält Pflanzennährstoffe. So kommt es im Frühjahr zu einer explosionsartigen Vermehrung winziger, einzelliger Algen. Sie können einen dichten Teppich in den oberen Wasserschichten bilden. Sie verstopfen die Kiemen von Fischen. Manche Algen sondern einen Giftstoff ab („Killeralgen"). Bei starkem Seegang werden die Algenzellen zerstört. Das darin enthaltene Eiweiß bildet eine schaumige Masse (vergleichbar dem Eischnee beim Schlagen von Hühnereiweiß). Nach dem Absterben sinken die Algen auf den Meeresboden und werden dort von Bakterien zersetzt. Dabei wird oft aller Sauerstoff aus dem Wasser verbraucht, so daß Seesterne, Muscheln und Bodenfische ersticken.

Erdöl schwimmt zunächst auf dem Wasser, ein Teil verdunstet langsam, der Rest sinkt auf den Meeresboden. Wenn es an eine Küste getrieben wird, bedeckt es Felsen und Sandstrände mit einer schmierigen Schicht. Das Gefieder von Seevögeln verklebt, dadurch fehlt die schützende Luftschicht um den Körper, die Tiere erfrieren oder ertrinken.

Badeverbote werden dort ausgesprochen, wo die Konzentration an schädlichen Stoffen im Wasser so hoch ist, daß Menschen gefährdet sind, z.B. durch Hautreizungen oder Infektionen.

2
Toter Seehund
3
Schild
Baden verboten
4
Algenschaum
5
Reinigung eines ölverschmutzten Strandes

Grundbegriffe
Bohrinsel
Handelsschiff
Manganknolle
Meeresströmung
Offshore
Seerecht
Wasserkreislauf
Weltseeverkehr

1 Die Wasserhalbkugel der Erde: Welche Ozeane (A bis C) und Kontinente (D bis G) erkennst du in Abbildung (4)?

2 Veranschauliche die Angaben in Tabelle (1) durch ein Säulendiagramm. Trage zum Vergleich die Größe von Europa und Deutschland ein.

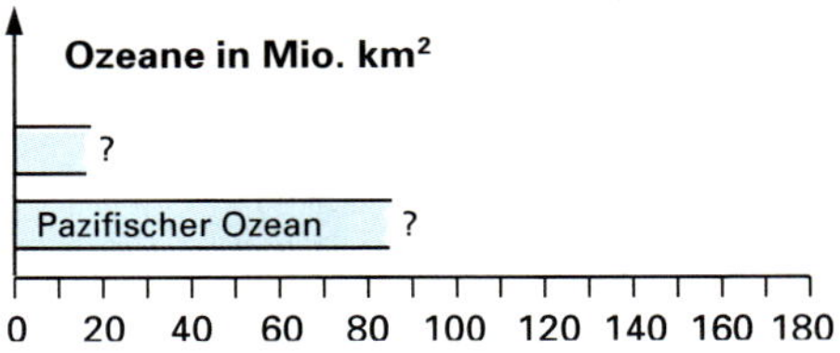

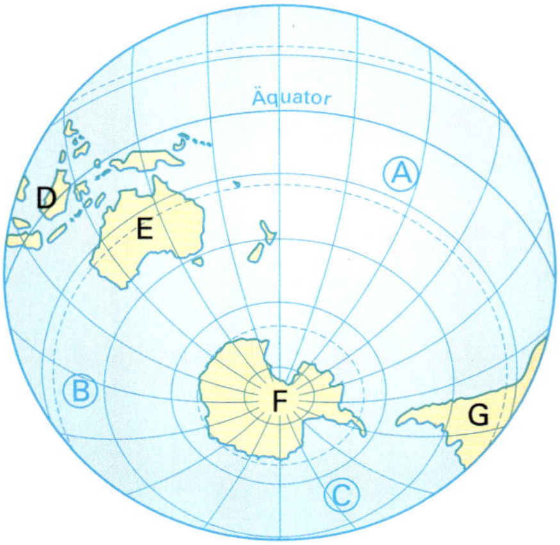

4

Größe der Ozeane, mit Nebenmeeren

Pazifischer Ozean	ca. 180 Mio km²
Atlantischer Ozean	ca. 95 Mio km²
Indischer Ozean	ca. 75 Mio km²
Arktischer Ozean (Nordpolarmeer)	ca. 12 Mio km²

1

Anteil der Verkehrsträger an den Welttransportleistungen 1913 – 1990 in %

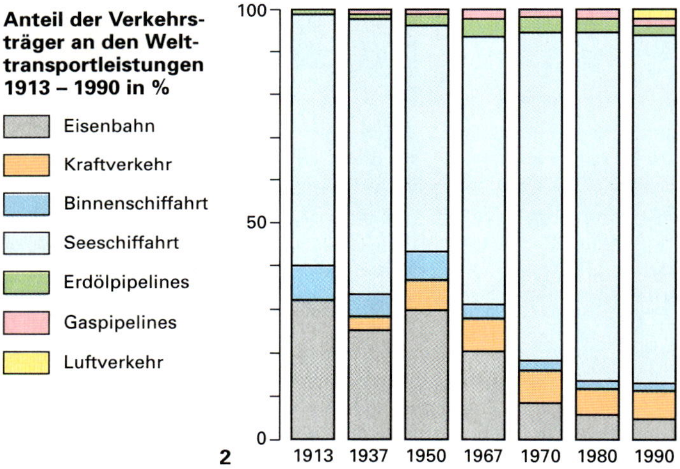

2

3 Das Weltmeer als Verkehrsraum:

a) Beschreibe die Entwicklung des Anteils der Verkehrsträger an den Welttransportleistungen von 1913 bis 1990 (Diagramm 2).

b) Welche Bedeutung hat das Weltmeer?

c) Mit dem zunehmenden Seeverkehr sind auch Gefahren verbunden. Erkläre.

4 Straßen im Weltmeer:
Straße von Dover, Bab el-Mandeb, Straße von Hormus, Malakkastraße, Beringstraße, Sundastraße, Mona Passage:

a) Welche Ozeane bzw. Meere werden durch diese Wasserstraßen verbunden?

5 Erkläre mit Hilfe der Abbildung (3), in welcher Weise das Klima Nordeuropas und Nordamerikas vom Meer beeinflußt wird.

6 Der Wasserhaushalt des Festlandes kann mit der Gleichung N = V + A erfaßt werden. Wie verändert sich die Gleichung in Gebieten, wo die mittleren Temperaturen im Winter lange unter 0 °C liegen?

7 Der Wasserhaushalt wird auch durch die wirtschaftende Tätigkeit des Menschen beeinflußt. Nenne Beispiele dafür.

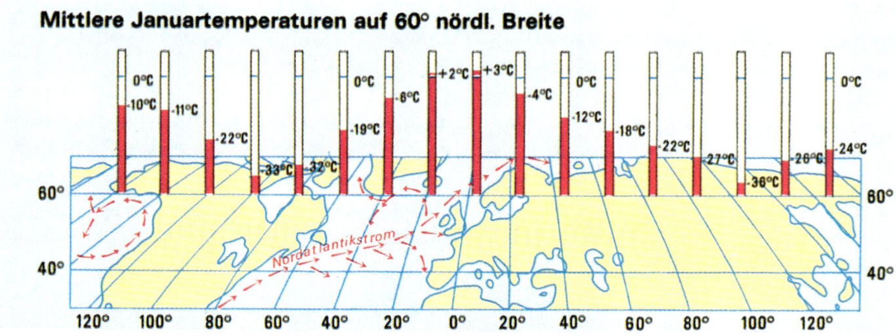

3

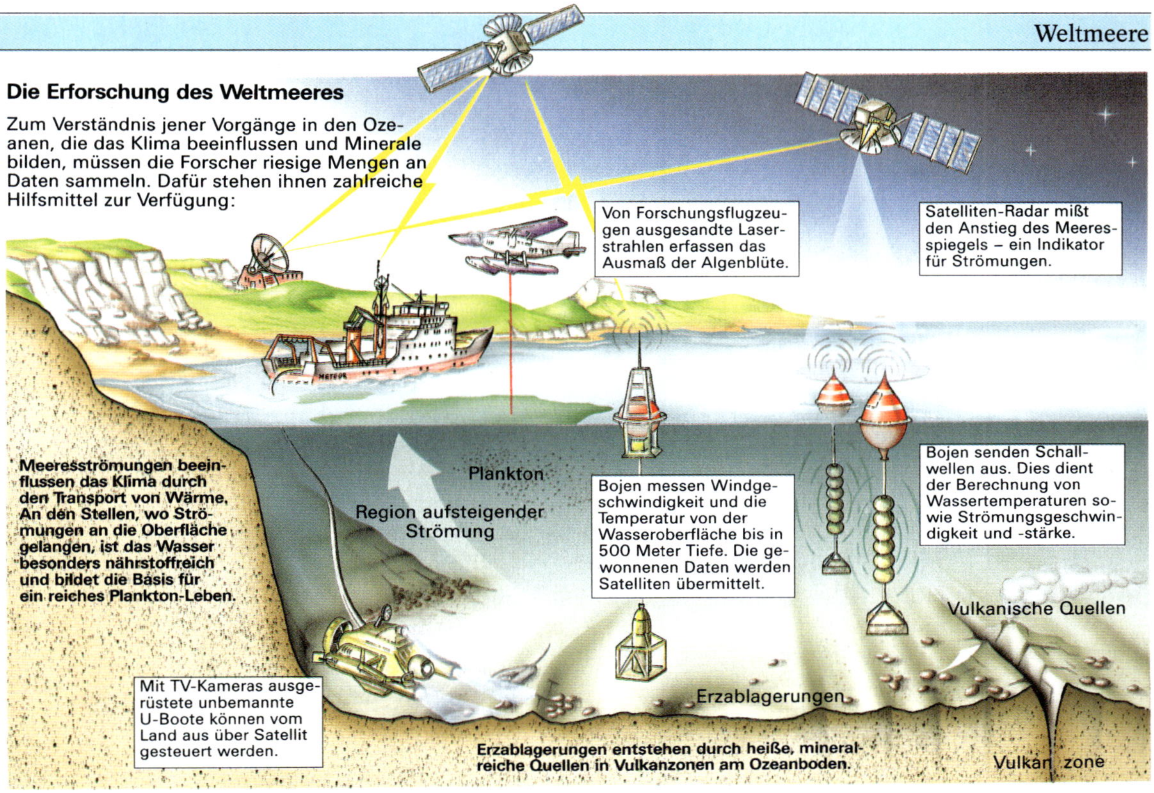

5

Die Erforschung der Weltmeere

Bis um 1400: Durch Fischfang und Handel kennt der Mensch lediglich 7% der Meeresoberfläche.

15. und 16. Jahrhundert: Zeitalter der großen Entdeckungen, erste Weltumsegelung durch Magellan.

1624: Der Niederländer C. Drebbel baut das erste Unterseeboot. Die ersten Versuche, in die Tiefe des Meeres vorzudringen, dienten vor allem militärischen Zwecken. Feindliche Kriegsschiffe sollten damit von „unten" zerstört werden.

1872–76: Erste große meereskundliche Expedition durch das britische Kriegsschiff „Challenger". In dreieinhalb Jahren werden 69000 Seemeilen zurückgelegt und zahlreiche Temperatur- und Tiefenmessungen durchgeführt.

1912: Der deutsche Elektrotechniker A. Behm erfindet das Echolot. Dabei wird die Laufzeit künstlich erzeugter Schallwellen vom Schiffsboden zum Meeresgrund und zurück gemessen. Damit können Meerestiefen, die Lage versunkener Schiffe und großer Fischschwärme sowie das Relief des Meeresbodens genau ermittelt werden.

Heute: Satelliten, Radar, moderne Unterwasserfahrzeuge und viele andere Neuerungen ermöglichen eine genauere Forschungsarbeit. Wegen des hohen Aufwandes arbeiten Wissenschaftler aus mehreren Ländern in internationalen Organisationen und Programmen zusammen.

1 Seemeile (SM) = 1,852 Kilometer

8 Berichte mit Hilfe des Textes über wichtige Etappen zur Erforschung des Weltmeeres und wie die Wissenschaftler heute Daten und Meßergebnisse gewinnen.

Vom Menschen erreichte Tauchtiefen

Perlentaucher	ca.	30 m
1909 mit Tauchanzug und Schlauch		63 m
1926 Unterseeboot	ca.	300 m
1934 Stählerne Tauchkugel		923 m
1954 Tauchkammer „Bathyskaph"		4050 m
1960 Bathyskaph „Trieste"		10916 m

6

Klimatabellen

NORDAMERIKA		J	F	M	A	M	J	J	A	S	O	N	D	Jahr
Anchorage, 61°N/150°W, 28 m	°C	–11	–7	–4	2	8	12	14	13	9	2	–5	–10	2
USA (Alaska, Südküste)	mm	19	15	15	10	13	22	39	65	69	47	25	21	360
Barrow, 71°N/157°W, 13 m	°C	–28	–25	–26	–19	–6	2	4	4	–1	–9	–18	–26	–12
USA (Alaska, Eismeerküste)	mm	8	5	5	8	8	8	28	20	13	20	10	10	143
Chesterfield Inlet, 63°N/91°W, 4 m	°C	–31	–32	–25	–16	–6	3	9	9	3	–6	–17	–27	–11
Kanada (NW-Hudsonbaiküste)	mm	7	5	7	11	10	25	41	43	42	24	18	18	246
Eismitte, 73°N/39°W, 3012 m	°C	–42	–47	–39	–31	–20	–15	–11	–18	–22	–36	–43	–39	–30
Grönland	mm													
Fairbanks, 65°N/148°W, 152 m	°C	–25	–18	–12	–2	8	15	16	13	6	–3	–16	–22	–3
USA (Alaska)	mm	19	12	21	7	14	36	47	42	40	19	17	17	289
Fort Vermilion, 58°N/116°W, 290 m	°C	–23	–20	–11	0	10	14	16	14	8	1	–11	–20	–2
Kanada (Alberta)	mm	19	17	19	16	33	41	49	41	31	16	19	22	323
Las Vegas, 36°N/115°W, 610 m	°C	6	10	13	18	20	28	29	30	25	18	13	7	18
USA (Nevada)	mm	18	13	7	6	5	4	13	14	8	8	5	9	110
Los Angeles, 34°N/118°W, 103 m	°C	12	13	14	15	17	19	21	21	20	18	16	13	17
USA (Kalifornien, Pazifikküste)	mm	78	84	70	26	11	2	0	1	4	17	30	66	387
Miami, 20°N/80°W, 2 m	°C	20	20	22	23	25	27	28	28	27	26	23	21	24
USA (Florida, SO-Küste)	mm	64	48	58	86	180	188	135	163	226	229	84	43	1504
Montreal, 46°N/74°W, 57 m	°C	–9	–9	–2	5	13	19	21	20	15	9	2	–6	7
Kanada (St.-Lorenz-Strom)	mm	96	76	89	66	79	86	94	89	94	86	89	91	1035
New Orleans, 30°N/90°W, 16 m	°C	12	14	17	20	24	27	27	27	26	21	16	13	20
USA (Mississippidelta)	mm	108	116	118	135	115	151	159	144	130	82	81	120	1460
New York, 40°N/74°W, 96 m	°C	–1	–1	3	9	16	20	23	23	19	13	7	2	11
USA (Atlantikküste)	mm	91	105	90	83	81	86	106	108	87	88	76	90	1092
Salt Lake City, 41°N/112°W, 1286 m	°C	–2	1	5	10	15	19	25	24	18	11	3	0	11
USA (Utah)	mm	34	30	40	45	36	25	15	22	13	29	33	32	354
San Francisco, 38°N/122°W, 62 m	°C	10	12	12	13	14	15	15	15	16	16	14	11	13
USA (Kalifornien, Pazifikküste)	mm	112	102	76	28	15	5	<3	<3	10	23	53	91	513
St. Louis, 43°N/85°W, 173 m	°C	–1	1	6	13	19	24	26	25	21	14	7	1	13
USA (mittl. Mississippi)	mm	94	86	93	95	92	98	77	76	74	69	94	84	1034
Upernavik, 73°N/56°W, 18 m	°C	–22	–23	–21	–14	–4	2	5	5	1	–4	–10	–17	–9
Grönland (Insel an der Westküste)	mm	11	11	16	14	15	15	25	28	26	29	27	13	233

MITTEL- UND SÜDAMERIKA		J	F	M	A	M	J	J	A	S	O	N	D	Jahr
Antofagasta, 24°S/70°W, 94 m	°C	21	21	20	17	16	14	14	15	15	16	18	20	17
Chile (Atacama-Wüste)	mm	0	0	0	1	0	0	0	0	0	0	0	0	4
Belém, 1°S/48°W, 10 m	°C	26	25	25	26	26	26	26	26	26	26	26	26	26
Brasilien (Amazonasmündung)	mm	193	339	431	453	300	230	59	72	15	12	16	67	2277
Buenos Aires, 35°S/58°W, 25 m	°C	23	23	20	16	13	10	9	11	13	16	19	22	16
Argentinien (Paranámündung)	mm	78	71	98	122	71	52	54	56	74	85	101	102	962
La Paz, 16°S/68°W, 3570 m	°C	11	11	11	10	9	7	7	8	9	11	12	11	9
Bolivien (Puna-Hochfläche)	mm	114	107	66	33	13	8	10	13	28	41	48	91	574
Lima, 12°S/77°W, 158 m	°C	23	24	23	21	19	17	16	16	16	17	19	21	19
Peru (Küstensaum)	mm	0	0	1	1	2	6	9	10	10	5	3	1	48
Manáus, 3°S/60°W, 44 m	°C	26	26	26	26	26	26	27	27	28	28	27	27	27
Brasilien (mittlerer Amazonas)	mm	262	249	274	277	201	112	69	38	61	119	155	226	2043

		J	F	M	A	M	J	J	A	S	O	N	D	Jahr
Mexico City, 19°N/99°W, 2282 m	°C	13	15	17	18	19	18	17	17	17	16	15	14	16
Mexiko	mm	6	10	12	18	52	117	110	95	130	36	17	8	608
Quito, 0°S/78°W, 2850 m	°C	13	13	13	13	13	13	13	13	13	13	13	13	13
Ecuador (Kordillerenhochbecken)	mm	107	109	132	188	127	38	23	38	76	94	97	97	1120
Rio de Janeiro, 23°S/43°W, 60 m	°C	26	26	25	24	22	21	21	21	21	22	23	24	23
Brasilien (Ostküstenbucht)	mm	127	114	140	107	84	58	46	48	66	86	104	140	1123
Santiago de Chile, 33°S/71°W, 520 m	°C	20	19	17	14	11	8	8	9	12	15	16	19	14
Chile (Chilen. Längstal)	mm	2	3	4	14	62	85	76	57	29	15	6	4	361
NORD- UND MITTELASIEN														
Barnaul, 53°N/83°O, 196 m	°C	–18	–16	–9	3	12	18	20	17	11	3	–9	1	1
Rußland	mm	19	18	20	26	38	52	79	52	39	40	40	31	464
Bratsk, 56°N/101°O, 326 m	°C	–23	–22	–12	–1	8	16	18	15	8	0	–12	–21	–2
Rußland	mm	20	18	8	15	19	49	81	70	30	20	18	17	358
Irkutsk, 52°N/105°O, 459 m	°C	–21	–19	–10	1	8	15	18	15	8	0	–11	–19	–1
Rußland	mm	12	8	9	15	29	83	102	99	49	20	17	15	458
Jakutsk, 62°N/130°O, 100 m	°C	–43	–37	–23	–9	5	15	19	15	6	–9	–30	–40	–11
Rußland	mm	6	5	3	6	13	27	34	42	23	12	10	7	188
Jenisseisk, 58°N/92°O, 78 m	°C	–22	–20	–11	0	8	16	19	15	8	0	–13	–21	–2
Rußland	mm	24	17	17	19	44	57	60	60	53	42	41	36	470
Koktschetaw, 53°N/69°O, 280 m	°C	–16	–15	–12	0	15	20	22	19	14	5	–6	–13	3
Kasachstan	mm	8	10	12	22	18	32	34	36	16	22	18	14	242
Ksyl-Orda, 45°N/66°O, 129 m	°C	–10	–7	0	11	19	24	25	22	16	8	–1	–7	8
Kasachstan	mm	13	15	14	14	11	5	4	3	4	7	10	14	114
Nowokasalinsk, 45°N/62°O, 63 m	°C	–12	–10	–3	6	18	23	25	23	16	8	–1	–7	7
Kasachstan	mm	10	10	13	13	15	4	4	8	8	10	13	15	123
Oimjakon, 63°N/143°O, 140 m	°C	–50	–44	–32	–15	2	11	15	10	2	–15	–26	–47	–16
Rußland	mm	7	6	5	4	10	37	40	37	20	12	11	9	198
Semipalatinsk, 50°N/80°O, 202 m	°C	–16	–16	–9	4	14	20	22	20	13	5	–6	–14	3
Kasachstan	mm	14	15	17	19	22	30	32	23	21	22	27	22	264
Taschkent, 41°N/69°O, 479 m	°C	–1	2	8	15	20	25	27	26	20	13	7	2	14
Usbekistan	mm	49	51	81	58	32	12	4	3	3	23	44	57	417
Tobolsk, 58°N/69°O, 105 m	°C	–19	–15	–9	1	9	15	19	16	9	0	–10	–17	0
Rußland	mm	14	12	13	14	41	56	72	58	50	31	22	27	405
Werchojansk, 68°N/133°O, 99 m	°C	–50	–45	–30	–13	2	12	15	11	2	–14	–37	–47	–16
Rußland	mm	4	3	3	4	7	22	27	26	13	8	7	4	128
Wladiwostok, 43°N/136°O, 15 m	°C	–15	–11	–3	4	9	14	19	21	16	9	–1	–10	4
Rußland	mm	7	9	16	31	50	70	77	170	112	46	29	13	570
OSTASIEN														
Beijing, 40°N/116°O, 38 m	°C	–4	–2	6	13	21	24	27	25	21	13	4	–2	12
China	mm	4	5	8	17	35	78	243	141	58	16	11	3	619
Guangzhou, 23°N/113°O, 18 m	°C	14	14	17	22	26	27	29	28	27	24	20	16	22
China	mm	27	65	101	185	256	292	264	249	149	49	51	34	1722
Harbin, 46°N/127°O, 143 m	°C	–20	–16	–6	6	14	20	23	22	14	6	–7	–17	3
China	mm	4	6	17	23	44	92	167	119	52	36	12	5	577
Kagoschima, 32°N/131°O, 5 m	°C	7	8	11	15	19	23	27	27	24	19	14	9	17
Japan	mm	75	116	149	228	249	454	343	220	213	120	90	79	2336

		J	F	M	A	M	J	J	A	S	O	N	D	Jahr
Kanazawa, 37°N/137°O, 27 m	°C	3	4	6	11	17	21	25	26	22	16	11	6	14
Japan	mm	309	191	173	164	135	167	223	154	248	217	225	353	2559
Kashi, 39°N/76°O, 1296 m	°C	–7	0	8	19	21	24	27	25	21	14	4	–4	13
China	mm	5	0	5	7	7	7	7	2	2	5	2	0	49
Lhasa, 30°N/91°O, 3227 m	°C	0	1	6	9	13	17	16	16	15	9	4	1	9
China	mm	0	3	8	5	130	160	655	452	183	8	0	0	1604
Sapporo, 43°N/141°O, 17 m	°C	–6	–5	–1	6	11	16	20	22	17	10	4	–3	8
Japan	mm	111	83	67	66	59	67	100	107	145	113	112	104	1134
Shanghai, 31°N/121°O, 7m	°C	3	4	8	13	19	23	27	27	23	17	12	6	15
China	mm	48	58	84	94	94	180	147	142	130	71	51	36	1135
Tokio, 36°N/140°O, 6 m	°C	4	4	7	13	17	20	24	26	22	16	11	6	14
Japan	mm	56	66	112	132	152	163	140	163	226	191	104	56	1561
Ürümqi, 44°N/88°O, 913 m	°C	–16	–14	–4	9	18	22	24	22	17	6	–6	–13	5
China	mm	6	15	15	33	25	33	16	35	15	47	22	11	273

AUSTRALIEN/OZEANIEN

		J	F	M	A	M	J	J	A	S	O	N	D	Jahr
Adelaide, 35°S/139°O, 43 m	°C	23	21	22	17	15	13	11	12	14	16	19	21	17
Australien	mm	23	23	21	50	66	61	61	59	49	47	36	27	523
Alice Springs, 24°S/134°O, 579 m	°C	28	27	25	20	15	12	12	14	18	23	25	27	21
Australien	mm	44	34	28	10	15	13	7	8	7	18	29	39	252
Darwin, 12°S/131°O, 30 m	°C	29	28	29	29	27	26	25	26	28	29	30	29	28
Australien	mm	411	314	284	78	8	2	0	1	15	49	110	218	1490
Giles, 25°S/128°O, 580 m	°C	31	31	28	23	17	15	13	15	20	24	28	29	23
Australien	mm	19	21	8	12	19	10	15	18	3	7	11	31	174
Nauru, 1°S/167°O, 27 m	°C	27	27	28	29	29	28	28	28	29	28	28	27	28
Nauru	mm	315	206	180	94	53	99	155	193	122	99	152	239	1907
Perth, 32°S/116°O, 60 m	°C	23	24	22	19	16	14	13	13	15	16	19	21	18
Australien	mm	7	12	22	52	125	192	183	135	69	54	23	15	889
Sydney, 34°S/151°O, 42 m	°C	22	22	21	18	15	13	12	13	15	18	19	21	17
Australien	mm	104	125	129	101	115	141	94	83	72	80	77	86	1207
Tarcoola, 31°S/135°O, 120 m	°C	26	25	23	18	15	11	11	13	16	19	22	25	19
Australien	mm	10	21	12	7	12	14	11	15	11	18	11	14	156
Wyndham, 15°S/128°O, 7 m	°C	31	31	31	30	27	25	24	26	29	31	32	32	29
Australien	mm	202	163	122	34	10	10	5	0	2	9	42	104	703
Wellington, 41°S/175°O, 126 m	°C	15	16	15	13	10	9	8	9	10	11	13	15	12
Neuseeland	mm	74	91	79	94	119	122	130	135	97	122	81	107	1250

ANTARKTIS/ARKTIS

		J	F	M	A	M	J	J	A	S	O	N	D	Jahr
Mac Murdo, 78°S/167°O, 45 m	°C	–3	–9	–18	–23	–23	–25	–27	–29	–23	–20	–10	–4	–16
US-Station	mm	11	4	6	6	13	5	5	11	12	8	6	7	94
Nord, 82°N/17°W, 25 m	°C	–30	–30	–33	–23	–11	0	4	2	–8	–18	–24	–26	–16
Grönland (Dänemark)	mm	23	20	8	5	3	5	12	19	21	16	35	37	204
Nordpol, 70°N/84°N, 0 m	°C	–30	–36	–35	–25	–10	–1	0	–2	–8	–17	–25	–27	–18
Arktis 176°O/149°W	mm	8	7	2	2	3	10	11	2	16	11	8	10	90
Südpol, 90°S, 2800 m	°C	–29	–40	–54	–59	–57	–57	–59	–59	–59	–51	–39	–28	–49
US-Station	mm	keine Angaben												
Wostok, 78°S/107°O, 3420 m	°C	–31	–45	–57	–64	–62	–68	–65	–72	–66	–61	–43	–33	–56
russ. Station	mm	?	?	?	3	5	6	6	7	16	9	3	?	~100

ZUM VERGLEICH		**J**	**F**	**M**	**A**	**M**	**J**	**J**	**A**	**S**	**O**	**N**	**D**	**Jahr**
Athen, 37°N/23°O, 105 m	°C	9	10	11	15	19	23	27	26	23	19	14	11	17
Griechenland	mm	54	46	33	23	20	14	8	14	18	36	79	64	406
Bergen, 60°N/5°O, 21 m	°C	1	1	2	6	9	13	14	14	11	7	4	2	7
Norwegen	mm	224	181	155	112	118	106	142	195	237	233	220	221	2145
Berlin, 52°N/13°O, 57 m	°C	–1	0	3	8	13	16	18	17	14	8	4	1	8
Deutschland	mm	49	33	37	42	49	58	80	57	48	43	42	49	587
Brocken, 52°N/11°O, 1142 m	°C	–5	–5	–2	1	6	9	11	11	8	4	0	–3	3
Deutschland	mm	158	126	94	105	96	115	143	117	105	122	115	126	1422
Dresden, 51°N/13°O, 246 m	°C	–1	-1	3	8	13	16	18	18	14	9	4	0	9
Deutschland	mm	38	36	37	46	63	68	109	72	48	52	42	37	648
Erfurt, 51°N/11°O, 315 m	°C	–2	–1	3	8	12	16	17	17	13	8	4	0	8
Deutschland	mm	33	31	28	34	58	67	71	55	46	45	34	30	532
Frankfurt a. M., 50°N/9°O, 103 m	°C	1	2	5	9	14	17	19	18	14	9	5	2	10
Deutschland	mm	45	35	39	47	60	66	75	71	52	47	43	49	629
Greifswald, 56°N/13°O, 2 m	°C	–1	–1	2	7	12	16	18	18	14	9	5	1	8
Deutschland	mm	40	33	30	39	45	55	69	55	59	51	36	41	553
Hamburg, 53°N/10°O, 29 m	°C	0	1	4	8	12	15	17	16	14	9	4	2	9
Deutschland	mm	59	48	49	52	54	66	85	87	61	65	53	61	740
Helsinki, 60°N/25°O, 45 m	°C	–6	–7	–3	3	9	14	17	16	11	5	1	–3	5
Finnland	mm	57	42	36	44	41	51	68	72	71	73	68	66	692
Kiruna, 67°N/20°O, 505 m	°C	–13	–12	–9	–4	3	8	11	9	4	–3	–8	–12	–2
Schweden	mm	19	15	19	26	32	54	70	74	50	41	32	21	453
Lissabon, 39°N/9°W, 96 m	°C	10	11	13	14	17	19	21	2	20	17	14	11	16
Portugal	mm	86	83	86	78	45	14	4	6	33	61	92	110	688
London, 51°N/1°W, 36 m	°C	3	4	6	9	12	16	17	17	14	10	6	4	10
Großbritannien	mm	50	37	38	40	48	52	62	58	55	70	56	48	614
Moskau, 55°N/37°O, 144 m	°C	–10	–8	–4	4	13	16	19	17	11	4	–2	–7	4
Rußland	mm	28	23	31	38	48	51	71	74	56	36	41	38	535
München, 48°N/11°O, 518 m	°C	–2	–1	3	7	12	15	17	16	13	7	3	–1	7
Deutschland	mm	51	38	50	77	93	117	128	102	89	57	47	55	904
Paris, 48°N/2°O, 50 m	°C	2	4	6	10	13	17	18	18	15	10	6	3	10
Frankreich	mm	35	36	39	41	49	56	50	48	49	58	47	44	560
Potsdam, 52°N/13°O, 81 m	°C	–1	0	3	8	13	17	19	18	15	10	5	1	5
Deutschland	mm	44	39	32	42	47	66	71	71	45	47	46	40	590
Rom, 41°N/12°O, 46 m	°C	7	8	12	14	18	23	26	26	22	18	13	9	16
Italien	mm	74	87	79	62	57	38	6	23	66	123	121	92	828
Stockholm, 59°N/18°O, 44 m	°C	–3	–3	–1	3	9	1	17	15	12	6	2	–2	6
Schweden	mm	36	33	33	38	38	43	61	74	48	46	48	48	549
Stuttgart, 49°N/9°O, 259 m	°C	1	2	6	10	14	18	19	19	16	10	6	2	10
Deutschland	mm	48	42	38	51	74	94	79	79	62	48	48	40	703
Valentia, 52°N/10°W, 9 m	°C	7	7	7	9	11	14	15	15	14	11	9	8	10
Irland (Insel vor SW-Küste)	mm	136	142	113	94	80	82	94	120	107	139	140	166	1415
Vardø, 70°N/31°O, 10 m	°C	–6	–6	–5	–2	2	6	9	9	6	2	–2	–4	1
Norwegen	mm	67	72	53	42	35	40	44	51	61	63	64	64	655
Wolgograd, 48°N/44°O, 42 m	°C	–10	–9	–3	8	17	21	24	23	16	8	0	–6	7
Rußland	mm	23	20	18	19	27	40	33	23	27	23	34	31	318
Zugspitze, 47°N/10°O, 2962 m	°C	–11	–11	–10	–7	–3	0	2	2	0	–4	–7	–10	–5
Deutschland	mm	115	112	136	195	234	317	344	310	242	135	111	139	2390

Strukturdaten ausgewählter Länder

Land	Wirtschaftsleistung[1] je Einwohner 1992 in US$	Wirtschaftsleistung[1] 1992[2] in Millionen US$	Produktion von Rohstahl 1992 in Mio. Tonnen	Pkw je 1000 Einwohner 1992[2]	Energieverbrauch[3] je Einwohner 1992[2] in kg Öleinheiten	Erwerbstätige in der Industrie 1992 in %	Erwerbstätige in der Landwirtschaft 1993[2] in %	Analphabeten 1992[2] in %	Ernährung je Einwohner und Tag 1989 – Kalorien	Einwohner je Arzt 1992[2]	Lebenserwartung 1992 – Jahre	Jährliches Bevölkerungswachstum Mittel aus 1990–1995 in % (geschätzt)	Einwohner 1992 in Millionen	Fläche in 1000 km²
Europa														
Belgien	20 880	209 594	10,3	401	5 100	28	2	0	3842	295	76	0,13	10,0	31
Bulgarien	1 330	11 906	1,6	161	2 422	37	11	4	3707	320	71	-0,30	8,5	111
Dänemark	25 930	133 941	0,6	310	3 729	27	6	0	3628	360	76	0,20	5,2	43
Deutschland	23 030	1 846 064	39,7	406	4 358	40	4	1	3 522	322	76	0,44	80,5	357
Estland	2 750	4 297	–	186		37	18	–	:	210	70	-0,15	1,6	45
Finnland	22 980	116 309	2,9	383	5 560	28	9	0	3253	410	76	0,26	5,0	338
Frankreich	22 300	1 278 652	18,0	421	4 034	29	5	1	3465	375	77	0,37	57,4	552
Griechenland	7 180	75 106	0,9	178	2 173	28	21	7	3825	304	78	0,26	10,3	132
Großbritannien	17 760	1 024 769	16,0	352	3 743	27	2	<5	3149	674	76	0,24	57,8	244
Irland	12 100	42 798	0,3	235	2 881	28	13	0	3778	632	75	-0,19	3,5	70
Italien	20 510	1 186 568	24,8	496	2 755	32	8	3	3504	225	78	0,09	57,8	301
Kroatien	1 900	9 120	–	154	–	44	–	2	:	:	73	0,40	4,8	57
Luxemburg	35 260	13 716	3,1	523	5 496	30	1	0	3842	487	76	0,69	0,4	3
Niederlande	20 590	312 340	5,4	374	4 560	25	4	0	3 151	402	77	0,73	15,2	41
Norwegen	25 800	110 465	0,4	377	4 925	24	6	0	3326	:	77	0,40	4,3	324
Österreich	22 110	174 767	4,0	410	3 266	37	5	1	3495	230	77	0,38	7,9	84
Polen	1 960	75 268	9,8	169	2 407	33	28	1	3505	490	71	0,29	38,4	313
Portugal	7 450	73 336	0,8	205	1 816	33	12	15	3495	352	74	0,03	9,9	92
Rumänien	1 090	24 865	5,4	:	1 958	35	27	4	3155	560	70	0,26	22,7	238
Rußland	2 680	397 786	:	:	5 665	31	13	–	:	210	69	0,60	149,0	17075
Schweden	26 780	233 209	4,4	419	5 395	25	4	0	2960	370	78	0,48	8,7	450
Schweiz	36 230	248 688	1,0	454	3 694	34	6	1	3562	630	78	0,71	6,8	41
Slowakei	1 920	10 249	:	289	3 202	43	13	<1	:	280	72	0,50	5,3	49
Spanien	14 020	547 947	12,2	335	2 409	32	10	5	3572	262	77	0,40	39,1	505
Tschechische Rep.	2 440	25 313	:	:	3 873	48	9	<5	:	:	73	0,10	10,3	79
Ukraine	1 670	87 025	:	:	3 885	28	25	2	:	230	70	0,30	52,1	604
Ungarn	3 010	30 671	1,5	202	2 392	37	10	1	3644	340	70	-0,16	10,3	93
Weißrußland	2 910	30 127	:	:	4 154	30	21	2	:	250	71	0,50	10,3	208
Amerika														
Argentinien	6 050	200 282	2,7	:	1 351	34	10	5	3 113	:	71	1,17	33,1	2767
Bolivien	680	5 084	–	:	255	13	41	23	1916	:	60	2,37	7,5	1099
Brasilien	2 770	425 412	23,9	104	681	23	23	19	2751	1050	66	1,59	153,9	8512
Chile	2 730	37 064	1,0	58	837	27	18	7	2581	2 150	72	1,55	13,6	757
Ecuador	1 070	11 843	–	:	524	18	29	14	2531	980	67	2,28	11,0	284
Guatemala	980	9 568	–	:	161	18	58	45	2235	:	65	2,88	9,7	109
Haiti	380	2 479	–	:	49	9	63	47	2013	:	55	2,03	6,7	28
Honduras	580	3 142	–	:	175	18	46	27	2247	3 090	66	3,00	5,4	112
Kanada	20320	565 787	13,8	490	7 912	23	4	4	3482	450	78	1,38	27,3	9976

Kolumbien	1 139	33,4	1,66	69	..	2 598	13	26	30	670	33	0,7	44 555	1 290
Kuba	111	10,8	0,89	76	326	3 141	6	18	19	1 012	..	–	8 657	800
Mexiko	1 958	88,2	2,06	70	1200	3 052	13	21	21	1 526	85	8,4	294 831	3 470
Nicaragua	130	3,9	3,74	67	1 460	2 265	26	35	20	253	..	–	1 325	410
Peru	1 285	22,4	2,03	65	960	2 186	15	34	17	330	..	0,3	21 272	950
USA	9 373	255,2	1,03	76	484	3 671	<3	3	25	7 662	564	85,3	5 904 822	23 120
Venezuela	912	20,2	2,12	70	590	3 582	8	10	27	2 296	129	3,4	58 901	2 900
Afrika														
Ägypten	1 001	54,7	2,20	62	1 320	3 336	52	33	21	586	15	2,5	34 514	630
Algerien	2 382	26,3	2,71	66	2 330	2 866	43	23	31	988	28	1,4	48 326	1 830
Äthiopien (inkl. Eritrea)	1 222	54,8	3,05	49	32 500	1 667	34	73	–	21	1	–	6 206	110
Burkina Faso	274	9,5	2,81	48	57 310	2 288	82	84	–	16	..	–	2 908	290
Côte d'Ivoire	322	12,9	3,68	52	..	2 577	46	54	8	125	..	–	8 655	670
Ghana	239	15,8	3,00	55	22 970	2 248	40	49	13	96	..	–	7 066	450
Kenia	580	25,7	3,35	59	10 150	2 163	31	76	–	92	..	–	8 453	330
Libyen	1 760	4,9	4,10	63	..	3 324	36	13	30	3 399	..	–	30 662	6 300
Mali	1 240	9,0	3,17	48	19 450	2 314	68	80	–	22	..	–	2 730	300
Moçambique	802	16,5	2,83	47	..	1 680	67	81	–	32	..	–	1 034	60
Niger	1 267	8,2	3,26	46	34 850	2 308	72	86	–	39	4	–	2 466	300
Nigeria	924	101,9	3,13	52	..	2 312	49	64	–	128	..	–	32 944	320
Ruanda	26	7,3	2,90	46	40 610	1 971	50	91	–	28	..	–	1 813	250
Sambia	753	8,3	2,84	48	10 920	2 077	27	68	–	158	..	–	2 580	290
Südafrika	1 221	39,8	2,37	63	1 750	3 122	40	13	30	2 487	85	9,1	106 019	2 670
Tansania	945	25,9	3,36	51	24 970	2 206	9	80	–	30	..	–	2 561	110
Zaire	2 345	39,8	3,17	52	..	1 991	28	65	13	71	..	–	8 355	210
Asien														
Bangladesch	144	114,4	2,41	53	..	2 021	65	67	15	59	..	–	24 672	220
China, VR	9 561	1 162,2	1,42	71	..	2 639	18	60	21	600	..	80,9	442 346	380
Indien	3 288	883,6	1,91	60	2 460	2 229	52	66	19	235	2	18,1	271 638	310
Indonesien	1 905	191,2	1,78	60	7 030	2 750	23	54	15	303	7	3,0	122 825	670
Irak	438	19,2	3,21	64	..	2 887	40	19	18	774	..	–	16 290	850
Iran	1 648	59,6	2,71	65	3 140	3 181	46	26	28	1 256	35	–	130 910	2 190
Israel	21	5,1	2,30	77	–	3 174	8	4	29	2 367	168	–	67 658	13 230
Japan	378	124,5	0,38	79	583	2 956	0	5	35	3 586	298	98,1	3 507 841	28 220
Korea, Republik	99	43,7	0,82	71	1 070	2 852	4	17	36	2 569	47	28,0	296 349	6 790
Kuwait	18	1,4	2,30	75	..	3 195	27	1	26	6 414	238	–	15 750	11 170
Malaysia	330	18,8	2,35	71	2 590	2 774	22	26	28	1 445	98	1,5	51 917	2 790
Pakistan	796	119,3	2,67	59	2 940	2 219	65	49	20	223	6	–	49 477	410
Saudi-Arabien	2 150	16,8	3,38	69	700	2 874	38	38	14	4 463	..	–	126 355	7 940
Türkei	779	58,3	2,05	67	1 260	3 236	19	45	23	948	43	10,3	144 234	1 950
Vietnam	332	69,3	2,03	67	..	2 233	12	60	26	100	..	–	19 406	280
Australien														
Australien	7 713	17,6	1,41	77	..	3 216	<5	5	24	5 263	453	6,9	299 323	17 070
Neuseeland	271	3,5	0,92	76	..	3 362	<5	11	23	4 284	446	0,8	41 186	12 060

[1] Gemeint ist das Bruttosozialprodukt = Geldwert aller im Laufe eines Jahres erzeugten Güter und Dienste eines Landes. [2] Teilweise ältere Zahlen.
[3] 1 kg Öleinheit = Energie von 1 kg Erdöl (etwa 10 000 Kalorien). Mit dieser Maßeinheit kann man verschiedene Energiearten untereinander vergleichen.
..Daten nicht verfügbar. – Zahlen zu gering oder nichts vorhanden, z. B. keine Produktion.
Quellen: Statistisches Jahrbuch 1994 für die Bundesrepublik Deutschland. Hrsg. Statist. Bundesamt, Wiesbaden 1994 (Metzler/Poeschel-Verlag). – Statistisches Jahrbuch 1994 für das Ausland. Hrsg. Statist. Bundesamt, Wiesbaden 1994 (Metzler/Poeschel-Verlag). – Weltentwicklungsbericht (World Development Report) 1994. Hrsg. Weltbank, Washington D.C. Oxford University Press 1994. – Fischer Weltalmanach 1995. Frankfurt 1994 (Fischer Taschenbuch Verlag).

Wichtige Grundbegriffe

Agrarreform: Staatliche Maßnahmen zur Veränderung der Eigentumsverhältnisse an Grund und Boden (auch Bodenreform) sowie der Bodenbewirtschaftung. Ziele von Agrarreformen waren häufig die Zerschlagung des Großgrundbesitzes, die Verbesserung der Lebensbedingungen auf dem Lande und eine Produktionssteigerung der Landwirtschaft.

Agrobusiness: Organisations- und Produktionsform in der Landwirtschaft, die denen in der Industrie ähnlich ist. Ein Kennzeichen agroindustrieller Unternehmen ist die Zusammenfassung aller Produktionsabläufe von der Herstellung über die Verarbeitung bis hin zur Vermarktung.

artesisches Wasser (nach der französischen Landschaft Artois benannt): Grundwasser, das durch wasserundurchlässige Schichten zusammengepreßt wird und aufgrund dieses natürlichen Druckes an die Erdoberfläche gelangt, wenn es angebohrt wird. Voraussetzung ist das Vorhandensein einer Tallage, denn die wasserundurchlässigen Schichten müssen höher hinaufreichen als der Brunnenauslauf.

Atoll → Korallenriff

Blizzards: Eis- und Schneestürme in Kanada und den nördlichen USA, die durch plötzliche Kaltlufteinbrüche verursacht werden.

Central business district (CBD): Zentraler Geschäftsbereich anglo-amerikanischer Städte, in dem sich Einzelhandel, Büros, Banken, Gaststätten und Hotels konzentrieren.

Dauerfrostboden: Bezeichnung für einen ständig gefrorenen Boden, der nur in den kurzen Sommermonaten oberflächlich auftaut.

Downtown: Amerikanischer Begriff für die im Stadtzentrum gelegene City einer US-Stadt. Hier befinden sich die wichtigsten Einzelhandelsbetriebe, die zentralen Bürohochhäuser und Banken, öffentliche Verwaltungs-, Kultur- und sonstige tertiäre Einrichtungen. Downtown ist meist umgeben von einem Ring von Parkflächen und Parkhäusern.

Einwanderungsland: Staat, der für die Einwanderung ausländischer Bevölkerung offensteht. Die Einwanderung wird dabei von vielen Staaten durch gesetzliche Bestimmungen eingeschränkt.

Eisberg: Ein im Meer treibender Eisblock, der von Gletschern (Gipfeleisberg) oder einer ans Meer reichenden Inlandeiszunge (Tafeleisberg) abgebrochen ist.

ethnisch: Volks..., das Volk betreffend, volkseigentümlich. (Eine ethnische Gruppe ist eine Menschengruppe, die sich ihrer Zusammengehörigkeit bewußt ist.)

Farm (engl. landwirtschaftlicher Betrieb): Vorwiegend eine Bezeichnung für landwirtschaftliche Betriebe in Nordamerika. In den USA vollzieht sich derzeit ein Wandel: Viele „family farms" sind zum Beispiel aufgrund ihrer zu geringen Größe oder unzureichenden Kapitalausstattung nicht mehr konkurrenzfähig und müssen aufgeben. Kapitalgesellschaften bewirtschaften dann häufig Großfarmen.

Favela: → Marginalsiedlung

Forschungsstation: Eine zu Forschungszwecken erstellte und mit wissenschaftlichem Gerät ausgestattete Einrichtung.

Ghetto: Allgemein: ein Stadtteil, in dem eine weitgehend homogene Bevölkerungsgruppe abgeschieden von der übrigen Bevölkerung lebt. Meist sind es Quartiere von Minoritäten.

Großgrundbesitzer: Privateigentümer eines umfangreichen Landbesitzes, in der Regel landwirtschaftlichen Großbetriebes. In Europa werden Güter ab etwa 100 ha, in Lateinamerika in der Regel erst ab 1000 ha als Großgrundbesitz bezeichnet.

Hazienda (auch: Hacienda): Landwirtschaftlicher Großbetrieb in Lateinamerika mit einer Betriebsgröße von mehreren tausend Hektar und meist ausgeprägtem Produktionsschwerpunkt.

High-Tech-Industrie: Industrieunternehmen mit besonders anspruchsvollen Technologien und einem hohen Forschungsaufwand. Hierzu zählen zum Beispiel die Herstellung von Mikrochips, Computern oder moderner Unterhaltungselektronik.

Höhenstufen der Vegetation: Abfolge der Vegetation, die sich in einem Gebirge mit zunehmender Höhe verändert. Die Abnahme der Lufttemperatur mit der Höhe führt zur Ausbildung unterschiedlicher Lebensräume für die Pflanzen.

Hurrikan: Tropischer Wirbelsturm mit sehr hohen Windgeschwindigkeiten, der seinen Ausgangspunkt über der Karibik hat. Er richtet auf seiner Zugbahn im Südosten der USA große Sturmschäden und Überschwemmungen an. Tropische Wirbelstürme über dem Indischen und Pazifischen Ozean werden als Taifune bezeichnet.

Indio: Spanische und portugiesische Bezeichnung für den Indianer Lateinamerikas. Nach heutigem Sprachgebrauch in Lateinamerika sind Indios solche Abkömmlinge der Ureinwohner, die ausschließlich eine Indianersprache sprechen und traditionelle Lebensweisen beibehalten haben.

Inlandeis: Bezeichnung für Gletscher, die Landmassen großflächig überdeckt haben bzw. noch immer überdecken.

Konzern: Zusammenfassung mehrerer rechtlich selbständig bleibender Unternehmen zu einer wirtschaftlichen Einheit unter einheitlicher Leitung.

Koralleninsel → Korallenriff

Korallenriff: Kalkablagerungen aus Korallenskeletten, sie sich nur in warmen Meeresgebieten, deren Oberflächentemperatur nicht unter 20 °C absinkt, bilden können. Ringförmige Korallenriffe, die von einer Lagune umschlossen werden, bezeichnet man als Atoll. Sie entstehen durch das langsame Absinken von Vulkaninseln. Nach der Form der Korallenbauten unterscheidet man außerdem in Saumriffe und Barriereriffe.

Latifundium: Spanische Bezeichnung für landwirtschaftlichen Großgrundbesitz, der auf Grund seiner Betriebsgröße meist nicht als Einheit bewirtschaftet werden kann und daher in einzelne Pachtgüter aufgeteilt ist.

Marginalsiedlung: Elendssiedlung, die am Rand von Städten entstanden ist (englisch: margin = Rand). Bezüglich ihrer sozialen Lage leben die Bewohner am Rand der Gesellschaft.

Marktwirtschaft: Wirtschaftsordnung mit überwiegendem Privatbesitz an Produktionsmitteln, freiem Wettbewerb (Konkurrenz), überwiegend freier Preisbildung durch Angebot und Nachfrage auf den Märkten, unabhängiger Produktionsplanung der einzelnen Wirtschaftseinheiten (Betriebe). Schafft der Staat einen sozialen Ausgleich zu „den freien Kräften des Marktes“, so spricht man von einer sozialen Marktwirtschaft (wie in Deutschland).

Meeresströmung: Transportbewegung von Wassermassen im Weltmeer. Die bedeutendsten Meeresströmungen sind die Oberflächenströmungen. Daneben sind auch Tiefen- und Ausgleichsströmungen am Wasseraustausch beteiligt. Diese Strömungen sind noch weitestgehend unerforscht. Auftriebsströmungen bringen kaltes und nährstoffreiches Wasser an die Oberfläche.

Megalopolis (griech. mega = groß. polis = Stadt): Riesige Stadtlandschaft. Für große Städtebänder in den USA sind umgangssprachliche Benennungen üblich geworden, wie Boswash (Boston–Washington), Chipitts (Chicago–Pittsburgh) oder Sansan (San Francisco–San Diego).

Metropole: Hauptstadt sowie das politisch und wirtschaftlich beherrschende Zentrum eines Landes. Diese Stadt nimmt damit gegenüber anderen Großstädten des Landes eine überragende Stellung ein (z. B. Buenos Aires, Lagos, Paris).

Metropolisierung: Das Heranwachsen einer Stadt zur → Metropole. Vor allem Hauptstädte oder Hafenstädte in Entwicklungsländern haben sich rasch zu Metropolen entwickelt, deren Größe und Bedeutung weit über der anderer Städte des Landes liegt.

Minifundium: Landwirtschaftlicher Klein- oder Kleinstbetrieb, der in der Regel in Subsistenzwirtschaft betrieben wird. Minifundien stehen häufig in einem Abhängigkeitsverhältnis zu einem → Latifundium. Minifundien sind typisch für die Landwirtschaft Lateinamerikas.

Northers: Großräumige Kaltlufteinbrüche in Nordamerika, die vor allem im Winter und Frühjahr bis in den Golf von Mexiko vordringen können. Sie bewirken starke Temperaturstürze, zum Teil bis unter 0 °C.

Offshore: Verfahren zur Förderung von Erdöl und Erdgas vor der Küste auf dem das Festland umgebenden Schelf oder in größeren Binnengewässern. Gefördert wird meist von Bohrinseln oder von Schiffen aus.

Packeis: Durch Strömung und Wind ineinandergeschobene, dicht verbackene und zum Teil hochaufgetürmte Eisschollen in den Eismeeren.

Pampa: Steppenlandschaft in Südamerika, einst baumfrei und mit typischer Graslandvegetation, heute überwiegend als Weideland für die Viehzucht und für den Weizenanbau genutzt.

Planwirtschaft: Wirtschaftsordnung der sozialistischen Länder. Merkmale sind: die Vergesellschaftung der Produktionsmittel, die Planung und Lenkung der Produktion durch eine staatliche Behörde, überwiegend staatlich festgesetzte Preise.

Prärie: Grassteppe im westlich des Mississippi gelegenen Gebiet der USA. Als Teil der Great Plains dienen viele der (ehemaligen) Prärien heute dem landwirtschaftlichen Anbau.

Ranch: Besonders in Amerika übliche landwirtschaftliche Betriebsform mit extensiver Weidewirtschaft. Große Viehherden weiden, weitgehend sich selbst überlassen, riesige, oft mit spärlichem

Graswuchs bedeckte Flächen ab. Im Gebiet der Great Plains können solche Viehwirtschaftsbetriebe über 100 000 Hektar groß sein.

Reservat: Gebiet, das den Angehörigen eingeborener Minderheiten vorbehalten ist und der Bewahrung ihrer kulturellen Eigentümlichkeit dienen soll. Reservate existieren beispielsweise für Indianer in den USA und für Aborigines in Australien.

Schwellenland: Bezeichnung für ein Land, das sich in seiner Entwicklung „an der Schwelle“ zum Industrieland befindet, zum Beispiel Brasilien, Mexiko.

Slum: Elendsviertel, das sich im Gegensatz zu den → Marginalsiedlungen im Innenstadtbereich befindet. Merkmale sind unter anderem: verfallene Bausubstanz, niedriger Wohnungsstandard, hohe Kriminalität und Arbeitslosigkeit.

Southers: Weiträumige Warmlufteinbrüche in Nordamerika, die vom Golf von Mexiko bis nach Kanada vordringen. Mit ihnen sind oft wochenlange tropische Hitzewellen verbunden.

Suburbanisierung: Prozeß der Verlagerung des Städtewachstums in die Vororte (englisch: suburbs). Die Wanderung der Bevölkerung, Industrie- und Dienstleistungsunternehmen über die Stadtgrenzen hinaus führt zu einem flächenhaften Wachstum der Städte bei gleichzeitiger Entleerung der innerstädtischen Bereiche.

Taifun: Orkanartiger Wirbelsturm, der seinen Ausgangspunkt über dem Meer im tropischen Bereich Südostasiens hat. Er verursacht Sturmschäden und Überschwemmungen.

Tornado: Kleinräumiger Wirbelsturm im südlichen Nordamerika, der durch starke Temperaturgegensätze über dem Festland entsteht. Tornados sind Luftschläuche, in deren Zentrum (Auge) extrem niedriger Luftdruck herrscht, wodurch Häuser explosionsartig auseinandergerissen werden. Auf ihrer kurzen Zugbahn richten die hohen Windgeschwindigkeiten verheerende Zerstörungen an.

Tsunami: Bis zu 30 m hohe Flutwellen des Pazifik, die meist durch Seebeben ausgelöst werden. Sie können ganze Küstenabschnitte zerstören.

Verstädterung: Das Wachstum der Städte hinsichtlich ihrer räumlichen Ausdehnung und Einwohnerzahl sowie des Anteils der städtischen Bevölkerung an der Gesamtbevölkerung eines Landes.

Vielvölkerstaat: Staat, in dem Angehörige einer größeren Anzahl verschiedener Völker leben.

Wasserkreislauf: Laufende Umverteilung von Wasser vom Meer zum Land und wieder zurück ins Meer. Der Wasserkreislauf läuft in drei Teilen ab: Verdunstung, Niederschlag und Abfluß. In den großen Wasserkreislauf sind verschiedene Teilkreisläufe eingebettet, so die ausschließlich über dem Meer und über dem Festland intern ablaufenden Verdunstungs- und Niederschlagskreisläufe.

Sachwortverzeichnis

Die mit Sternchen gekennzeichneten Begriffe sind im Anhang „Wichtige Grundbegriffe“ erläutert.

Aborigines **128**, 130, 131
Agrarkolonisation 44
*__Agrarreform__ **32**, 33
*__Agrobusiness__ **85**
Angloamerika 5, **61**
Antarktis 145, 146, **147**, 148, 149, 151
Antarktisvertrag 149
Aquakultur **119**
Arktis 144, 146, **147**, 151
Artenreichtum 46
*__artesisches Wasser__ **130**
*__Atoll__ **136**
Auslandsverschuldung 41
Automobilindustrie 76, 77
Azonalität 12
Azteken 24

Baikal-Amur-Magistrale (BAM) 107
Bewässerung, künstliche 101
*__Blizzard__ **11**
Bohrinsel 158
Bruttosozialprodukt 74

*__Central business district (CBD)__ **72**
Containerschiff 156
Corn Belt 80

*__Dauerfrostboden__ **98**, 99
Dienstleistungsgesellschaft 74
*__Downtown__ **72**
Dritte Welt 28, 29

Einwanderer 66, 69, 128, 129
*__Einwanderungsland__ 66, **128**
*__Eisberg__ **146**, 147
Eisen- und Stahlindustrie **76**
Eisenerz 134, 135
Eiswüste 147
El-Niño 13
Entwicklungsland **28**, 29
Entwicklungspol 44, 45
Erdgas 87, 104, 105, 158
Erdöl 86, 104, 158, 161
Erdölplattform 158
*ethnisch 26

Familienfarm 82, 83
*__Farm__ **82**
Favela **36**
Feedlot **84**
*__Forschungsstation__ **148**
Frostmusterböden 109

*__Ghetto__ **68**, 69, 71
Gemeinschaft Unabhängiger Staaten (GUS) **90**, 93
Gipfeleisberg 146
Großbetrieb 121
Großes Artesisches Becken 126
*__Großgrundbesitzer__ **26**, 33, 44
Großprojekt 34

Handelsschiff 156
*Hazienda 28, 32
*__High-Tech-Industrie__ **78**
Hispanics 56, 68
*__Höhenstufen der Vegetation__ **18, 19**
*__Hurrikan__ **11**
Hüttenviertel 53

Indianer 22, **24**, 64, 65
Indianerreservat 65
*Indio 17
Industrial farming 85
Industrialisierung 40
Infrastruktur 51
*__Inlandeis__ **147**
Inuit 86

Kältegrenze 99
Kautschuk 20
Kleinbauer 33, 44
Kleinbetrieb 121
Kleinprojekt 35
Koka 31
Kokospalme 137
Kolonie 36
*Konzern 77
*__Koralleninsel__ **136**
*Korallenriff 136

Landflucht 53
Landvermessung 82, 83
Lateinamerika 4, 5, **22**, 23, 24, 25
***Latifundium** **32**

Manganknolle **159**
Manufacturing Belt **75**, 76, 77
***Marginalsiedlung** **53**
*Marktwirtschaft 76, 95
Maya-Reich 24
***Meeresströmung** 113, **155**
***Megalopolis** **116**
Mercosur 59
***Metropole** 50, **70**
*Metropolisierung 50
***Minifundium** **32**
Monsun 113

NAFTA **56**, 89
Nationalitätenkonflikt 97
Naturressource **106**
Nebenerwerb 118
Neuenglandstaaten 76
Neulandfläche 122
Neulandgewinnung 122, **123**
Neulandprogramm **100**, 101
Nordpol 144
***Northers** **11**

***Offshore** **158**
Ökosystem 46–**47**

***Packeis** **144**, 146
***Pampa** **15**
Passatzirkulation 12
Pipeline **104**, 105
***Planwirtschaft** **94**, 95
Polarforschung 151
Polargebiet 142–145
Polarnacht 146
Polartag 146
***Prärie** **63**
Pull-Faktoren 53
Push-Faktoren 53

*Ranch 80
Raubbau 47, 48
***Reservat** **65**

Schelfeis 146
***Schwellenland** **38**
Seerecht 157
Segregation **69**
***Slum** **53**
***Southers** **11**
Suburb 72
***Suburbanisierung** 72, **73**
Subvention 118
Südpol 145
Sun Belt **75**, 78, 79

Tafeleisberg 146
***Taifun** **112**
Technopolis **123**
Terms of Trade **41**
Tierra caliente 18
Tierra fria 18
Tierra helada 18
Tierra templada 18
***Tornado** **11**
Transamazonica 43
Treibeis **146**
Trockengrenze 99
Tropischer Regenwald 46, 47, 48, 49
***Tsunami** **112**
Tundra 14

Ureinwohner 22, 64, 86, 128

Vegetationszone 14
Verdichtungsraum 73, 116
Veredlungsbetrieb **83**
Verkehrserschließung 43
***Verstädterung** **50**
***Vielvölkerstaat** **96**, 97
Vulkaninsel **136**

Wasserhaushalt 154
***Wasserkreislauf** **154**
Welthandel 157
Weltseeverkehr **157**
Wirtschaftsmacht 120

Yams 137

Zentralverwaltungswirtschaft 94
Zulieferbetrieb 121

Bild- und Quellennachweis

Titelseite:
Auscape International, Strawberry Hills, Australien
Bossemeyer, Bilderberg, Hamburg
Kunitsch, Münster
Lazi, Stuttgart
Mangold, Ottobrunn
Müller-Moewes, Königswinter
Superbild, München

Acaluso International, Blumberg: 92.2
AG Spak, München: 24.1
Alpha Press/Billeb, Berlin: 91.5
Anthony/Lindner, Starnberg: 70.2
Australian Foreign Affairs and Trade Department, Canberra: 129.6
Bavaria/Hiroshi Higuchi, Gauting: 36.2
Bettmann, New York: 144.2, 145.6
Bildarchiv Preußischer Kulturbesitz/Museum für Völkerkunde, P. Bolz, Berlin: 64.2
Bilderberg, Hamburg: 4.3 (Engler), 105.5 (Burkhard), 138.1–4, 139.5–8, 140.3, 141.4 + 5
Bilderberg/Volz, Hamburg: 10.5
Blum, Esslingen: 120.1
Brunner, São Paulo: 36.1
Das Fotoarchiv, Essen: 56.1 (Butow), 78.2 (Balog)
Deuringer, Neusäß: 96.1
dpa, Frankfurt a. M.: 111.2 (Agence France), 111.4 (AFP), 161.2, 161.4 (Steinhagen)
DuMont/Sysojew, Köln: 94.1
Dusik, Lauf: 128.1
dva-Bildarchiv, Stuttgart: 44.7, 45.9
Edition Erdmann in K. Thienemanns Verlag, Stuttgart, Wien: 142.1
Flüchter, Bochum: 117.3, 122.1
Focus, Hamburg: 48.2 (Nichols/Magnum), 51.6, 58.1 (Yoshiharn Sekino), 97.4 (Ivleva), 114.2 (Danneberg), 161.5 (Fusco)
Fuchs u. Uhlenwinkel, Düsseldorf u. Dormagen. In: Geographie und Schule, April 1995, S. 36: 57.3 + 6
Gamma, Paris: 96.3 (Nickelsberg/Liaison), 115.4 (Birmingham)
Gerster, Zumikon: 84.1
Globus Kartendienst GmbH, Hamburg: 97.6, 121.3 + 5,
Greenpeace, Hamburg: 149.6 u. 150.3 (Morgan), 157.7
Hafen Hamburg: 156.1
IFA, München: 79.5, 110.1 (LDW), 152/153 (Welsh)
IG Metall/Welzmüller, Frankfurt a. M: 57.7
Image Bank, New York: 68.2
International Society for Educational Information, Tokio: 115.3
Jürgens, Berlin: 90.1, 91.3 + 4, 94.2, 98.1, 100.2, 104.3
Keystone, Hamburg: 144.1, 145.7
Klingwalls Geografiska Färgfotos, Eskilstuna: 99.6
Krauter, Esslingen: 7.4
Kroß, Bochum: 29.4, 32.1 + 2, 34.1, 59.5
Lazi-Film, Stuttgart: 148.2
Mainbild/Stackmann, Frankfurt a. M.: 91.6
Martensen, Hamburg: 161.3
Mauritius, Stuttgart: 50.1 (Höbel), 61.3 (Kord), 78.3, 81.8, 82.1 (Westlight),
Messner, Meran: 142.2
Muench, Santa Barbara/Calif.: 80.1
Neumann: 21.3
Nowosti, Köln: 106.2
Obermann, Ettlingen: 103.4
Okapia, Frankfurt a. M.: 101.3 (Steinmetz), 130.4 (Root), 146.1 (Reinhard)
pandis media/Goldberg/Sygma, München: 53.11
Pictor International, München: 70.3
Picture Press/Meyer-Andersen, Hamburg: 31.5
Plemper, Mannheim: 86.1
PMI/INSTRUPA, Bad Homburg: 35.3 + 5
Popper Foto, London: 145.5
Richard Steven Street, San Anselmo: 85.5
Rother, Schwäbisch Gmünd: 4.1, 6.1, 7.6, 8.1, 8.3–5, 9.710, 12.8, 13.9, 14.1, 14.3 +4, 16.1 +3, 17.4 + 5, 19.8, 20.2, 22.2, 23.5 + 7, 24.3, 25.4 + 5, 27.10 + 12, 30.1, 38.4, 52.8, 54.1–3, 72.3, 126.1–3, 127.5 + 6, 128.3, 129.5 + 7, 130.3, 131.6–11, 132.1 + 4, 134.1–4, 135.5, 137.4 + 6,
Sammer, Neuenkirchen: 121.4
Schiele, Föhringen: 52.9
Sekai Bunka, Tokio: 116.1
Shostal Associates, New York: 61.2
Sofinsky, Schwäbisch Gmünd: 109.4
Stern/Hinz, Hamburg: 71.5
Superstock, New York: 65.4, 84.2
Thomas, Vancouver: 87.5
Time Life, New York: 11.6
Transglobe, Hamburg: 51.5 (FOTOPIC), 72.1 (Haas), 113.8 (Simmons)
Ullstein Bilderdienst, Berlin: 77.2, 151.4
Vario-Press/Baumgarten, Bonn: 95.3
Volkswagen AG, Wolfsburg: 40.7
von der Ruhren, Aachen: 118.1, 119.5
Weber, Darmstadt: 86.2
Windhorst, Vechta: 82.2
Wostok/Ria-Nowosti, Köln: 101.4
WWF-Bildarchiv/Fischer, Hamburg: 149.5
Yamamoto, Osaka: 102.1
ZEFA, Düsseldorf: 37.3 (Bramaz), 42.1 + 3 (Puttkamer), 114.1 (Orion), 132.3 (APL), 136.1 (Christian)

9
TERRA Erdkunde für
Brandenbur

Kartengrundlagen:
Vorsatz: Klimakarte von E. Neef, bearbeitet von Redaktion und Kartographie Klett-Perthes
S. 104.2: Nach: Focus Magazin Nr. 5/95, S. 135; Quelle: M. Zang, Ruhrgas

Textquellen:
S. 5.4: Victor de la Cruz: Rede über die Feierlichkeiten zum 500. Jahrestag. In: Raúl Claro: 1492–1992. Lateinamerika und Europa; in: Praxis Geographie 1992, Heft 1. Braunschweig: Westermann, S. 4
S. 23.6: Weltentwicklungsbericht der Weltbank
S. 30.2: Liselotte und Theodor Engl (Hrsg.): Die Eroberung Perus in Augenzeugenberichten. (dtv 1100) München: dtv 1975, S. 44
S. 38.2: Frankfurter Allgemeine Zeitung vom 3.1.1995, S. 4
S. 40.8: Martin Gester. In: FAZ vom 6.4.1982, S. 13
S. 41.10: Harenbergs Länderlexikon 93/94, S. 64
S. 43.6: Nach: G. Neufeld. In: Geographische Rundschau 1/77. Braunschweig: Westermann
S. 50.3: Nach: José A. Friedl Zapata: Die Größte (Mexico City). In: Merian Heft 12.XLII/C 4701 E: Mexiko. Hamburg: Hoffmann und Campe 1989, S. 32
S. 52.7: Nach: Bundesministerium für Wirtschaftliche Zusammenarbeit und Entwicklung: Gemeinsam für die Eine Welt. Bonn 1994, S. 59/60
S. 56.2: Süddeutsche Zeitung vom 27.3.1991
S. 69.3: Martin Luther King. In: H. J. Schwelien: Amerikas brutales Antlitz. Düsseldorf: Diederichs 1968
S. 70.1: HB Bildatlas Spezial "New York", Hamburg 1991, S. 5
S. 95.4: Süddeutsche Zeitung vom 27.3.1993 (dpa)
S. 102.3: Nach: "Sowjetunion heute" Nr. 5/89, Köln
S. 105.4: Nach: Katja Gloger: Der vergeudete Schatz. Ölpest in den Sümpfen Sibiriens. In: Stern Nr. 4/93, Hamburg

9783122868406.3